쇼!개불릭

일러두기

▪ 이 책은 팟캐스트 〈쇼!개불릭〉 내용을 바탕으로 한 것이다. 〈쇼!개불릭〉은 종교학자인 진행자와 개신
교, 불교, 가톨릭 대표 네 명이 한국 종교계에 대해 이야기를 나누는 방송이다. 네 명의 이름 앞에 역
할에 해당하는 표식을 넣었다. ✝는 개신교, 卍는 불교, ☧는 가톨릭 그리고 ◗는 진행자를 뜻한다.

▪ 천주교, 천주교회 등은 '가톨릭'으로 통일했다. 협의회·단체 이름과 칼럼 제목, 문건 인용문에서만
'천주교'라는 말을 남겨 놓았다.

▪ 방송 업로드 날짜는 장 제목 밑에 표기해 두었다. 방송 내용을 그대로 싣지 않고 각 장의 주제에 맞게
수정, 보강했다.

쇼! 개불릭

개신교 가톨릭 불교

씹고, 뜯고, 맛보는 종교 이야기

김근수
김용민
우희종
이종우

바다출판사

1장

아주 맛이 간 종교

미국에 간 프란치스코 교황, 박근혜

2015년 10월 17일

◐ **이종우** 〈쇼!개불릭〉 시작하겠습니다. 안녕하십니까? 쇼를 담당하고 있는 이 박사입니다. 여기 개신교 담당하시는 김용민 박사님, 불교 담당하시는 우희종 교수님 그리고 가톨릭 담당하시는 예수 동생 근수 편집장님 오셨습니다. 안녕하세요?

모두 안녕하세요, 반갑습니다.

◐ **이종우** 녹음을 먼저 하는 관계로 조금 지난 얘긴데요, 추석 잘들 보내셨지요?

✛ **김용민** 언제 적 얘기를 하는 거예요? 지금 추수감사절이 다가오는데. (모두 웃음)

◐ **이종우** 김용민 박사님 추석 때 뭐 하셨어요?

✛ **김용민** 추석 때 뭐 했나 하면, 어린이들한테 국제 이슈에 대해 설명

하는 책을 쓰다 말았습니다. 600페이지 써야 하는데 120페이지까지 쓰다 말고. 9월 말까진 써야 하는데…. 성서의 율법과 불교의 계율을 지키기 어렵듯 작가들이 마감 일 지키는 경우는 거의 없지 않나 이런 생각이 듭니다.

🌑 **이종우** 없다고 봐야죠.

✝ **김용민** 우리 이 박사 같은 경우는 마감 넘긴 지 4년이 지났죠?

🌑 **이종우** (웃음) 제가 출판사에 한번 빌었습니다. 잘못했다고.

✝ **김용민** 그게 2년 전 얘기고, 지금은 죽은 줄 알아요.

(모두 웃음)

호황을 누리는 종교 장사

🌑 **이종우** 실종 신고가 들어올 것 같습니다. 우희종 교수님은 추석 때 뭐 하시나요? 혹시 차례 지내십니까?

卍 **우희종** 집에서는 안 지내고, 돌아가신 부모님을 사찰에 모셔서 사찰로 갑니다.

🌑 **이종우** 제가 왜 지난 추석 얘기를 하냐면, 종교별로 명절에 차례나 의례를 지내는 게 조금씩 다를 것 같아서요. 김용민 박사님은 추도 예배 보시나요?

✝ **김용민** 네. (개신교에서) 제사를 금지하다 보니까 절충을 한 거죠. '조

상을 무시하는 종교다' 이런 식의 지적이 있으니까. 그런데 너무 절충이 아닌가? 사실 예배의 주인은 신 아니에요?

이종우 그렇죠.

김용민 그런데 추도예배는 뭐야 대체. 저는 추도예배도 하지 말고 조상 개무시하고 살자 이런 차원이 아니라, 가톨릭처럼 전향적으로 이런 문제들에 다가갈 필요가 있지 않겠는가. 사실 돌아가신 분들을 우리가 신으로 생각하지 않잖아요? 개신교에서 이런 것들을 반대하는 이유가, 제사는 귀신을 모시는 거다, 이거는 우상숭배라고 단정해서란 말이죠. 그래서 가톨릭에서 제사를 안 지내서 엄청나게 박해받은 거 아니에요.

이종우 그렇죠. 신주 불태우고.

김근수 원래 성서에 조상들을 어떻게 모시느냐 하는 주제는 아예 없습니다. 예수 시대에도 그랬고요. 그런데 우리 교회 역사에서 돌아가신 조상들을 기념하는 형식이 생겼고, 나중에 그 정도를 절대적으로 하느냐 상대적으로 하느냐를 놓고 역사가 왔다 갔다 한 일이 있었죠. 지금은 가톨릭에서도 제사 지내는 것이 허락은 됐는데, 제사 지낸다고 그 조상들을 신으로 보거나 우상숭배 하는 것은 아니죠.

이종우 '신위'라는 위패 때문에 그야말로 정통 성리학이라고 해야 하나, 옛날 유교적 방식으로는 분명 신령이 존재한다고 얘기들을 많이 했죠. 하지만 지금 제사나 차례라는 것 자체가 우리 선조를 기억하는 의미가 굉장히 강하잖아요. 그렇기 때문에 어떻게 보면 종교들

차원에서 전향적으로 생각해야 하지 않나 싶어요. 그럼 김근수 편집장님은 제사나 차례를 안 지내시나요?

김근수 저희는 오래된 가톨릭 신앙 집안이라 아예 제사가 없었습니다. 그래서 저희 가족들은 추석이나 설날, 기일이 돼도 제사상을 차리진 않고 성당 가서 미사만 합니다. 그런데 다른 가톨릭 신도들은 상을 차려서 절도 하고 그럽니다. 뭐 두 개다 괜찮다고 생각합니다.

김용민 개신교인 중에도 제사 지내는 분들이 많이 계세요.

우희종 그런 면에선 불교도 사실 편집장님 말씀하고 똑같습니다. 부처님 당시에 제사를 지내라는 얘기는 전혀 없었거든요. 다만 '백중'이라고 해서 하루 정도 조상을 기억하는 날이 있었죠. 그래서 저도 기일 날 사찰에 가서 추모를 하고 그러지, 제사는 안 지냅니다.

이종우 아 그러시구나. 절에 가서 차례나 제사를 지낼 때 제일 재미있었던 게 술 대신 물을 올리더라고요. 불교에서는 술을 마시는 걸 금지하니까.

김용민 아, 술도 금지해요?

이종우 예. 그래서 술 따르듯이 물을 따른 다음에 물을 올리고 물을 버리고 그러더라고요.

김용민 그건 조상 희롱 아닌가?

우희종 거긴 너무 가난한 데 아녜요? 보통은 차로 하는데.

이종우 아, 저희 집에서 돈을 덜 내서 그런 게 아닐까. (웃음) 가톨릭에서는 추석 때 미사를 보잖아요?

✤ **김근수** 예. 그런데 종교적으로 큰 의미는 없습니다.

◐ **이종우** 개신교에서는 추석날이 평일이라도 예배 같은 걸 드립니까?

✤ **김용민** 아니요, 없고요. 종교적 명절이 있잖아요. 부활절, 성탄절 그리고 추수감사절. 이때만 하는 거죠. 추수감사절은 미국 3대 명절이기도 하죠. 한동안 예수교장로회에서는 미국식으로 즉 11월 셋째 주에 했었어요. 그러다가 90년대 들어오면서부터 추석 명절에 추수감사제를 드리자. 왜 미국식을 따라 하느냐. 그럴 필요가 없지 않느냐. 그런 교회들이 많이 늘어나고 있어요.

◐ **이종우** 그런데 가톨릭 같은 경우에는 추석이나 설에 미사를 정식으로 드리고, 불교 같은 경우에도 '재공양 불교'^{한국 불교를 특히 '재공양 불교'라고 한다. 불보살을 비롯해 조상들에게 설행(設行)하는 의례에 비중을 많이 두는 게 특징이다.}라는 용어가 있잖아요?

✤ **우희종** 네.

◐ **이종우** 이렇게 각 종교들이 좀 의례 같은 것들에 집중을 하는 것 같은데, 신앙적으로 보면 전혀 앞뒤가 안 맞는 얘기거든요. 그래도 그런 행사들에 긍정적인 측면과 부정적인 측면이 있지 않을까 그런 생각이 듭니다. 좋은 점은 가족들이나 신자들이 오랜만에 많이 모일 수 있다는 것이고, 부정적인 측면은 결국 돈이 아닐까 싶어요.

✤ **김근수** 예. 모든 단체, 종교도 그렇고 정치도 그렇고, 부정에 돈이 안 끼는 데는 없지 않습니까?

◐ **이종우** 우희종 교수님은 선조들을 사찰에 모신다고 하셨는데 여기

저는 차라리 우리 불교, 개신교, 가톨릭에서
한시적으로라도 앞으로 3년간은
헌금이 아예 없다 하고 지내봤으면 좋겠어요.

김근수

에도 돈이 만만치 않게 들잖아요?

🔯 **우희종** 제대로 된 사찰에서는 그렇게 많이는 안 듭니다.

🌙 **이종우** 아 그렇습니까?

🔯 **우희종** 한번 모시면 끝이고, 매년 기일에 5만 원 정도 듭니다.

🌙 **이종우** 그렇다면 반대로 얘기하면 끊임없이 돈을 요구하는 사찰도 있다는 말씀이군요? 차례 지내야 되고 백중날도 오셔야 되고 언제도 하셔야 되고 하면서….

🔯 **우희종** 그런 사찰은 장사. 종교 장사. 저는 그렇게 생각합니다.

✝ **김근수** 성당에서도 미사 지낼 때 신도들이 미사 예물로 약간의 돈을 바치는 관행이 있었는데, 사실 신학적으로는 이거 안 바쳐도 괜찮습니다.

🌙 **이종우** 이런 거 보면 개신교가 참. 끊임없이 헌금을 뜯어내잖아요.

✝ **김용민** 매주 받아야 되잖아요. 물론 다른 데서도 받기는 하지만. 명목이 얼마나 많아. 십일조 헌금, 감사 헌금, 주일 헌금…. 뭐 온갖 형태의 헌금. 건축 헌금도 있고, 절기마다 내는 헌금도 있고.

✝ **김근수** 저는 차라리 우리 불교, 개신교, 가톨릭에서 한시적으로라도 앞으로 3년간은 헌금이 아예 없다 하고 지내봤으면 좋겠어요.

✝ **김용민** 아, 가난해지자?

✝ **김근수** 예. 한 3년. 모든 종교가.

바울이 똥 쌌다고 성지인가

🔵 **이종우** 진짜 동남아시아 스님들처럼 삭발하고, 아침에 쫙 나오시고…. 그런 것도 좀 있었으면 좋겠다는 생각이 들고요. 좀 지난 일이긴 한데, 성지순례 갔던 이슬람 신자들이 굉장히 많이 압사를 당하는 참사가 일어났습니다. 그런데 세 분은 성지순례를 다녀오셨습니까? 김근수 편집장님은 얼마 전에 또 이탈리아 아시시 성지에 다녀오셨다고 했고. 우희종 교수님께서는 성지순례 많이 하시잖아요?

🔵 **우희종** 어차피 사람 사는 곳이 곧 부처님이 있는 곳이어서 저는 사실 성지에 별로 의미를 두진 않았는데요. 작년에 인도 부다가야 쪽에 갔다 오고 나서 생각이 좀 달라졌습니다. 부처님이 깨달으신 장손데, '아, 이래서 성지순례 하는구나'라는 생각이 들었습니다. 아주 느낌이 다르더라고요. 저희는 그런 장소에 가면 좌선을 하게 되는데 느낌이 전혀 달랐어요. 성소聖所나 성지에 너무 큰 의미를 둘 필요는 없겠지만, 그래도 어느 종교건 성지라고 말하는 데는 한번 가 보는 게 좋겠다고 생각하게 됐습니다. 그래서 가능하다면 기독교, 더 나아가서 이슬람교 성지도 방문해야겠다 생각하고 있습니다.

🔵 **이종우** 김근수 편집장님도 이런 느낌을 분명히 받으시죠?

🔵 **김근수** 저는 온 세상 모든 곳이 성지라고 생각합니다. 우리 세상이 저절로 생겼건 조물주가 만들었건 간에 사람이 숨 쉬는 모든 땅이 성지죠. 조상들 산소만 다녀와도 마음이 비교적 경건해지지 않습니

까.

🔵 **이종우** 김용민 박사님께서는 이스라엘 한번 다녀오셨나요?

✝️ **김용민** 아니요, 전혀.

🔵 **이종우** 왜요?

✝️ **김용민** 기회가 없었어요. 한번 다녀올 기회가 있었는데 스케줄이 맞지 않아서. 앞서 두 형님들께서 말씀하셨는데, 온 세상이 성지이기도 하고. 어떤 특정한 현장에 대해서 '이 현장에 예수가 계셨다' '이 현장에 부처님이 계셨다' 그러려면 부처와 예수의 삶에 대해서 관심을 가져야 한다고 봐요. 역사적으로 조금만 불편한 진실이 발견되면 외면한다든지 귀와 눈을 닫아 버리는 이런 사람들이 성지에 가면 뭐 하냐 이거죠.

모두 음.

✝️ **김용민** 그런 거에 좀 관심을 가졌으면 좋겠어요. 모세가 십계명 받은 산을 시내산이라고 하는데, 거기가 고증이 안 됐어요. 거기를 시내산이라고 하니까 그냥 시내산이라 한 거예요.

🔵 **이종우** 그렇죠.

✝️ **김용민** 그런데 그런 데에 영험한 뭔가가 있다. 나는 '이거는 뭔가 희롱당하는 것이다. 또 다른 의미의 상술에 기만당하는 것이다' 이런 생각이 들거든요.

🔵 **이종우** 불교 같은 경우에도 아들을 많이 낳게 해 준다는 성지가 있고…. 가톨릭 같은 경우에도 분명히 성지가 많잖아요. 요 근처에 절

두산도 있고. 그런데 요새는 개인의 복을 비는 성지들이 마구 개발되지 않나 하는 생각도 들고요.

김용민 참 너무 답답한 게 뭐냐 하면, 이스라엘은 예수가 활동하고 바울이 활동한 공간인데 이후에 거기서 십자군전쟁이 일어나서 엄청나게 많은 사람이 학살당하고 처참한 폭력에 시달렸다는 말이죠. 왜 그런 건 기억 안 하냐는 거예요. 그런 것도 기억해야죠.

이종우 그렇죠.

김용민 그리고 이스라엘이 미국을 배후에 둔 강대국이 되어서 팔레스타인 백성들을 못 살게 구는 거, 이런 거를 안타까워한다든지 죄스러워 한다든지 뭐 그런 맛이라도 있어 줘야지. 그래야 성지순례의 의미가 있는 거 아녜요? 단지 예수가 거쳐 갔다고, 바울이 여기서 똥을 쌌다고 그냥 성지라고만 하는, 현실에서의 문제는 도외시하는 성지순례는 문제가 있다.

이종우 참사가 일어났던 이유가, 이슬람 쪽에서는 성지순례가 의무잖아요. 종교적 의무를 수행하는 과정에서 그런 참사가 일어났다는 것 자체가 참 어떻게 보면 아이러니하죠. 제 생각에는 성지순례 때문에 참사가 일어났다면 거기도 성지로 만들어 줘야 하는 것 아닌가 싶네요. 종교적인 열정이 그렇게 불행한 사건으로 이어졌다면 그것을 잘 기억하는 것도 어떻게 보면 종교가 할 일이 아닌가 싶습니다.

김용민 그분들 삶이 참 안타깝고 희생이 슬픈 일이긴 하지만, 달리

보면 종교 상술에 놀아난 거 아닌가요? 전 그렇게도 봐요.

이종우 저는 좀 생각이 다른 게, 이슬람이라는 종교가 그렇게 급속도로 확산될 수 있었던 데에는 그 종교가 가진 설득력도 있는 것 같거든요. 그렇지 않으면 사람들이 그렇게 목숨 걸고 성지순례를 가진 않았을 것 같아요. 그게 뭐 상술이 될 수도 있지만, 상술보다 더 강하게 신앙심을 움직인 게 있는 것 아닐까.

김용민 나는 의무와 강제가 마음에 안 들어요. 우러나오는 마음에서 성지 가는 거야 누가 뭐라 그래.

우희종 그런 맥락에서 보면 티베트 불교 신자들이 오체투지를 하면서 몇십, 몇백 킬로를 그렇게 가는 거에 두 분이 말한 두 측면이 다 자리 잡고 있는 것 같아요. 몇백 킬로를 오체투지 해서라도 가고 싶은 마음과 그런 것을 살아서 꼭 한번 해야 하는 것으로 규정해 놨을 적에 그것에서 오는 옥죔. 그런 양면이 다 자리 잡고 있는 것 같아요.

김근수 저는 종교에서 '의무'라는 단어 자체가 없어져야 한다고 생각합니다. 종교에서 유일하게 의무라면 사랑의 의무 이거 이외에는 아무것도 필요 없다.

모두 아.

이종우 자비, 사랑의 의무.

쿠바에 간 프란치스코 교황

🔵 **이종우** 세속에 있는 사람들이 성지순례 갔다 온 얘기를 했으니까 이번에는 성직자가 세속으로 나온 얘기를 한번 해 보죠. 프란치스코 교황이 미국에 갔습니다. 큰 센세이션을 일으킨 것 같아요. 연일 교황이 뭐 했다 뭐 했다 그런 얘기가 계속 나오는데, 우리 예수 동생 근수 편집장님께서 더 설명해 주시죠.

🔵 **김근수** 교황이 미국 가기 전에 쿠바를 먼저 갔습니다. 쿠바를 빼놓아선 안 되겠죠? 쿠바에 갔을 때 두 가지가 제 눈에 들어왔습니다. 하나는 체 게바라의 거대한 조형물이 있는 혁명광장에서 미사가 열렸다는 것이죠. 이것은 교황이, 가톨릭이, 쿠바 국민들의 혁명에 대한 노력을 인정한 것입니다. 두 번째는 교황이 피델 카스트로 집을 방문한 것입니다. 사실 외국에 나갔을 때 교황이 특정 개인의 집을 방문하지는 않습니다. 이게 엄청난 예우거든요. 이것은 카스트로 인생, 혁명에 대한 그분의 공헌을 쿠바 국민들과 함께, 당시 희생자들과 함께 존중한다는 의미입니다. 이것을 놓쳐서는 안 되겠습니다.

🔵 **김용민** 그런데 (카스트로가) 추리닝을 입고 나오더라고. (웃음)

🔵 **이종우** 참 아디다스 좋아해요.

🔵 **김용민** 그분 나름의 의복의 정치학이라고 표현할 수 있겠지만, 카스트로의 당당함, 자신감 그런 걸 표현해 주는 하나의 상징이 아닐까 생각합니다.

이종우 그런데 피델 카스트로는 가톨릭 신자인가요?

김근수 예, 그렇습니다. 예수회 소속 고등학교에 다녔고요. 그때 스승이 예수회 신부였는데 혁명 후에는 카스트로가 그 스승을 추방시켜 버렸습니다.

모두 아이고.

김근수 그런데 이번에 교황이 카스트로에게 책을 몇 권 선물했는데, 카스트로가 추방한 그 스승 신부가 쓴 책도 있었습니다. '이제 화해해라' 하는 제스처가 아닌가 싶습니다.

이종우 참 사회주의와 종교는 양립하기가 쉽지가 않거든요.

김근수 원래 사회주의와 가톨릭은 아주 가깝습니다.

우희종 예. 오히려 양립할 수 있는 게 아닐까요?

이종우 음, 어떤 측면에서요?

우희종 서로 함께하고 나눈다는 관점에서 보면 오히려 굉장히 맞닿아 있다고 봅니다.

김근수 저도 사회주의하고 그리스도교는 혁명의 방법인 폭력의 사용 문제에서만 차이가 날 뿐 의도, 목적 등이 아주 가깝다고 생각합니다.

이종우 그런데 공산주의와 사회주의의 바이블이랄 수 있는 마르크스의 여러 책에선 종교를 '민중의 아편'이라는 식으로 얘기를 하고 있잖아요.

김근수 종교의 악기능만 강조해서 그렇지, 마르크스도 종교의 순기

능을 인정했습니다.

우희종 마르크스주의 자체가 일종의 종교적 성격을 띠고 있죠.

김용민 한국의 풍토를 보자고요. 북한의 김일성, 그 양반이 수령이 될 때 자신을 사람들이 숭배하게끔 만든 거 아니에요? 유일 지배 체제를 만들면서. 그때 차용했던 게 바로 기독교예요.

이종우 워낙 집안도 그랬고.

김용민 김일성도 어렸을 때는 교회 나갔다고 하죠. 또 개신교인들이 이북에 집중돼 있었고요. 평양대부흥운동1907년 1월 6일부터 10일간 평양 장대현교회를 중심으로 일어난 신앙 부흥 운동도 사실은 이북에서부터 들불 번지듯 번진 거죠. 그러니까 북한을 통제하기 쉬운 거야.

이종우 그렇죠.

김용민 개신교의 하나님 자리에 김일성을 갖다 붙이면 되는 거니까.

이종우 저는 또 사회주의와 종교의 비슷한 부분이, 사회주의나 공산주의와 종교가 모두 사상적으로는 나무랄 데가 없는데, 뭐 좋다고까지는 표현 안 하겠습니다. 국가보안법 걸리기 싫으니까. 그것을 실천하는 사람들에 굉장히 문제가 많지 않나 싶어요. 스탈린도 그렇고 김일성도 사람 참 많이 죽였죠. 김일성의 경우엔 동족상잔의 비극도 일으켰잖아요. 사회주의인지 종교인지 모를 주체사상이라는 이상한 것도 만들어 냈고.

우희종 종교도 많은 전쟁을 일으켜서 사람들을 죽게 했죠.

가장 많은 범죄를 저지른 그리스도교

🔵 **이종우** 네. 그럼 계속해서 교황의 행적을 보도록 하죠.

🟢 **김근수** 교황이 미국에 갔을 때 주목할 것은 세 가지입니다. 하나는 의회 연설, 또 하나는 유엔 총회 연설, 또 하나는 필라델피아 연설입니다. 그밖에 다섯 살 난 난민 소녀를 안아 준 것도 물론 있습니다만.

🔵 **이종우** 아, 네. 그 아이가 교황께 그림을 선물했다더군요.

🟢 **김근수** 또, 의회 지도자들이 요청한 식사를 거절하고 노숙인들과 식사했다거나. 이런 아름다운 사례는 더 있습니다만, 말씀만 들어 보면 의회 연설이 우선 중요합니다. 의회에서 종교 자유를 이야기했고, 또 난민 문제를 얘기했습니다. "난민 문제는 결국 정치 문제다. 미국도 난민들이 만든 나라이고 계속 난민들이 오기 때문에 책임감을 가져야 된다." 또, 유엔 총회에서는 강대국, 국제 금융 기구, 자본가들의 돈에 대한 욕심을 비난했습니다. 그리고 유엔이 중동분쟁 등 여러 지역 분쟁을 제대로 해결하지 못했다면서 유엔의 개혁을 촉구했죠. 환경, 생태 문제도 지적했는데, 결국 생태 위기로 최종 피해를 입는 사람, 가장 먼저 피해를 받는 사람은 가난한 사람이다. 그래서 사회적 불평등을 치유하지 않으면 환경 문제를 해결하기 어렵다는 점을 강조했습니다.

🟠 **김용민** 여담을 좀 하자면, 상당히 많은 개신교인, 특히 목사님들 중

에 이런 오해와 착각을 하시는 분들이 있어요. 청교도들이 신앙의 자유를 찾아서 메이플라워호를 타고 미 대륙으로 건너왔다. 이거 구랍니다.

🔵 **이종우** 아 그래요?

➕ **김용민** 네, 그게 진실의 전부라고 한다면 구라예요, 구라. 영국에서 하도 못살 게 구니까 짜증이 난 거예요. '아, 여기 더 못 있겠다.' 또 당시에 영국이 '식민지 많이 만들었는데 거기로 가서 좀 살아라. 그런 곳에 국민들이 가야 대영제국 지배력이 강화되는 거 아니냐.' 한 거죠. 이 두 가지 이유 때문에 메이플라워호에 탔는데, 미 대륙에 도착한 사람들은 그중 하나라는 거예요, 이 청교도들이.

모두   음.

➕ **김용민** 개신교인도 있었고 가톨릭도 있었고 성공회는 더 많았고. 이슬람교도도 있었어. 물론 노예들이었지만. 이런 사람들이 거기서 자유로운 나라를 만들자 이런 취지로 건너간 거지. 그래서 미국은 초기 헌법에서부터 종교의 자유를 허용했어요.

🔁 **우희종** 그렇죠.

🔵 **이종우** 근데 미국이 개신교 국가의 거의 선두 주자 아닙니까?

➕ **김용민** 그러니까 상당히 많은 목사님이 '거 봐라, 믿음으로 세운 나라다. 저 나라는 하나님의 나라다.' 이런 논리도 펴잖아요. '못사는 나라들 봐라. 저 무슨 불교, 이슬람교나 믿는 그런 데고, 예수 믿는 데는 다 선진국 아니냐.' 이러고 있어요.

💧 **이종우** 누가 그랬죠?

✝️ **김용민** 아 목사들이 거의 다 그래. 신·구교 합해서 기독교 문명이 발달한 곳이 대체로 선진국이잖아요. 자본으로 또 군사력으로, 약탈하고, 강탈하고. 그런 식으로 다른 나라들을 짓밟아서 쌓은 부와 권력 아니에요? 반성할 줄 모르고. "야, 예수 믿으니까 저렇게 축복받는다." 이러고 있는 거예요.

☸️ **김근수** 서양의 역사, 그리스도교 역사를 보면, 그리스도교는 대부분 정복 전쟁을 통해서 신도를 확장했죠. 경제적 부유함이 주로 약탈 경제로 이루어진 것이기 때문에 인류 역사상 가장 많은 범죄를 저지른 것 역시 그리스도교입니다.

💧 **이종우** 불교 같은 경우에는 아스카 왕의 사례인도 마우리아 왕조의 전성기를 열었던 왕. 정복 전쟁으로 인해 고통받는 사람들을 보면서 선악과 정의의 문제를 고민하다 불교에 귀의했다.가 대표적인 것 같은데요, 정복 군주로 자리를 잡다가 불교에 귀의하면서 정책을 확 바꾼 사례죠.

卍 **우희종** 네.

💧 **이종우** 그런 거 보면 종교라는 것이 국가의 핑계가 되어 버리는 것이 아닌가 싶어요. 특히 미국 같은 경우는 청교도주의로 포장돼 어떻게 보면 가톨릭하고 사이가 안 좋을 수도 있을 것 같아요.

☸️ **김근수** 그래서 이번에 교황 방문 때 미국의 많은 개신교도들이 환영한 건 깜짝 놀랄 일이었어요. 예상 밖이었죠. 예를 들면, 가톨릭 신자인 케네디가 대통령이 되었을 때 케네디가 교황청의 말을 듣지 않

겠다는 서약을 하도록 미국 국회가 요구할 정도로 분위기가 험악했습니다. 그런데 이번에는 놀랍게도 미국의 개혁적이고 진보적인 개신교 분들이 많이 환영을 했어요. 깜짝 놀랐어요. 왜 그랬냐 하면, 지금 미국의 그리스도교 지형에서 사회 개혁적인 흐름이 많이 약화됐거든요. 근데 이 흐름을 교황이 와서 다시 일으켜 세우기를 바란 측면이 있어요.

⊕ 김용민 또, 이런 흐름도 있습니다. 사실은 부시 시대까지는 이른바 보수 개신교인들이 뒷받침을 했거든요. '네오콘neocons의 배후에 보수 개신교인들이 있다.' 이런 말이 많이 있었는데, 그자들의 악행을 본 국민들이 화가 난 거예요. '아, 이제는 개신교에 희망이 없구나.' 이런 판단을 하던 차에 교황이 왔단 말이지. 사실이 그렇더라도 크리스천으로서 정체성을 버리고 싶은 마음은 또 없거든요. 이 사회의 개혁과 인간성의 아이콘이 되어 버린 교황이 오시니까 정체성을 버릴 수 없었던 개신교인들조차 환영하고 나선 거죠.

우리 사회의 유일한 불의가 동성애?

◐ 이종우 교황께서는 바마 형을 만났습니까, 혹시?

◑ 김근수 예, 만났죠. 오바마 대통령이 교황이 내리는 공항까지 갔고 백악관에서도 영접을 했고 그랬습니다.

🌓 **이종우** 근데 교황이 굉장히 많은 질문을 받았더라고요. 사회주의자냐. 동성애 관련된 얘기들도 굉장히 많이 나왔고.

🌑 **김근수** 네. 동성애 얘기를 먼저 하자면, 교황은 "동성애를 지지하는 사람을 판단하지 않겠다. 동성애자를 판단하지 않겠다. 그 판단은 하느님한테 맡긴다." 이런 표현을 했고, 또 "사회주의자는 아니다." 이렇게 못 박았습니다. "가톨릭 사회교리를 벗어나는 것을 이야기한 일이 없다. 가톨릭 사회교리를 이야기했을 뿐이다." 그러니까 지금 교황을 빨갱이나 종북으로, 또 사회주의자로 몰아붙이는 사람들은 자신들이 사회교리를 잘 모른다는 것을 자백한 것이나 다름없습니다.

🌓 **이종우** 동성애 얘기 나온 김에 우희종 교수님께 여쭤 볼게요. 불교는 동성애를 어떻게 보나요?

🌓 **우희종** 아, 네. 불교에서는 욕망, 다시 말해서 그것이 이성애건 동성애건 탐착의 문제를 없애자는 것이 기본 입장입니다. 성애의 형태는 각자의 업으로 볼 뿐이죠. 인과응보라는, 자기가 뿌린 대로 맺는다는 맥락에서, '본인이 선택한 것의 결과는 본인이 감당한다'는 것이기 때문에, '동성애는 된다, 아니다' 이전에 '네가 그 행위의 주인이냐 아니냐'를 묻게 되죠. 그래서 '네가 선택한 거라면 네가 당당히 그 결과를 받을' 거라 봅니다. 그렇기 때문에 동성애에 대한 가치 판단은 하지 않습니다.

🌓 **이종우** 교리 자체가 그렇다면, 동성애에 대해서 교단 차원에서 금지

를 한다든지, 아니면 동성애자들은 우리 절에 들어오지 말라든지 그런 얘기가 나오기는 힘들겠네요.

우희종 불교는 기본적으로 고통의 문제를 다루지, 선악의 문제, 판단의 문제를 다루지는 않습니다. 불교를 자꾸 그런 식으로 이해하려는 사람들이 많아서 문제죠. 고통의 문제, 삶의 현장에서 생기는 고통의 문제에 관심을 갖고, 또 동시에 그 상황 속에서 네가 주인이냐 아니냐를 다루는 거거든요. '네 삶을 네가 선택해서 네가 살아가느냐'를 묻지 무슨 선악의 문제, 가치 판단의 문제 이런 건 부수적인 거죠.

김근수 저는 이렇게 바꿔 말하고 싶습니다. 불교가 '고통이 무엇이냐'라는 걸 생각한다면, 그리스도교는 '고통받는 사람이 누구냐' 그리고 '고통받는 사람에 대한 나의 태도는 무엇이냐'를 주로 연구하는 것 같습니다.

이종우 그런데 그리스도교도 중에서 동성애를, 동성애자를 악으로 보는 사람이 굉장히 많잖아요.

김근수 동성애에 관한 구절은 구약성서에서만 잠깐 나오고, 성서 전체로 보면 거의 없는 거나 마찬가지죠.

이종우 그렇죠.

김용민 동성애를 정죄하는 게 요새 들어서 극심해지고 있잖아요. 여러 이유가 있을 것 같은데, 가장 큰 이유는 정치적 이유라고 봅니다. 박원순 시장을 코너로 몰기 위한 보수 종교계의 조직적 움직임이 있어요. 그것은 분명 실존하는 것이고요. 또 다른 건 뭐냐 하면, 교회가 뭔가 도덕적인 이니셔티브initiative를 다 잃어버렸어. 뭐, 돈에 초연하기를 해, 성 도덕이 깨끗하기를 해, 아무것에 대해서도 도덕적 권위를 내세울 수 없으니까 내세울 게 동성애 반대 이것밖에 없는 거야. 대중에게 그나마 먹히는 게 이거 하나야. 자기들이 사회적 신뢰 회복 차원에서 돈을 포기하고 빈곤, 가난의 길로 들어서는 건 못해. 그게 쉽지 않을뿐더러 자기들이 지향하는 바도 아니거든.

김근수 현재 개신교에서는 동성애 문제를 신학적인 측면이 아니라 정치적인 동기에서 자기 결속의 주제로 내세운 것 같습니다.

김용민 그렇습니다. 명분들을 다 상실해 버리니까 붙잡을 명분이 뭐가 있어. 성서의 뜻에 따르자니 성서는 기득권을 포기하라고 하지. 유일하게 자기들 코드에 맞는 게 동성애 반대라고.

김근수 성서에서 예수는 성 문제에 관해 이야기한 적이 없습니다.

이종우 불교는 성적 욕망에 대해서도 부정적으로 깔고 들어가는 게 있죠?

우희종 모든 욕망에 대해서 그렇죠. 더 정확히 말한다면 대승불교에서는 욕망 자체보다는 욕망에 빠져 허덕이는 것을 부정적으로 보는 것이기는 합니다만.

김용민 아니, 개신교가 관심 갖는 게 왜 동성애밖에 없느냐 이거야. 우리 사회의 유일한 불의가 동성애인가?

이종우 종교가 관심 가져야 될 사회적 문제가 얼마나 많은데….

교회가 뭔가 도덕적인 이니셔티브를 다 잃어버렸어.
뭐, 돈에 초연하기를 해, 성 도덕이 깨끗하기를 해,
아무것에 대해서도 도덕적 권위를 내세울 수 없으니까
내세울 게 동성애 반대 이것밖에 없는 거야.

김용민

✞ **김용민** 동성애 아니면 종북! 이 두 가지밖에 없어요. 또 하나 있구나. 이건 소소한 이슈인데, 봉은사역 이름 붙인 거.

(모두 웃음)

◐ **이종우** 사랑의교회역도 허락해 달라고 그럴 수 있겠네요.

✞ **김용민** 박원순 시장한테 이런 제안을 하고 싶어요. 해 달라는 대로 해 줘라. 압구정역은 광림교회앞역, 여의나루역은 여의도순복음교회앞역 이렇게 만들면 어떻게 되겠어? 그 교회들이 다 똥바가지 뒤집어쓰는 거예요.

◐ **이종우** 합정역은 절두산성지앞역 그렇게 만들고, 또 뭐가 있으려나.

✞ **김용민** 개그를 주워 먹지 말고.

(모두 웃음)

"세상에서 가장 중요한 사람은 고통받는 사람"

◐ **이종우** 교황께서 굉장히 재미있는 얘기를 하나 했어요. 접시가 날아다니고 뭐 그런 얘기.

✤ **김근수** 아, 네. 교황의 말씀엔 아주 이해하기 쉬운 사례가 많이 들어 있습니다.

✞ **김용민** 예수님이 비유를 많이 하셨어요.

✤ **김근수** 예를 들면, "가정에서는 접시가 날아다니지만 가정은 희망을

낳는 공장이다." 이런 재미있는 이야기를 하셨죠. 그분이 남미 출신이잖아요. 남미에는 문맹들이 많지 않습니까? 그래서 쉬운 이야기, 일상적인 이야기를 해야 더 쉽게 알아들을 수 있다고 생각하신 거죠. 교황 본인이 20대에 문학 교사, 우리 식으로 하면 국어 선생님도 했고요.

이종우 그 텍스트를 다 말씀드릴까요? "가족들은 때로 다투기도 합니다. 접시도 날아다니고, 아이들이 골칫거리가 되기도 하죠. 시어머니나 장모님 얘기는 꺼내지도 않겠습니다. 그래도 모두 가족의 사랑으로 극복할 수 있습니다." 이게 필라델피아에서 했던 연설입니다.

김근수 근데 그 필라델피아가 미국에서 가톨릭 사제들 성추행이 가장 심각했던 도시입니다. 그래서 거기에서 이번에 세계 가정을 위한 미사를 한 것에는 여러 의미가 있습니다. 미국 국민들에게 가톨릭 성추행 문제를 사과하는 의미도 있고, 반성하는 의미도 있었을 겁니다. 한국 언론에는 소개되지 않은 명언이 하나 있는데 꼭 소개하고 싶습니다. "가정 없이 교회 없다."

모두 음.

김근수 한국 개신교, 가톨릭 신도들에게는 충격적인, 그러나 아주 좋은 발언입니다. 가정이 교회보다 더 중요하다, 더 우선한다, 이 이야기입니다.

이종우 가톨릭 같은 경우에는 '성가정'聖家庭, 가족 모두가 기독교 신자인 이상적인 가정이라는 말이 있죠.

김근수 예, 있지요.

김용민 개신교에서도 종교가 같은 사람이 한 가정을 이뤄야 된다, 며느리가 불교면 재수 없다, 뭐 이런 얘기가 있잖아요.

이종우 우희종 교수님 불교는 어떤가요? 제가 신도말 그대로 집에 있는, 즉 속세에 살고 있는 평범한 불교 신자를 뜻한다.하고 출가자들하고는 다르겠지만, 가정을 꼭 업이라든지 끊어야 될 무엇인가로 보지는 않는 거잖아요? 어떻게 보면 인연이라고 볼 수도 있는 건데.

우희종 네, 오히려 그렇죠. 그러니까 가정을 소중하게 생각하는 논거는 다를지 모르지만 가정을 굉장히 소중하게 생각한다는 점에선 같죠. 가정을 "무수히 많은 인연의 결과다"고 바라보니까요. 뭐 "몇 억 겁의 인연이다" 이런 표현도 있고요. 부부와 자식 간의 인연을 소중히 하라는 얘기를 하죠. 가정의 소중함과 더불어 다만 조금 강조하고 싶은 것은 귀성 내지 귀성대란으로 표현되는 가족 간의 사랑이 주변의 이웃과 무언가를 더 나눌 수 있는 문화로 확대되면 어떨까 이런 생각입니다.

모두 음.

김용민 마을의 회복. 아, 이게 중요한 방향이에요, 이게.

이종우 박원순 시장도 마을 공동체를 서울시에서 다시 부활시키겠다는 움직임을 많이 보여 줬죠.

김용민 수지 가니까 곳곳에 예비 구성원들이 아지트를 정해서 수시로 만나더라고요. 마을 분 중에 학자가 있으면 그분이 인문학 강의도 하고, 또 음악 하는 분 있으면 또 그분들이 콘서트도 하고, 아이들은 아이들끼리 놀고, 이런 문화가 있더라고. 제가 살고 있는 동네도 그렇고요. 아파트 삭막하잖아요? 대개 좀 계층도 나이도 비슷한 사람들이 몰려 사니까 애들도 나이가 비슷해요. 아이들이 만나 놀수 있게 되면서 부모들도 친하게 지내게 되더라고요. 뭐 이런 구조라서 공동체가 형성돼 가는 모습을 요즘 보고 있죠. 교수님 말씀에 너무 공감되는 것이 뭐냐 하면 정말 명절에 자기 가족을 찾아간다고 행복하지는 않잖아? 뭐 살쪘다느니 하면서 김새게 만드는 말이나 하고, 그래서 상처받고.

🌓 **이종우** 저는 장가가란 말.

🌓 **우희종** 명절 끝나면 그렇게 이혼이 많다면서요?

(모두 웃음)

✠ **김용민** 스트레스 받으니까. 대화 나누면 상처받지 그래서 모여선 스마트폰 보지, 뭐 대화를 나눕니까? 근데 매일 만나는 마을 사람들끼리 제2의 가족을 이루면 얼마나 좋겠어요.

🌓 **이종우** 추석 관련해서 재밌는 얘기가 있어요. 성균관 홍보부장이 이런 얘기를 했잖아요. "유교가 사람들 말대로 정말 가부장적인 종교이고, 이에 따라 유교식으로 제사를 준비한다면, 여자는 제사 음식을 준비할 수 없지요." 유교가 가부장적인 종교라면 감히 여자가 제사상에 오를 음식을 준비할 수 있었겠습니까? 실제로 보수적인 유

교식 제사를 고수하는 일부 집안에서는 제사 음식을 남자가 준비하는 경우가 많고요. 나중에 성리학이 보편화되면서 가부장 문화라는 원래 성리학의 입장과는 다른 이데올로기가 확산되고, 그것이 유교의 진짜 모습인 것처럼 알려진 거죠.

✛ 김용민 유교 원류를 보면 이게 결코 남성을 우월시하는 그런 종교는 아니에요.

🌙 이종우 그렇죠.

✛ 김용민 유교가 지배 논리하고 결탁을 하면서 맛이 가기 시작한 거죠.

🌙 이종우 그렇죠.

✛ 김용민 개신교도 마찬가지예요. 예수의 사랑은 기득권을 지향하거나 돈을 지향하거나 혹은 배타와 차별을 지향하는 게 전혀 아닌데, 이게 지배 논리하고 결합이 되면서 최악의 종교가 돼 버린 거죠.

🌙 이종우 성리학이 우주가 어떻게 구성되었네 하면서 형이상학적인 얘기를 하던 거였는데, 갑자기 불교는 이단이네 뭐네 해서 전부 뿌리를 뽑아야 된다는 식으로 얘기를 한 거잖아요. 그 와중에 도교는 어떻게 잘 구슬려 가지고 자기들 안으로 집어넣고. 예를 들면 소격서 같은 거죠. 물론 성리학 근본주의자들은 소격서 없애야 된다고 대항했습니다만. 여하튼 성리학의 이런 태도가 결국에는 가톨릭에 대한 엄청난 배타로까지 이어진 거죠. 유교 문화가 좀 가라앉았을 때 개신교는 들어온 거고. 이런 일련의 배경이 있었던 것 같습니다.

✢ **김용민** 제가 봤을 땐 그런 것들이 이단이에요. 종교 원리에서 벗어나면 이단 아닌가?

◍ **이종우** 그렇죠. 그러니까 이단적인 신념을 갖고, 이단적인 생각으로 자기의 이익을 취하고 권력을 취하려고 하는 사람들의 행동 자체가 그 종교를 이단이 되게 한 게 아닌가 싶어요.

✢ **김근수** 이번 교황 방문에서 꼭 소개하고 싶은 게 하나 있는데, 교황은 미국 국민과 우리 인류에게 두 가지 질문을 했습니다. 하나는 '세상에서 가장 중요한 것이 무엇이냐?'고, 또 하나는 '누가 가장 세상에서 중요한 사람인가?'입니다. 답이 여러 가지 나올 수 있겠죠. 그런데 교황은 이렇게 제안했습니다. "세상에서 가장 중요한 것은 가난한 사람과 손을 잡는 것이다. 세상에서 가장 중요한 사람은 고통받는 사람이다." 이렇게 볼 때 교황은 단순히 가족애를 강조하신 게 아니라 가장 약하고 고통받는 사람에 대한 애정을 우리에게 강조하신 것 같습니다. 그건 모든 종교가 다 똑같죠.

✢ **김용민** 불교가 고통에 관심을 갖는 것도 그런 맥락이죠.

희생된 사람들이 도구?

◍ **이종우** 번뇌와 고통. 고통 얘기 나온 김에 이 얘기도 하고 싶은데요. 2014년에서 2015년 사이에 가장 고통받은 사람이 세월호 사건과

관련된 분들이잖아요. 이번에 세월호 사건과 관련된 분들이 미국에 가서 '세월호가 아직 여기 있다' 그런 플래카드를 들었어요.

김근수 예, 그랬습니다. 교황이 아마 지나가다가 그걸 보았을 겁니다. 교황은 세월호에 관심이 많습니다.

모두 오.

김근수 그래서 정말 존경스러운 마음이 생겼습니다.

김용민 제가 설교하는 벙커1(원)교회에서는 지난 일요일에 예배를 벙커원에서 하지 않고 광화문 가서 했어요.

김근수 아, 잘하셨어요.

김용민 예. 낮에. 설교도 현장에서 어려운 이웃들을 돕는 최헌국 목사님이 하셨어요. 그 양반이 강단에 서시도록 부탁을 드렸죠. 그분도 말씀하셨죠. "고통받는 이웃을 돌아보지 않는 종교는 종교로 기능할 수 없는 거다." 참 안타까운 게 뭐냐 하면 개신교, 특히 대형교회 지도자들이 세월호와 관련된 고난과 고통을 너무 싸게 말한다는 거예요. 김삼환 목사 같은 경우는 "하나님이 이 민족에게 기회를 주기 위해서 경고한 것이다." 아니, 그럼 희생된 사람들은 뭐 도구야?

이종우 경고의 희생양이라는 얘기네요.

김용민 말도 안 되는 얘기를 하고 있어. 속으로 그런 생각이 들어도 '아이, 그렇게 생각하면 안 되지' 이래야 될 판인데, 그 말을 '세월호 참사 위로와 회복을 위한 기도회'에서 했다는 거 아닙니까?

이종우 사람이 개 같다고 얘기는 안 하겠습니다만, 발언은 정말 개

같네요.

⟲**우희종** 개보다 못하다니까요. 개들은 자기들 욕심 채우기 위해 거짓 말하고 사기 치지는 않아요.

⊕**김용민** 그 자리에 박근혜 씨가 나와 가지고 그런 얘기를 했거든요? 〈로마서〉 12장일 겁니다. "우는 자들과 함께 울라." 이 구절의 배경 이 뭐냐 하면, 당시 유대인들이 선민의식에 절어 가지고 아주 대표 적으로 독선적이었다고요. 자기 나라도 없고 게다가 이민자인 판에, 로마에 가서도 잘난 척을 하는 거예요. 실제로 유대민족이 잘났어. 거기 상권도 싹쓸이했거든. 기민하고 똑똑하고 부지런하니까. 그러 니까 다른 이민자들이 싫어하는 거예요. 로마 귀족들도 싫어하죠. 그렇다 보니까 '따'가 돼 버린 거죠. "너희들 제발 좀 그 사람들과 어 울려라. 기쁠 때 같이 기뻐하고 울 때도 같이 울어 주고." 바울이 이 렇게 말한 건 공감 능력의 회복을 요구한 거거든요. 그런데 공감 능 력이 대한민국에서 가장 떨어지는 박근혜 씨가 "우는 자들과 함께 울라" 이런 얘기를 하니까, 뒤집어지는 거지.

◍**이종우** 우희종 교수님은 서울대 교수님들과 세월호 관련해서 성명 서 내셨던데, 대략 어떤 내용이었던 거죠?

⟲**우희종** 진상 조사를 요구한 것이 가장 핵심이죠. 진실을 은폐한다든 지, 이 문제를 적당히 정치적으로 푸는 것에 대한 지적이었습니다.

◍**이종우** 그 성명서에 대해 누가 교통사고 같은 걸 가지고 새누리당 주호 영 의원이 "세월호는 기본적으로 교통사고다"고 한 말 왜 그러냐는 얘기를 했죠?

☘ **우희종** 그렇죠.

☘ **김근수** 개신교에서 은혜, 은총을 값싸게 설교하는 사람이 많은데, 저는 이런 이야기를 하고 싶습니다. 다른 사람의 고통을 값싸게 해석하는 일은 중단해야 된다.

☘ **우희종** 네, 그렇습니다.

☘ **이종우** 다시 화제를 돌려 프란치스코 교황이 미국에 갔다 온 것이 왜 이렇게 화제가 되는 걸까요?

☘ **김근수** 저는 이렇게 생각합니다. 정말 참된 길을 걷는 종교인이 우리 사회에 너무 드문 탓이 아닌가…. 사실 프란치스코 교황이 유별나게 잘하고 훌륭한 분은 아니거든요. 물론 훌륭하시긴 하지만. 우리 주위에 정말 종교인이면서 종교인의 길을 걷는 사람이 너무 드물다 보니까 대조 효과가 너무 큰 것입니다.

☘ **김용민** 교황이라고 다 그렇게 대접받는 게 아니야. 베네딕토 교황베네딕토 16세이 미국 가면, 뭐 신문 한 줄이나 나오겠어?

☘ **이종우** 그렇죠.

☘ **우희종** 아주 타당한 말씀이네요. 교황께서 하는 얘기가 특별한 건 아니에요. 종교인으로서 너무나 당연한 얘기를 한 건데, 이것이 이렇게까지 와 닿는 것은 편집장님이 말씀하신 그런 부분 때문인 것 같습니다.

박정희 업적을 발명해 낸 목사들

🔵 **이종우** 참, 미국 사람들도 우리만큼이나 살기 팍팍한 것이 아닐까. 그 무렵 우리 대통령께서는 유엔에 가서 연설을 하셨죠. 세계 여성들을 위해서, 힘든 여성들을 위해서 한국이 나서겠다는 얘기는 참 괜찮다고 보는데….

➕ **김용민** 들은 사람이 없잖아, 그 앞에서.

🔵 **이종우** (웃음) 박근혜 대통령이 유엔 갔던 얘기를 왜 하냐면, "새마을운동이 개발도상국 발전의 모델이 되었으면 좋겠다"고 했단 말이죠. 뭐 여기, 김용민 박사님이랑 저는 새마을운동 완전 끝물 세댄데…. 근데 새마을운동 때문에 농촌에서 떠안은 부채가 거의 20배 가까이 올랐다잖아요. 시멘트 한 포 던져 주고, '너네가 마을 길 넓히고 도로 포장해라. 그 석면 가득한 슬레이트 지붕 올리고.' 새마을운동 하면 그런 장면이 대표적인데, 이런 새마을운동을 박정희 전 대통령을 신격화하는 데 갖다 쓴다는 거죠. 부녀 관계를 넘어 박 대통령을 너무 과도하게 신격화하는 걸 유엔 연설에서도 엿보게 된 게 아닐까 싶은 거죠.

➕ **김용민** 김어준 씨가 그랬잖아요. "박근혜에게 정치는 아버지에 대한 제사다." 아버지가 대통령으로 있을 때에는 왕처럼 떠받들던 사람들이 대통령 본좌에서 사실상 생물학적으로 내려오게 된 상황이 되니까 쌩까기 시작했다 이거죠. 거기서 그 양반이 팍 열받기 시작한

거예요. 참 흥미로운 것이 뭐냐 하면, 청와대의 영애로, 또 퍼스트레이디로 있었던 기간이 도합 18년이에요. 아버지가 돌아가시고 나서 칩거하면서 배신자들에게 치를 떤 기간도 18년이에요.

🔵 **이종우** 매 18년이네요.

➕ **김용민** 또, 정계에 들어온 지가 18년이에요.

🟤 **김근수** 박근혜 씨가 아버지 박정희를 비판하고 그랬으면 오히려 진짜 영웅이 됐을 수도 있어요.

➕ **김용민** 아, 그럼요. 하도 안 하니까 측근들이 그렇게 해서는 대통령 못 됩니다 그러니까, 장준하 선생 유족 쫓아가고, 전태일 동상 가 가지고 헌화하려고 한 거죠. 그게 쇼한 거 아니에요. 그런 거에 전혀 관심이 없다고 얼굴에 다 쓰여 있어요.

🔵 **이종우** "인혁당은 두 개의 판결이 있습니다"라는 웃지 못할 얘기를 하고.

➕ **김용민** 인혁당이라고 하지도 않았어. 민혁당이라고 했어, 민혁당.

🌀 **우희종** 맞아. (웃음)

🔵 **이종우** 있는 얘기를 과장하고 없는 얘기를 새로 만들어 내면서 완성되는 게 신격화잖아요. 박정희에 대한 공과 과를 제대로 평가했으면 좋겠습니다. 그게 제대로 안 돼 점점 박정희 대통령을 인간계의 대통령이 아니라 신으로 추앙하는 사태가 일어나는 게 아닌가.

➕ **김용민** 김재규의 잘못이 거기에 있다고 봐요. 민중혁명에 의해서 쫓겨나게 했어야 됐어.

⟡ **이종우** (김재규가) 죽음으로 승화시켰죠.

✚ **김용민** 그래요. 죽으니까 신격화가 된 거예요. 전설이 됐어. 전두환 봐요. 전두환이 누구한테 총 맞아 죽으면 전두환도 또 하나의 신이 된다니까? 웃음거리가 돼서 물러난 거 아니야.

⟡ **이종우** 그러게요.

✚ **김용민** 박정희도 웃음거리가 돼서 물러났어야 했어요. 그래야 우리나라 민주주의 발전에도 도움이 되는 거고. 박정희 신격화는 목사들도 마찬가지죠. 박정희는 불교 신자고, 기독교 발전에 아무것도 공헌을 한 게 없고, 이승만처럼 불교하고 민족 종교는 탄압하고 개신교는 팍팍 밀어주고 그러지도 않았거든요. 박정희가 교회에 기여한바가 없어요, 개신교 교회에. 하도 기여한 바가 없으니까 어떤 목사들이 억지로 만들었는데, 그 다섯 가지 중의 하나가 뭐냐 하면, 어렸을 때 구미 상모교회를 나갔는데 거기서 동화구연대회에서 1등 했다…. 거참, 교회에 기여한 거라는 거지. 5대 업적 가운데 하나야, 이게.

⟡ **이종우** 그런데 불교에서는 박정희에 대한 평가가 어떤 것 같으세요?

🪷 **우희종** 글쎄, 지역에 따라 다른 것 같습니다. 불교에 통일된 의견이 있는 건 아니고요, 경남 지역 특정 사찰에서는 거의 신으로 제사 지내기도 하고요. 다만, 조계종의 경우 과거 대처승과 대립하는 상황에서 정부가 현 조계종의 편을 들어주었고 육영수 여사가 불교 신

자기도 해서, 전체적으로 박정희에 호의적인 것은 분명합니다.

김근수 박근혜 씨가 유엔 총회에 갔을 때 교황하고 중국 시진핑도 미국에 있었습니다. 교황이 9월 22일 미국에 도착한 날, 시진핑 주석도 도착했습니다. 그런데 미국 국민들은 시진핑보다는 교황에 더 관심이 많았습니다. 박근혜 씨 얘기는 교황 때문에 묻혀서 보도도 잘 안 됐고요.

이종우 그렇죠.

김용민 듣는 사람도 없는데 뭐, 관심이나 가졌겠어요?

김근수 개신교 얘기하니까 생각나는 일이 있습니다. 작년 9월에 어느 목사님들 앞에서 강연할 기회가 있었는데, "개신교가 살 방법을 하나 알려 드릴까요?" 했더니 귀를 쫑긋 하시면서 뭐냐고 하시더라고요. "십일조를 없애시고…" 이랬더니 저를 이렇게 막 쳐다봐요. 그런데 이렇게 말씀드리고 싶어요. 개신교는 불교나 가톨릭이나 또 다른 종교나 사상을 공격해서 살려고 하지 말고 개신교 자신의 매력을 발산시켜라. 그게 살 방법이다.

김용민 그렇지. 사실 신정일치사회 때는 십일조가 오늘날로 치면 세금이었어요. 그렇게 보면 지금은 이중과세를 하고 있는 거라니까? 세금을 잘 내면 사실 십일조는 낼 필요 없다고 얘기하는 구약 학자들도 있다고. 우리 집에서는 마누라가 아주 율법적인 사람이야. 칼같이 십일조를 합니다.

우희종 그런데 기본적으로 계약이나 약속은 새로운 게 있으면 옛날 것은 근거일 뿐이지 효력을 잃잖아요?

김용민 그 말씀이 바로 성서의 이 구절이죠. "보라, 새것이 되었도다. 옛것은 갔다."

우희종 예. 그런데 목사님들이 이 계율로 가득한 구약을 여전히 강조하고, 신약 시대인데도 구약을 주지시키면서 강조하는 행위는 좀 안타까운 것 같아요.

김용민 새마을운동 얘기를 더 하면, 개발이 덜됐다고 해서 미개한 시대라고 얘기하지 않습니다. 그 시대가 더 좋았을 수도 있는 거죠. 그런데 지금이 경제 성장이 모토가 될 시대입니까? 균형 성장이 필요한 시대죠. 그런데 이 70년대 구닥다리 논리를 가지고 와서 어떤 새로운 성장 동력으로 만드시겠다, 이건 진짜 완전히⋯. 예전에 그런 말이 있지 않았습니까? 테라바이트TB급 하드가 나오는 시대에 2메가바이트MB로 국민을 통치한다던 말.

우희종 그렇죠. 또 새마을운동 같은 경우는 획일적으로 권력에 의해서 집행됐거든요. 그 때문에 다양한 문화가 파괴되고⋯. 이런 경험에서 배운 게 있거든요. 그렇다면 그런 것이 되풀이되지 않기 위해서 무엇이 더 필요하다, 무엇이 변해야 된다 그런 얘기를 해 줘야 하는데, 옛날 것이 너무 좋았다, 그대로 해야 한다, 이런 식의 논리는 굉장히 폭력적인 거죠.

김용민 사실 박근혜가 된 것도 박정희의 후광 때문 아니에요. 박정희란 인물 없이 어떻게 박근혜가 대통령이 되나? 불가능한 얘기야.

그런데 70년대 때 경제 발전 공식을 2010년대에 적용 가능할 거라고 생각하는 그런 발상 자체가 굉장히 잘못되었기 때문에 애초부터 부정 개표로 당선됐다고 믿는 쪽입니다.

◐ 이종우 음.

✝ 김용민 웃어 줘, 좀 이럴 때는.

(모두 웃음)

✝ 김용민 김대중을 만들고 노무현을 만들었던 우리 국민들이니까 이명박한테도 혹할 수 있었다고 봐요. 이명박한테는 노무현한테 없는 게 있을 거라고 생각한 거죠. 노무현이 갖고 있는 장점은 그대로 갖고 있으면서 노무현한테는 없는 경제 성장의 노하우 같은 것들이 있을 거라고 믿었어요. 이명박이 또 운동권 출신이기도 하니까. 그런데 이건 완전히 쓰레기였던 거지.

◐ 이종우 (웃음) 저는 이 시점에서 박근혜 대통령에게 부탁드리고 싶은 게, 제발 아버지에 대한 충언은 집에서 하시길 바랍니다. 나라 차원에서 하시지 마시고.

✝ 김용민 만약 박근혜가 교황님처럼 약자, 곤궁한 사람들에게 존경받을 만한 일을 했다면 왜 주목받고 관심받지 못했겠습니까? 달라이 라마, 아웅산 수 치 여사 그런 분들이 큰 나라 지도자는 아니잖아요? 나라 없는 분도 있고. 그런 사람들이 주목받고 관심받는 이유가 뭐겠어요?

◐ 이종우 행동으로 보여 준 거죠.

✚ **김용민** 그래, 행동으로 감동을 주기 때문에 그런 거 아니겠어요? 박근혜 앞에 사람들이 없었다? 이건 뭘 의미하는 거겠습니까?

약자를 돌볼 수 있는 유일한 것이 종교

� **우희종** 요즘 교황께서 하는 일들이 너무 공감되고 종교를 떠나서 너무 자랑스럽습니다만, 약간 우려되는 점도 있습니다. 사실 체제나 문화 문제라는 것이 한 개인이 어떻게 할 수 있는 게 아니잖아요. 다음 교황도 지금 교황이 하신 일을 계속 이어 갈 수 있을까? 지금과 같은 열기가 잘못돼서 실망으로 이어질 여지는 없을까? 이런 것들을 생각하면 교황께서 지적하신 것들이 하루 빨리 문화로 자리 잡을 수 있도록 가톨릭만이 아니라 모든 종교가 힘을 모아야 하지 않을까 그런 생각을 하게 됩니다.

✚ **김용민** 세상은 그대로 두면, 보수-기득권-엘리트로 쏠리더라고요. 정중앙에다 딱 갖다 박아 놔도 항상 그런 식으로 가더라고요. 교황께서는 지금 의지적으로 비엘리트, 비기득권, 또 좌파란 얘기를 들을 정도로 비우파 노선을 걷고 있잖아요. 가난한 사람들, 어려운 사람들 쪽에 서시고. 그런데 우희종 교수님 말씀처럼 이런 분이 생물학적으로 퇴임하신 다음에 이후 교황도 그 역할을 계속할지 이게 또 의문이네요.

제가 선거 나갔을 때 느낀 건데, 당시에는 한나라당이 파란색이었지 않습니까? 아파트 30평 이상이 되면 피가 파랗게 바뀐다는 거예요. 왜 그러느냐? 기본적으로 소유물이 생기면 사람이 우파로 가게 된다 그런 얘기를 하더라고요. 지킬 게 많아지니까. 서로들 자기 것들을 지키려고 싸우는 거 아니에요? 공무원 단체도 그렇고 환경 단체도 그렇고 군사력, 경제력을 들먹이는 것도 마찬가지고. 이런 상황에서 비움의 매력, 비움의 가치를 실현할 수 있는 유일한 것이 종교다. 권력에 들이받고 자본과 거리를 두고 그러면서 약자를 돌볼 수 있는, 지구상에 존재하는 유일한 건 종교밖에 없어요. 종교가 맛을 잃지 않도록 하려면 종교인 개개인이 각성을 하고 종교의 울타리를 넘어 사회와 생각을 맞출 수 있는 안목도 가져야 될 것 같다는 생각을 해 보게 됩니다. 그래서 한쪽으로 항상 기울 수밖에 없는 이런 세상. 사실 그것을 막을 수 없겠지마는, 최소한 중심으로 끌어오기 위해 애써야겠다. 비단 어디에 속한 종교인지를 떠나서 모든 종교인이 함께 고민하고 실천해야 하지 않을까 하는 생각이 듭니다.

◉ **이종우** 오늘 여러 얘길 나누었는데, 우리나라를 비롯해서 세계의 많은 사람이 참 불행한 시대를 살고 있는 게 아닌가 싶어요. 무슨 얘기냐? 참 힘든데 우리의 마음을 위로하고 달래 줄 사람이 없으니까, 그 역할을 해야 될 사람들이 제대로 하지 못하니까 교황의 인기가 그렇게 올라가는 것이 아닌가? 참된 영적 지도자라고 표현할게요. 참된 영적 구원자나 지도자가 없기 때문에 이렇게 교황이 인기를

끄는 게 아닌가…. 종파에 상관없이, 종교에 상관없이.

✝김용민 김수환 추기경 돌아가셨을 때 보세요. 그분 삶에 빛도 있고 어둠도 있었지마는, 선종하시니까 사람들이 빛만 기억하려는 거 아니에요.

☸이종우 법정스님 돌아가셨을 때도 그랬고.

✝김용민 뭐, 개신교는 목사님 돌아가셔도 별 관심들은 안 가집니다만.

(모두 웃음)

✝김용민 그럴 분들이 없어. 진짜 존경받는 사람들이 없어. 한경직 목사 정도였는데, 사실은 이분도 권위주의 정권에 동조를 했었다고. 그분의 논리는 이렇습니다. 45년에 이북에서 해방을 맞았거든요. 신의주였는데 곧바로 소련 공산국이 들어온 거예요. 나라를 잃은 거예요, 이 사람은. 연속해서 나라를 잃은 거지. 이 사람에게는 국가, 체제 이런 것이 하나님과 동격이었던 거예요. '우리가 정권에 들이받고 비판하면 나라가 없어질 수도 있다, 이런 분단 상황에서는 정권에 대항하면 안 된다, 이건 문제가 있다' 이런 식으로 인식을 하다 보니까 일생을 권력과 함께 양지만 걸어온 분이에요. 그러니까 돌아가셨을 때 사람들이 별로 안 슬퍼하더라고요. 나는 나름 그때 독실한 개신교인이어서 슬퍼했었는데…. 지금 돌이켜 보면 왜 슬퍼했는지 나도 모르겠어요.

(모두 웃음)

김용민 대중들은 참된 종교인이 나타나면 존경해 줄 준비가 돼 있다니까?

모두 그렇죠.

이종우 우리 종교에도 이런 종교 지도자가 빨리 나와야 된다?

김용민 자승스님은 어떻습니까?

우희종 정말 충격적인 말씀을 하시네요.

김용민 정진석 추기경님은 어떠십니까?

김근수 다른 얘기합시다.

이종우 이렇게 충격적인 소식을 전해 드리면서 오늘 방송을 마치도록 하겠습니다.

2장

개불릭 친일 흑역사

한국사 교과서 국정화
그리고 주기철

2015년 10월 23일

이종우 〈쇼!개불릭〉 시작하겠습니다. 안녕하세요, 이 박사입니다. 저희가 지난주에 두 주 동안의 종교 관련 기사들을 쭉 보고 어떤 내용을 가지고 방송을 할지 회의를 했는데, 불교계에 굉장히 좀 시끌시끌한 소식이 많았죠?

우희종 드라마틱한 상황이 좀 있습니다. 가장 눈에 띄는 사건은 화성 용주사 주지 스님 은처 문제인데요, 무엇보다도 그쪽 신도분들이 의혹을 밝히라면서 심각하게 항의하는데도 종단 쪽에선 묵묵부답하고 있습니다. 심지어 이 문제를 조사해야 될 호법부장이 용주사에 와서 오히려 의혹을 받는 승려 측을 지지했습니다.

이종우 아, 신도들이 많이 반발했겠는데요?

우희종 네. 스님의 잘못된 점을 밝혀야 될 총무원이 역할을 안 하고 오히려 비호하니까 신도분들이 화가 많이 났죠. 결국 조계사까지 쫓아갔습니다. 조계사 앞이 시끄러웠죠. 종로경찰서 경찰들까지 오고요. 안타까운 것은 총무원장 스님이 신도들 앞에 딱 나타나서 "야, 그것은 이러이러해서 잘못됐다. 신도들도 이렇게 하면 안 돼"라고 호통을 쳤다면 오히려 '야, 종단이 (아직은) 살아 있구나' 이렇게 느낄 텐데, 당일 조계사 일주문 앞에 이상한 합창단을 하나 쫙 깔고 고출력 확성기로 노래를 부르게 하고 농악단까지 불러 문제 제기를 하는 신도들의 발언을 지워 버리려고 지나가는 사람이 귀를 막을 정도의 상황을 연출하더라고요.

이종우 이명박 정권 때는 차벽을 치더니, 조계종 측에서는 농악단벽과 합창단벽까지 쳤군요.

김근수 불교만 그런 게 아닙니다. 우리 가톨릭도 마찬가지입니다. 인천 성모병원에서 신도들이 촛불시위나 항의집회를 하면, 병원 측에서 고출력 스피커 마이크를 동원해서 최신가요를 비롯해서 노래를 마구잡이로 틀어 놓습니다. 그런 식으로 집회를 방해하는 거죠.

우희종 그런 식으로 대응하면 환자분들을 비롯해서 주변 분들한테 피해를 줄 거 아녜요. 조계사는 한국 불교를 대표하는 조계종단의 중심 사찰이고 수많은 외국인도 오는 절인데, 문제를 그런 식으로 대응하는 건 아닌 것 같습니다.

이종우 그러게 말입니다. 도심 한가운데서 스피커벽을 세우다니….

우희종 그걸 보면, 현 총무원의 두려움이 얼마나 큰가를 알 수 있죠.

그래서 저는 그때 얘기했습니다. 저런 합창단의 출력이 높은 만큼 조계종 총무원의 두려움도 큰 거라고. 페이스북 같은 SNS에서도 유포되었습니다만, 심지어 스님이 신도의 뭔가를 빼앗고는 황급하게 튀는 장면까지 사진에 잡혔어요.

👤 **이종우** 아 그래요? 뭘 빼앗았답니까?

👤 **우희종** 뺏은 것에 대해서는 설이 두 가지입니다. 그런 승려들의 행태를 찍은 휴대폰을 빼앗았다. 또 하나는 성월스님의 비리, 이제는 뭐 그냥 노골적으로 말해도 되는데, 숨겨 놓은 부인과 아이들의 실명이 그대로 기재된 전단지라는 설도 있고요. 그 스님을 제가 명명하기를 플라잉 멍크flying monk라고….

(모두 웃음)

👤 **이종우** 가톨릭 쪽에서는 날아다니는 분 없습니까?

👤 **김근수** 얼마 전에 로마에 갔을 때 도로에서 동양 쪽 어떤 종교 옷을 입고 계신 분을 봤어요. 근데 아무리 봐도 몸이 공중에 떠 있어요.

모두 오와?

👤 **김근수** 지상에서 한 1미터 몸이 뜬 채로 앉아 계셔요.

👤 **우희종** 공중부양이네요?

👤 **김근수** 예. 그래서 참 신기하다. 그 앞에 보니까 깡통이 있어요.

(모두 웃음)

👤 **김근수** 돈 놓고 가라고. 그런데 재미있는 것이, 어떤 아이가 모르고 막 뛰어오다가 그분하고 부닥칠 뻔했어요. 이분이 벌떡 일어났는데

속임수가 그만 들킨 거예요. 의자 밑에 뭘 깔아 놨더라고요.

(모두 웃음)

◐ **이종우** 앞으로도 조계종에서는 이런 식으로 대응을 한답니까?

↻ **우희종** 아까 말씀드린 것처럼 신도들이 올라왔고요, 또 그동안 총무원장 권력에 억압당해서 목소리 못 내던 스님들이 그나마 조금씩 모여서 성명서를 내고 기자회견을 한 일이 있었습니다. 이삼 일 전 얘긴데, 참선 수행 하는 스님들 모임을 '전국수좌회'라고 부르는데요, 그 안에서 자승 총무원장이 잘못했다는 성명서가 나왔고, 수좌회에서 별도로 이러한 지금의 부패한 조계종단의 개혁을 촉구하는 기자회견까지 열었습니다. 이제 앞으로 한 달 안에 변화는 있을 것 같습니다. 어떤 식으로 전개될지는 모르지만.

지도자가 아니라 '지배자'

....

◐ **이종우** 각 종단의 행정적인 지도자 얘기를 하니까 김근수 편집장님께서 "무슨 지도자냐 지배자지" 이렇게 말씀하셨는데….

◍ **김근수** 예, 그렇습니다. 일부 사람들이나 언론은 흔히 '종교 지도자'라는 말을 하는데 '종교 지도자'라는 말하고 '종교 지배자'라고 하는 말을 확실히 구분하자고 말하고 싶습니다. 왜냐하면, 저는 이른바 '종교 지도자'라는 사람들에게서 지도받고 산 적이 없어요. 권력을

쥐었지만 모범이 아니니까. 그들은 권력을 쥐었으나 그들에게서 지도를 받은 적이 저는 없습니다. 그래서 '종교 지도자'라는 말을 하지 말자. 대신 '종교 지배자'라고 하자. 그리고 언론에서 자꾸 '수장'이라는 단어를 쓰더라고요? 예를 들어, 김수환 추기경이 가톨릭의 '수장'이니 이런 단어 쓰는데, 이 '수장'이라는 단어 아주 나쁜 말입니다. 종교인은 원래 가장 밑바닥으로 가야 되고 종처럼 살아야 되는데, '수장'이라는 말은 종교를 권력 관계로 표현한 말이기 때문에 기자분들이나 언론인들이 아예 그런 단어를 쓰지 않는 것이 좋고, 그런 단어를 보는 우리 시민들도 이 단어가 나쁜 단어구나를 아셨으면 좋겠어요.

🐰 **우희종** 너무 좋은 지적이네요. 정말 가슴에 와 닿습니다.

🌀 **이종우** 잠깐 각 종교의 행정직 중에서 가장 높은 자리에 있는 사람들에 대해서 얘기를 해 보면 좋을 것 같은데요. 먼저 가톨릭의 경우, 서울대교구장이나 추기경이 가지고 있는 권력이 어느 정돈가요?

⚜️ **김근수** 가톨릭은 지방자치제입니다. 각 교구의 교구장이 모든 전권을 쥐고 있습니다. 그런데 그 교구장은 주교가 될 수도 있고 추기경이 될 수도 있습니다. 추기경과 주교는 명칭만 다를 뿐이지 권력은 똑같습니다. 전라북도 지사가 전라남도 지사에게 지시할 수 없듯이 똑같습니다. 그러니까 서울대교구장 염수정 추기경이 지방에 있는 주교에게 명령할 수 있는 권력은 없습니다. 전혀 없습니다. 지방자치제입니다. 그래서 우리나라 모든 교구를 추기경이 지배하거나 관

할하거나 통치하지는 않습니다. 각 교구장이 자기 영역의 모든 권한을 가집니다.

그런데 주교를 누가 뽑습니까? 이게 중요하겠죠. 주교 후보 추천은 각 나라에 주재하는 교황청 대사와 지역교구장이 할 수 있지만, 결국 주교 임명은 로마 교황청에서 합니다. 그런데 재미있는 게 유럽 등 선진국의 주교 임명은 교황청 주교성성에서 담당합니다. 그런데 제3세계 또는 한국처럼 그리스도교 역사가 짧은 선교국가 주교 임명은 교황청 '인류복음화성'에서 맡고 있습니다. 물론 최종 결정은 교황이 합니다.

교황청 대사는 교황청 국무성 관할입니다. 주교 후보를 추천하는 교황청 대사는 교황청 국무성의 지휘를 받고, 주교 임명은 교황청 '인류복음화성'에서 맡고 있는 것이죠. 여기서 교황청 국무성과 교황청 인류복음화성 사이에 주교 임명을 둘러싸고 권력 다툼과 갈등이 생길 수 있습니다.

◑ **이종우** 그럼 인사권도 다 교구장들이 가지고 있죠?

◐ **김근수** 그렇죠. 자기 교구의 모든 인사권을 주교가 쥐고 있습니다.

◑ **이종우** 그리고 재정권도 가지고 있죠? 예를 들어, 들어온 헌금을 다시 교구의 각 성당에 재분배할 때 얼마씩 나눠 준다는 규칙도 다 주교가 정하나요?

◐ **김근수** 주교든 추기경이든 다 교구장이라고 합니다. 교구장은 인사권, 결재권, 재정운영권 모든 권력을 한 손에 쥐고 있습니다.

막강 파워 총무원장

🔵 **이종우** 불교의 경우는 어떤가요? 총무원장 자리를 놓고 없는 머리털까지 붙잡으면서 싸우고 그러잖아요. 총무원장 힘은 어디까지입니까?

🔵 **우희종** 뭐, 막강합니다. 종단에서는 전국을 지역별로 나누고, 해당 지역을 관리하는 본사를 별도로 두고 있습니다. 본사는 해당 지역을 대표하는 사찰로, 지역 작은 사찰들의 주지 임명권도 갖고 있습니다. 총무원장은 그런 본사의 주지 임명권을 다 갖고 있고요. 각 본사로부터 올라오는 분담금이나 나라에서 내려오는 국고보조금 등도 본인이 총괄 관리를 합니다.

🔵 **이종우** 사찰이 문화재인 경우가 많기 때문에 국가 지원도 굉장히 많이 받죠?

🔵 **우희종** 네, 그렇죠. 사찰마다 대부분 국보들이 있거든요. 그런 거 관리하는 비용도 국가에서 다 주죠. 각 지역에 있는 말사들을 관리하는 본사들을 총괄하는 게 총무원장인데, 본사건 말사건 사찰에서의 모든 권한은 주지가 다 가지고 있습니다. 그렇다 보니까 본사 주지를 임명할 수 있는 인사권을 가진 총무원장에게 아부하는 승려들이 많아요. 본사 주지가 되면 밑의 수많은 말사 주지를 자기가 또 임명할 수가 있으니까요. 이렇게 이해관계가 맞물리죠. 또 하나 총무원장은 목이 좋은 본사급 사찰을 직영사찰이라고 해서 자기 휘하에

본사 주지를 임명할 수 있는 인사권을 가진 총무원장에게
아부하는 승려들이 많아요. 본사 주지가 되면 밑의 수많은
말사 주지를 자기가 또 임명할 수가 있으니까요.
이렇게 이해관계가 맞물리죠.

우희종

둘 수 있습니다. 봉은사가 대표적이죠. 돈을 다 자기가 빨아들일 수 있어요.

🌀 **이종우** (웃음) 제가 왜 갑자기 웃었냐 하면, 직영사찰이라는 말을 들으니까 편의점에서 아르바이트하던 때가 생각이 나서요. 편의점도 직영점과 가맹점이 있거든요. 직영점 같은 경우는 본사에서 직접 수익을 가져가는데, 그게 바로 조계종 시스템이네요.

🌀 **우희종** 예, 맞아요.

🌀 **이종우** 가톨릭은 전부 다 직영점이잖아요.

🌀 **김근수** 그렇습니다.

🌀 **이종우** 개신교는 개별 교회 중심 시스템이니 전부 가맹점이라고 볼 수 있겠고. 불교 같은 경우에는 직영점과 가맹점이 어느 정도 섞여 있다고 볼 수 있고요.

🌀 **우희종** 네. 뭐, 직영점이 그리 많지는 않습니다만. 어찌됐건 목 좋은 곳만 차지하면 되니까. 여기서 또 하나 언급할 게 있는데, 종단 체계가 잡힌 게 50년도 안 되거든요. 아직도 완전하진 않죠. 그렇다 보니까 사람들이 흔히 아는 불국사 같은 사찰엔 방문객이 너무 많아서 돈이 넘치는데도 이런 절들을 주지가 다 관할하니까 얼마 들어오는지 추적이 안 돼요. 일부만 떼어 주고 무지 많은 돈을 챙겨 갈 수도 있죠. 그런 사찰들 이면을 보면 암흑가 갱단 같습니다. 모든 인사권을 쥔 총무원장을 중심으로 실질적인 이해관계가 있는 스님들이 연합을 해서 돈이 많이 들어오는 본사는 계파 간에 주거니 받거니 하

면서 주지를 배당받게 되는 것이죠. 그러니 결속력이 탄탄하죠. 물론 이해관계에 따라 흩어졌다 모이기도 하지만. 간단히 말하면, 표면 보스로서 종교 비즈니스의 왕이 총무원장이고, 이면의 몇몇 작은 보스들이 총무원장을 뒷받침해 주고 있는 거죠.

몰래 땅 팔아먹는 주지들

🔘 **김근수** 질문 하나. 제가 얼마 전에 불국사하고 석굴암을 가족들과 다녀왔는데, 거기 입장료 내야 하잖아요? 근데 신용카드는 안 받더라고요. 전부 현금만 받고.

🔘 **이종우** 아, 거기 아직도 안 받아요?

🔘 **김근수** 예. 그거 왜 그렇습니까?

🔘 **우희종** 현금으로 받는 게 권력과 계파 관리에 아주 유용하기 때문이죠. 투명하면 안 됩니다. 가톨릭, 개신교, 불교에서 소유한 땅을 비교하면 아마 불교가 제일 많을 겁니다. 그런데 아까 말한 것처럼 주지가 전권을 쥐고 있다 보니까 땅을 팔아먹어요. 그 돈 가지고 도박하고, 걸리니까 해외로 도망가. 그런 것들이 표충사 같은 절에서 일어난 겁니다.

🔘 **김근수** 우희종 교수님은 가톨릭의 재산을 좀 우습게 보시는 모양입니다. 우리 가톨릭도 재산이, 부동산이 만만치 않습니다.

◐ **이종우** 저도 여쭤 보려고 했었는데요, 예를 들어서 절두산 성지, 배론 성지, 용소막 성당, 풍수원 성당 등 전국에 가톨릭 성지가 꽤 많잖아요?

◑ **김근수** 많습니다.

◐ **이종우** 그런 데가 부동산 가치가 꽤 있죠?

◑ **김근수** 상업용 이익을 낼 수 없는 땅도 많이 갖고 있고, 상업용 가치가 있는 땅도 많이 갖고 있습니다. 섞여 있습니다.

◐ **이종우** 그런 데는 입장료를 받던가요?

◑ **김근수** 받지 않습니다.

◐ **이종우** 그렇다면 성당들은 어떻게 관리가 되나요? 각 교구장들이 돈을 지원해 주나요?

◑ **김근수** 그런 성지, '성지'라는 단어도 사실 저는 마음에 들지 않습니다. 어느 땅은 거룩하고 어느 땅은 거룩하지 않습니까? 인간이 밟는 모든 땅이 거룩한데, 꼭 종교적인 인연이 있다고 해서 그 땅만 성지라고 하는 건 좀 그렇다고 생각합니다. 근데 가톨릭에서는 그런 종교성을 띤 땅을 이른바 '성지'라고 해서 '개발'을 합니다. 아니, 어떻게 성지를 개발할 수 있습니까? 무슨 부동산 투자입니까? 그런데 그런, 이른바 '성지 개발'을 할 때 신도들에게서 헌금을 받아 땅을 사고 건물도 짓고 해서 결국은 종교의 재산을 늘리는 것입니다. 저는 한국 가톨릭이 성지 개발 이런 것에 신경 쓸 때가 아니고 식민지 시대 때 친일 행위부터 반성해야 한다고 봅니다.

개신교에선 대형교회가 '짱'

🔵 **이종우** 지금 막 오신 김용민 돼지님, 대한예수교장로회 총회장은 어떤 권력을 가지고 있습니까? 간략하게.

✛ **김용민** 별거 없어요. 총회장은 1년에 한 번씩 바뀌는 거거든요. 물론 그렇지 않은 교단도 있어요. 대한예수교장로회라는 교단이 있는데 여기가 넘버 4예요. 이 교단 저 교단 합쳐서 넘버 4가 됐는데, 여기 총회장이 장종현 목사라는 분인데 이분의 아호가 백석이야.

🔵 **이종우** 흰돌교회.

✛ **김용민** 백석대학교 아세요? 천안에.

🐢 **우희종** 네, 알죠.

✛ **김용민** 그게 그 양반이 지은 학교야. 아니 세상에 친박연대 했을 때 우리가 얼마나 비웃었습니까? 아니, 정당 이름에 성이 들어간 거 아니야. 친박근혜연대 아네요. 교단 이름에 사람 아호가 들어간다? 이건 상당히 흥미로운 일인데. 하여튼 그 교단 빼고 넘버 1, 2, 3이 대한예수교장로회 '통합예장통합'하고 '합동예장합동', 그 다음이 '대신'인가 그럴 거야. 통합하고 합동만 얘기합시다. 통합, 합동 그 다음은 격차가 굉장히 커요.

총회장은 권력이 없어요. 1년에 한 번씩 교체가 되니까. 뽑히면 부총회장을 1년 하고 그 이듬해에 총회장을 하는데, 지역별로 돌아갑니다. 한 해는 영남, 한 해는 호남, 한 해는 충청, 강원, 제주 그리고 수도권. 뭐 이런 식이죠. 그 지역 안에서 경쟁을 벌여 총회장이 되는 거라 실질적으로 권력이 집중된다든지 권위가 실린다든지 그러진 않습니다. 내부 살림을 맡는 사무총장 정도가 교단 내에서 행정적으로 보면 원톱이라고 할 수 있겠죠. 됐어요?

◐ **이종우** 알겠습니다.

✝ **김용민** 개신교 쪽에서는 교단이 짱이 아니라 대형교회가 짱이죠. 통합에서는 총회장이 누가 되던 간에 김삼환이 짱이야. 원로목사이기는 하지만 조용기가 짱이고. 여의도순복음교단도 있어요. 원래 기독교대한하나님의성회였는데, 거기서 여의도순복음교회가 떨어져 나온 거죠.

✝ **김용민** 그런 의미에서 보면 가톨릭이 가장 체계적이에요. 역사도 오래됐고.

❀ **김근수** 체계적이라기보다 독재적이죠.

(모두 웃음)

❀ **김근수** 그러니까 가톨릭 조직의 가장 큰 문제는 주교들이 거의 종신제라는 점입니다. 여기에서 문제가 많이 생깁니다. 예를 들어, 교구장을 임기제로 한다거나 중간평가를 한다거나 여러 가지 장치로 견제를 하면 좋을 텐데, 인사권·경제권 다 쥐고 대부분 돌아가실 때까지 버티기 때문에 여기서 나오는 문제가 점점 더 심각해지고 있습니다.

교과서 국정화는 민주주의냐 독재냐의 문제

🌀 **이종우** 오늘은 주기철 목사 얘기를 하려고 합니다.

✝ **김용민** 아이고, 주기철 목사 얘기, 예예예.

🌀 **이종우** 어떤 주제로 얘기 나눌까 했을 때 김용민 박사님이 '주기철 목사 한번 합시다'라고 얘기하셨는데, 타이밍이 아주. 역사 교과서 국정화한다고 하지 않습니까?

✝ **김용민** 아, 내가 구약 시대에 태어났으면 예언자야.

🌀 **이종우** 이야, 촉이 진짜. 목사 되지 말고 점집을 차리시는 게 어때요? 시사 점집. 일단 기사 하나를 소개해 드리겠습니다. 〈가톨릭프레스〉교회 쇄신과 사회 민주화를 목표로 2015년 4월 16일(세월호 1주기)에 창간된 인터넷 신문. 김근수 씨가 편집인이다.에 '한국사 교과서 국정화와 천주교 친일파 처리'라는 편집장 칼럼이 실렸는데요, 김근수 편집장님이 쓰셨네요.

✝ **김근수** 제가 며칠 전에 썼습니다.

🌀 **이종우** 간략하게 기사 소개 좀 해 주시죠.

✝ **김근수** 현 정부가 지금 한국사 교과서 국정화를 추진하고 있는데, 가톨릭 지도자들이 거의 발언을 못하고 있습니다. 그 이유는 가톨릭 내부에서 친일파 처리를 하지 못했기 때문이죠. 떳떳하지 못한 사람이 남에게 당당하게 요구할 순 없잖아요. 그래서 일제 강점기 시대 때 가톨릭 친일파 문제를 처리해라, 그거 하지 않으면 앞으로 우리

가 교회 밖에서 어떤 불합리한 일이 생겨도 당당하게 말하기 어렵다, 친일파 문제를 처리하라고 제가 요구를 했습니다.

🌀 **이종우** 개신교, 가톨릭, 불교 여기 3대 종단의 대표들이 나오셨는데, 이 세 종단이 전부 반국가 행위를 했죠. 일제 강점기 때 반국가 행위를 했던 기록과 증거들이 남아 있는데, 이 얘기를 하면서 주기철 목사님의 행적에 대해서도 얘기하면 좋을 것 같아요. 근데 그 전에 툭 까놓고 얘기를 해 보죠. 교과서 국정화 어떻게 생각하십니까? 일단 우희종 교수님.

🐾 **우희종** 저는 결국 국가폭력이라고 생각하고요. 이런 전체주의적인 사고방식이 21세기 한국 사회에 존재한다는 사실을 다시 한번 확인한 사례라고 생각합니다.

🌀 **이종우** 불교계에서는 무슨 반응이 없나요?

🐾 **우희종** 지역 단체에서는 얘기가 나왔고, 단체끼리 연대해서 얘기를 하자는 움직임도 있습니다. 늘 정치권력의 눈치를 보는 종단 차원에서는 당연히 뭐 침묵하겠죠.

🌐 **김근수** 제가 볼 때 한국사 교과서 국정화 문제는 진보냐 보수냐 친북이냐 친일이냐 이게 아니고 민주주의냐 독재냐 이 프레임으로 가야 옳다고 생각합니다.

🌀 **이종우** 제가 〈이이제이〉 녹음할 때 용어 하나를 생각해 봤어요. 추북수구 세력. 종북좌파라고 하잖아요? 추북수구 세력이라는 이름을 붙이고 싶더라고요. 북한을 계속 추구하는 거 같아. 북한의 정치 시

스템을, 그 독재 시스템을 계속 추구하는 것 같아요. 수구 세력들이. 결국에는 북한이랑 똑같아지는 게 아닌가 싶거든요? 이런 우려를 하게 하는 사건의 하나가 역사 교과서 국정화라고 생각합니다.

🔆 김근수 네, 그렇습니다. 어떻게 보면, 지금 국정화를 추진하는 세력이 북한을 가장 좋아하는 세력이 아닌가 생각합니다.

🌑 이종우 네.

자기 믿음을 의심하지 않는 종교

✚ 김용민 두 분은 원칙론적이고 큰 줄기에서 말씀해 주셨는데, 저는 좀 얄팍하게 박근혜의 속마음을 들춰내고 싶네요. (한국사 교과서 국정화) 박근혜 혼자서 하는 거거든요. 그렇잖아요? 새누리당에서 누가 그거를 추진하고 동력을 만듭니까?

🌑 이종우 그도 그럴 것이, 황우여 부총리 등 여러 의원이 이전에는 국정화하면 안 된다고 얘기했다가 지금 갑자기 국정화를 꼭 해야 된다는 식으로 태도를 바꾼 거는, 그 저 위의 신적인 누구인가가 움직이지 않았으면, 너 안 그러면 죽여 버릴 거야라고 안 했으면 절대 일어나지 않았을 일이거든요.

✚ 김용민 자, 그렇다면 박근혜는 왜 지금 국정화를 밀어붙일까? 저는 이분의 심리를 읽으면 현재 한국 사회의 난마처럼 얽혀 있는 모든

문제가 풀린다. 조금 간단한 얘기일 수 있는데, 박근혜는 옳다고 확신을 하는 거예요. 국민들이 뭘 몰라서 반대하는 것이다. 걔들은 반대를 위해서 반대한다고 생각하고 확신을 갖는 거예요.

🟣 **이종우** 일종의 선민의식이네요.

✝ **김용민** 네, 엄청난 선민의식과 함께, 이건 진짜 이 나라의 활로를 뚫기 위해서 무슨 욕을 먹더라도 추진해야 된다고 확고히 믿고 있는 거예요. 반면에 이명박 같은 경우는 지가 하는 일이 사기 치는 일인지 알거든. 이명박은 적당히 하다가 타협하기도 하고 적당히 하다가 흐지부지하는 맛이라도 있는데, 박근혜는 확신범이야.

(모두 웃음)

✝ **김용민** 자신이 하는 게 잘못된 거라고 생각하지 않는 거라니까?

🟣 **이종우** 이야, 선민의식에 자신을 구세주라고 생각하는 걸 수도 있겠네요.

✝ **김용민** 그런데 너무나 충격적이고 여러 가지로 경계가 되는 게 뭐냐 하면 박근혜가 굉장히 종교적인 사람 아닙니까? 특정 종교를 신봉하는 게 아니라 굉장히 종교적인 사람이에요. 아버지 제사 드리는 거 봐요. 거의 무당굿이지 어떻게 그게 통상적인 제사입니까? 규모도 그렇고요. 그리고 최태민 목사하고 관련도 있었고. 최태민 사이비 아니에요? 최태민이 편지 한 장 보내 가지고 "너의 어머니 목소리를 내가 들려주겠다" 뭐 이러면서 두 사람이 만나기 시작했고, 75년에 만나서 93년인가 최태민 죽을 때까지 그 질긴 인연을 20년 동

안 이어 왔단 말이죠. 그리고 그 인연을 최태민 사위, 딸로 또 이어 가는 거 아닙니까? 그런 거 보면 아, 이 사람의 판단이 대단히 종교적이구나. 종교적이라는 게 뭐냐 하면, '나는 신과 교통하고 있고 내가 판단하고 생각하고 사유하는 모든 것에 신적인 후견이 있다'고 생각을 하는 것이거든요. 더 걱정되는 것은, 특정 종교도 갖고 있고 대단히 종교적인 황교안이 총리를 하고 있다는 거죠.

(모두 웃음)

🔘 김용민 그 사람도 확신하고 있어요. '지금 이 나라에서 완전히 종북 세력들을 소탕하고 박멸을 해야 이 나라에 미래가 있다' 이런 믿음이 있는 거예요. 조국 교수님 말씀처럼 우리가 세상에 이명박을 그리워해야 될 그런 시대에 살고 있는 것 같아요. 이명박은 "너 사기꾼이지, 새끼야. 너 닥쳐, 이 새끼야." 그러면 움찔하는 맛이라도 있는데. 뭐 결국엔 하고 싶은 대로 다 하겠지만.

🔵 이종우 (웃음) "아, 저는 사기가 아니고요." 이렇게 얘기하죠.

🔘 김용민 근데 박근혜는 진짜 확신을 갖고 하는 거니까. MB는 한마디로 구부러뜨릴 수라도 있지만 박근혜는 구부러뜨리는 순간 부러지는 거예요. 그러니까 네가 죽든지 내가 살든지 사생결단해야 되는 그런 대립 구도란 말이죠.

🔵 김근수 그래서 저는 합리성이 모자란 종교는 위험하다. 자기 신앙을, 믿음을 의심하지 않는 사람은 너무 위험하다. 자신에게 속는 사람이 세상에서 제일 위험하다. 이런 생각이 들어요.

이종우 자, 박근혜의 무소통, 선민의식 그리고 부러졌으면 부러졌지 절대 휘지는 않는 그런 것들이 모두 집약된 게 한국사 교과서 국정화다. 이렇게 보시는 거네요?

김용민 네.

주기철이 독립운동가?

이종우 이 한국사 교과서 국정화가 심각하죠. 교학사 교과서에서는 일제 강점기 때 일본의 수탈이나 이승만·박정희·신군부의 독재를 미화하기도 했는데요. 국정화되면 솔직히 종교인이 아니면 잘 알 수 없는 주기철 목사 같은 분들도 아마 절대 배우기 힘들 거라고 저는 생각합니다. 주기철 목사님에 대해선 김용민 박사님이 잠깐 소개해 주시지요.

김용민 사실 한국종교문화연구소에서 발제한 내용이 이겁니다. 뭐냐 하면, 사실 주기철 목사가 일제하고 맞섰거든요? 그래서 수감이 됐고. 근데 해방 한 해 전인 1944년에 세상을 떠났어요. 이분이 일제하고 맞부딪친 건 사실이지만, 과연 민족의식, 독립정신 이런 것들을 품고 싸웠느냐? 이 문제를 한번 짚어 보자는 거예요. 개신교인들 중엔 이런 문제의식을 가질 수 있는 사람이 거의 없어요. 이미 주기철 앞엔 항일 독립운동가라는 수식어가 붙어 버렸거든요. 이 양반이 마산 출신인데, 창원시가 주기철 기념관 만들고, 주기철 목사를 기념하는 올레길인가도 만들었을 거예요. 근데 거기에 아예 '독립운동가 주기철 목사' 이런 식으로 표식을 만들었단 말이죠. 저는 이 양반이 진짜 독립운동가인가 의문을 품었는데, 왜 그러냐면 주기철 목사는 교단 분리하기 이전에 대한민국의 장로교가 하나였을 때 세상을 떠났거든요. 주기철 목사하고 동지였던 사람들, '출옥성도'들이라고 부르는 사람들이 나중에 '장로교 너희들 신사참배 했잖아? 우린 같이 못 있어' 하면서 따로 나와 만든 교단이 '대한예수교장로회 고신'이에요.

🐢 **우희종** 네, 그렇죠.

✝ **김용민** 고신대학교. 부산에 있죠? 부산, 경남 지역은 교신의 교세가 엄청나요. 주기철 목사가 이 고신 교단의 아버지 격이죠. 근데 이분들 보면 사회 참여 이런 것들 전혀 안 하는 분들이거든요? 이번에도 교단 총회장들끼리 무슨 토크쇼를 했는데 합동, 고신 여기는 교과서 국정화를 찬성을 해 버렸어.

🌐 **김근수** 이상하네요. 심지어 예수의 역사를 쓴 책도 한 권이 아니라 네 권복음서으로 받아들였는데…. 사실 솔직히 종교 입장에서 보면 경전을 하나로 하는 게 편하잖아요.

✝ **김용민** 네.

🌐 **김근수** 오류도 없고, 근거도 있고, 사람들 설득하기도 좋고. 그런데 왜 네 권으로 했을까요? 심지어 그리스도교조차 다양성을 존중했다

는 거죠. 한 권이 아니라 네 권. 저는 우리 대한민국에서 앞으로 개혁적인 진보 정권이 나타난다 하더라도 진보적인 교과서 하나만 한다 그러면 저항할 겁니다. 이것도 안 된다. 여러 개 하자.

☸ **우희종** 불교는 뭐 8만 4천 개 있어요.

(모두 웃음)

◑ **이종우** 불교는 팔만대장경 이상이니까.

✝ **김용민** 고신이 국정 교과서를 찬성했단 말이죠. 고신 교단을 보면 제가 봤을 때 사회 문제에 대해서는 완전히 무관심해요. 오로지 영혼 구원.

◑ **이종우** 네. 신앙적, 종교적으로는 굉장히 보수적인 개신교 교파죠.

✝ **김용민** 그런 분들이 일제하고 저항할 때는 민족의식, 독립정신 이런 걸 생각했겠느냐 이걸 한번 따져 볼 필요가 있다는 거죠.

◑ **이종우** 저도 평소에 그 점이 의심스러웠어요. 개신교가 일제 강점기 때 우리나라 해방을 위해서 노력한 대표적인 사례로 꼽는 것이 신사참배에 대한 저항이었는데, 아무리 봐도 민족의식과 독립정신에서 기인했다기보다는 우상숭배를 거부해서 그렇게 한 게 아닐까 하는 생각이 자꾸 들었거든요.

✝ **김용민** 예. 아주 뭐 결론부터 얘기하셨네. 실제로 그렇죠. 우리나라에 처음 본격적으로 개신교를 전파한 곳이 미국 아닙니까? 아주 거대한 물량과 함께. 미국에서 넘어온 선교사들 보면 8할이 근본주의자들, 아주 깡보수들이죠. 이 근본주의자들은 정치에 개입하지 않고

개신교가 일제 강점기 때 우리나라 해방을 위해서 노력한
대표적인 사례로 꼽는 것이 신사참배에 대한 저항이었는데,
아무리 봐도 민족의식과 독립정신에서 기인했다기보다는
우상숭배를 거부해서 그렇게 한 게
아닐까 하는 생각이 자꾸 들었거든요.

이종우

사회 문제에도 무관심한데 그것 자체로 기득권자들을 옹호하는 거 아니겠어요? 권력자와 기득권자들은 사회 문제에 무관심한 교회인이 얼마나 좋아? 편하고.

🌀 **우희종** 침묵하는 자들인데.

✝ **김용민** 실제로 국권을 상실당할 시기에 미국 선교사들이 이토 히로부미하고 짝짜꿍해 가지고 일본 쪽에서 "조선 신자들 까불지 않게 잘 단속해 달라"고 요청했을 때 미국의 해리스Bishop Merriman Colbert Harris 감독이 "ok" 이랬단 말이죠. 그래서 사실은 1910년에 아주 스무스smooth하게 국권이 일본에 넘어가 버렸어요. 이런 근본주의 토양에서 한국 개신교가 쭉 이어져 온 거죠. 지금도 마찬가지고요. 근데 흥미로운 사건이 발생했어요. 1919년 3.1운동. 이때는 또 교회가 중심이 돼서 들고일어났단 말이죠.

🌑 **이종우** 그리고 거기에서 주기철 목사가 어느 정도 활동을 했다는 얘기도 있고요.

✝ **김용민** 뭐 적극적인 활동 사례는 보이지 않지만, 그 무렵에 적어도 주기철 목사가 오산학교는 다니고 있었어요. 오산학교는 평안북도 오산에 있었죠. 사수가 누구냐면 조만식 선생이었어요. 이승훈 선생이 왜 이 오산학교를 세웠느냐? 미국인 선교사들의 복음을 접하다 보면 사회 문제, 민족의식 이런 것들은 완전히 지워 줘. 개인 구원 이런 것들만 강조를 하니까, 답답함을 느낀 거예요.

개불릭 친일 흑역사

🔹 **김근수** 가톨릭도 비슷합니다. 가톨릭이 처음 조선에 들어왔을 때는 우리 선조들이 중국에 가서 책을 빌려 와 읽고 학술적으로 토론하면서 사회 개혁을 외치는 신앙으로 주로 받아들였는데, 프랑스 선교사들이 한국에 들어오면서부터 개인 신심 중심으로 돌아섰습니다. 왜냐하면 프랑스 선교사들은 자기 나라에서 프랑스혁명이라는 참혹한 걸 겪었잖아요. 그래서 한국에서는 신도들에게 성직자에게 절대 복종하고 개인 구원에만 힘써라. 정치에는 관심 갖지 않도록 가르쳤습니다.

🔹 **김용민** 프랑스 가 보니까 프랑스혁명의 트라우마가 굉장히 커요. 구도심에는 1900년에 만든 도시의 아우라가 완전히 그대로 있는 거야. 옛날 건물 속에 인터넷이 들어가고 전화가 들어가고 가스가 들어가고 전기가 들어가고 수도가 들어가고 이런 구조인 거죠. 지금 우리 서울 같으면 다 때려 부수고 곳곳에서 재개발할 텐데. 근데 재미있는 게 뭐냐 하면, 얘기 들어 보니까요, 1900년에 만든 프랑스는 골목이 거의 없고 대부분 다 광장이에요. 곳곳이 다 광장이에요. 왜 그런가 봤더니 프랑스혁명 같은 민중혁명이 두 번 다시 생기지 않게 하려고 그런 거죠. 광장을 만들어 놓으면 도망갈 수가 없잖아. 골목을 만들어 놓으면 돌 던지다가도 골목으로 숨어들 테고 그러면 잡을 수가 없으니까.

◐ **이종우** 불교의 경우 일제 강점기 때로 돌아가면 솔직히 백용성 스님, 한용운 스님 이 정도 빼고 일제에 부역했다, 매국 행위를 한 것으로 점철돼 있다는 얘기가 굉장히 많잖아요.

🐢 **우희종** 맞는 얘기죠. 한국 불교의 아픈 부분이긴 합니다만, 실제로 조선 시대 때는 승려들이 사대문 안으로 못 들어왔거든요. 그걸 풀어 준 게 일본 중입니다.

◐ **이종우** 네. 1800년대 고종한테 지금 승려들이 못 들어오게 돼 있는데 승려 도성 출입 금지령을 해금해 달라고 얘기한 게 일본의 승려죠.

🐢 **우희종** 예. 니치렌종日蓮宗, 일본의 불교 종파의 '산호'라고 하는 승려입니다. 사실 그 승려 덕만은 아니죠. 그 전에 있었던 동학혁명 영향도 있는데 그런 측면은 너무 무시된 것 같습니다. 어쨌든 분명히 당시 천민 중의 하나였던 승려들은 일본 불교가 들어오면서 사대문 안으로도 들어올 수 있게 되니까 '야, 이렇게 우리한테 괜찮구나' 생각한 부분이 있었을 것 같습니다. 그래서 강대련 같은 친일파 중들이 많았습니다. 일제 때 강대련이 지금 수원 용주사, 시끄러운 그 용주사 주지였죠. 이런 사람들은 늘 '정말 한국 불교가 그나마 자리 잡은 건 천왕의 성덕 덕분이다'고 얘기하면서 다녔어요. 천민으로 취급받던 자신들이 그나마 승려로 대접받은 게 일본 불교 덕분이라는 점에서 철저하게 일본에 달라붙었죠. 주류가 그랬고 백용성, 한용운은 좀 이례적인 사례였습니다. 만공스님이나.

◉ **이종우** 왜 그 세 스님은 그렇게 이례적인 행동을 했을까요?

◉ **우희종** 글쎄요. 그들이 말한 내용이나 저술을 보면, 불교적 정신에 투철했던 것 같습니다. '우리 사회가 어떻게 돼야 우리 사회의 힘들고 고통받는 사람들을 살릴 수 있을까?' 요즘은 '수출'이라 그러지만 당시엔 민족자본의 '수탈'이었고, 조선인이 많이 차별받았잖아요. 그런 현실에서 '불교적 정신이 뭔가?'라는 것을 실현하고자 했던 사람들인 것 같습니다. 물론 100퍼센트 불교적이라기보다는 민족의식 같은 다른 여러 가지도 섞여 있었을 거라고 봅니다만, 그래도 다른 친일 스님들에 비해 불교정신, 쉽게 말하면 권력 앞에서 고통받는 국민들, 사람들에 대한 자비심, 이런 것들에 크게 영향받은 건 분명해 보입니다.

◉ **이종우** 가톨릭의 경우에는?

◉ **김근수** 가톨릭은 할 말이 없습니다.

(모두 웃음)

◉ **김근수** 일제 시대 가톨릭의 역사에 대해서 가톨릭은 그저 반성문만 쓰는 게 좋죠. 3.1운동 33인 중에 가톨릭 신도가 몇이나 되는지 아십니까?

◉ **김용민** 개신교는 3분의 2 정도 되죠.

◉ **김근수** 하나도 없습니다. 가톨릭은 하나도 없고, 당시에 교황청 대사가 일본에 있었습니다. 조선 가톨릭은 일본에 있는 교황청 대사 지시를 받았기 때문에 조선 가톨릭 신도들에게 "'일본 통치'에 협조

하고 천왕을 위해 기도하라." 이런 명령을 내렸죠. 일제가 통치한 36년간 한국 가톨릭 역사는 부끄러움으로 가득 차 있습니다.

◐ **이종우** 그래서 정교 분리 원칙을 핑계로 신사참배는 종교 의식이 아니라 국가적 행사니 해도 된다는 게 당시 가톨릭 측의 입장이었죠?

✿ **김근수** 예, 그렇습니다. 그런데 정치와 종교를 분리하자고 주장하는 사람들 보면 그분들이 정치와 종교를 가장 연결시키는 사람들입니다. 그건 지금도 마찬가지입니다.

✟ **김용민** 주기철 목사도 오산학교에서 공부할 때는 나름 민족의식을 품었겠죠. 그런데 3.1운동 때문에 개신교인들이 너무나 처참하게 박살이 났습니다. 3.1운동 전에 있었던 105인사건이 사실 개신교인들 때려잡은 사건이잖습니까. 당시 일제는 한국을 먹는 데 도움은 줬지만 미국을 잠재적 적으로 인식을 했던 것 같아요. 그래서 미국 선교사들의 활동을 제어하려면 한국 개신교인들을 견제할 필요가 있겠다 생각해서 105인사건을 조작한 겁니다. 105인사건이 발단이 돼서 3.1운동이 일어나게 됐는데, 개신교인들이 아주 가혹하게 짓밟힌 거야. 그때부터 한국 개신교가 선언적으로 다짐한 것은 아니지만 '아, 더는 사회 문제에 관여해서는 안 되겠구나' 이렇게 움츠러듭니다. 그렇게 생각하다가 결국에는 다들 '이 세상은 내 집 아니다. 천국에 나의 미래와 극락이 있다' 이런 식으로 회피해 버린 거죠.

◐ **이종우** 이원론적 세계관이 뿌리를 내렸군요?

✟ **김용민** 그렇지. 바로 이 시점부터 급격하게 뿌리를 내린 거죠. 주기

철도 이때 확실하게 '아, 세상일은 접자. 신경 쓰지 말자. 혁명, 하기에는 너무나 두려운 거' 생각한 겁니다. 그런데 두렵다는 말은 못하고 '아, 우리는 세속적인 문제에 관여해서는 안 된다. 우리는 영적인 사람이 돼야 한다' 한 거죠. 이때부터 독립정신, 민족의식 이런 것들이 아예 없어져요. 이건 주기철 목사를 추앙하고 지지하는 교회사학자들도 아주 공통적으로 하는 얘기고, 고신 측 교회사학자들도 한결같이 하는 얘기예요.

◑ 이종우 그런데 신사참배 거부에 적극적으로 나섰다는 거죠.

⊕ 김용민 10계명 제1조가 '나 이외의 다른 신을 섬기지 마라' 이거 아닙니까? 그런데 신사참배는 너무나 정면으로 위배가 되니까. 물론 일제는 '그거는 국가 의례일 뿐이지 결코 신에 대한 우상숭배가 아니다' 이런 논리를 펴기는 했습니다만. 신사참배 이게 뭡니까? 신도神道, 일본 고유의 민족 종교 아니에요? 한국에 특히 남산에 일제가 만든 신사조선신궁 같은 경우에는 메이지 천왕과 천황가의 조상신인 일본의 건국 신이라 불리는 태양신을 믿는 곳이었다고요.

◑ 이종우 네. 아마테라스 오미카미.

⊕ 김용민 네. 완벽한 우상숭배인데도 아니라고 얘기하니까 이거는 정말 아닌 거죠. 이때 주기철 목사는 '상대가 누구건 간에 나는 성서에 위배되는 일은 할 수 없다'라는 고집을 갖게 된 거죠. 결국에는 신사참배 때문에 고초를 겪게 됐어요.

주기철 목사가 민족의식, 독립정신을 갖고 한 게 아니라는 증거가 또 있어요. 부산 초량교회 목사로 부임했을 때입니다. 초량교회는 민족운동의 산실이었어요. 당시 부산에 '백산상회'라고 있었는데 이 백산상회가 독립운동 자금을 지원해 준 유일한 주식회사였습니다. 부산은 항구 아닙니까? 상하이하고 오가기가 쉽단 말이죠. 그래서 부산에서 독립운동 자금을 보내고 그랬는데, 주기철 목사가 초량교회에 부임하고 나서 그거 하지 말라고. 왜 독립운동 자금을 지원하냐고. 헌금으로 해야지. 하나님의 것을 왜 독립운동에 갖다 쓰냐고 이랬었어요. 그리고 주기철 목사 본인이 한 건 아니지만 창씨개명이 된 일도 있었고. 주기철 목사가 진짜 독립운동 지사였다면 겉으로는 복음적이고 보수적이더라도 물밑에서는 뭔가 일제에 항거하는 움직임이 있어야 될 거 아니야? 근데 물밑에서 일제에 항거하는 일을 차단시킨 분이 우리 주기철 목사님이셔. 그렇다고 해서 이분이 비리를 저질렀다든지, 이중적 행보를 했다든지, 반민족 행위를 했다든지 그런 건 없어요. 근데 사회 문제에 관해선 완전히 그림자도 비추지 않았단 거죠. 한마디로, 근본주의적 노선을 걸었던 거죠.

◐ **이종우** 그럼 연구자 입장에서 봤을 때 주기철 목사를 어떻게 봐야 된다고 생각하십니까?

✚ **김용민** 근본주의자로 봐야 되지 않을까 싶어요.

◐ **이종우** 그러니까 독립운동가라는 사실은 이제 지워야 된다?

✚ **김용민** 결과적으로는 독립운동을 하신 셈이 됐는데, 본인은 어떻게 생각할지. 사후의 사람한테 "당신한테 독립운동가 호칭 써도 좋냐?"

부산에서 독립운동 자금을 보내고 그랬는데,
주기철 목사가 초량교회에 부임하고 나서 그거 하지 말라고.
왜 독립운동 자금을 지원하냐고. 헌금으로 해야지.
하나님의 것을 왜 독립운동에 갖다 쓰냐고 이랬었어요.

김용민

물어봤을 때 오케이 할 사람이 대부분이겠지만, "난 아니야. 나 부끄럽다. 그런 얘기 나한테 붙이지 마라." 이럴 것 같은 사람이면 하지 말아야 되는데. 주기철 목사는 거부할 거라고 전 봐요.

이종우 참 애매하네요. 어떻게 보면 자기 종교적 신념을 철저하게 지키신 건데, 그게 또 어떻게 보면 독립운동의 일환으로 보일 수도 있거든요.

김근수 저는 여기서 어떤 사람에게 호칭을 붙이는 것에 대해서 이야기를 하고 싶어요. 예를 들면 성서에서 예수를 부르는 호칭이 30개가 넘거든요. 그런데 그중에서 몇 개만 역사에서 살아남았어요. 그런데 그 호칭이 한편으로는 예수의 놀라운 말과 행동을 드러내지만 한편으로는 감춰 버리고 있어요.

김용민 제가 여기서 더 이야기하고 싶은 게 뭐냐 하면, 주기철 목사는 감옥에서 돌아가셨고, 해방되고 나서 백 명 안 되는 교인들은 풀려납니다. 주기철 목사 따라서 신사참배 거부한 분들이죠. 이분들이 나와서 한 게 뭐냐. 신사참배 했던 목사들 정죄한 거 말고는 없어요.

모두 음.

3장

대형교회는 정치 자금 '저수지'

사회가 종교를
걱정하게 만든 여러 사건

2015년 11월 13일

🌀 **이종우** 조계종 얘기 좀 여쭤 볼게요.

🌀 **우희종** 예.

🌀 **이종우** 주지 선거 때 돈 쓰고 그만큼 결과가 안 나오면 폭력 사태가 나던데, 어느 정돈가요?

🌀 **우희종** 60년대에는 이권 때문에 살인까지 갔었는데, 요즘은 겁주는 정도로 끝납니다. 이미 세력화가 돼 있기 때문에. 불러 가지고 딱 겁주는 정돈데 가끔 말 안 듣는, 나름대로 의기 있는 스님들이 있어요. 그럼 청천백일하에 사람들 보는 데서 사지가 붙잡혀 지하로 끌려갑니다.

🌀 **이종우** 아, 그 유명한 사건.

🌀 **우희종** 예. 적광스님 얘긴데요. 적광스님은 폭행당한 이후엔 제대로

활동을 할 수가 없어요.

🌑 **이종우** 어느 정도 폭행을 당했길래.

🌿 **우희종** 뭐, 죽음의 위협을 느꼈다고 본인은 얘기를 하니까요.

모두 어휴.

🌑 **이종우** 총무원장 선거 때문에 그런 거였나요?

🌿 **우희종** 후보의 도박, 비리 부분을 밝혔다가 그렇게 됐죠. 종단 지도부 승려들의 상습 도박 의혹 사건에 대해 기자회견을 가지려던 적광스님을 벌건 대낮에 기자회견장에서 끌어내서는 총무원 지하로 끌고 가 무차별 폭행했죠. 그냥 지하로 데려가서 때린 거예요.

➕ **김용민** 아휴, 정말 듣기 어려운 얘깁니다.

🌿 **우희종** 근데 많은 신도가 '그럴 수도 있다'고 생각하는 게 문제예요. '어떻게 신도가 혹은 스님이 스님한테 나쁜 것을 얘기할 수 있어?' 이렇게 생각하는 거예요. 이게 불교계에 만연한 굴종의 신앙이죠.

사회가 종교를 걱정하다니

🌑 **이종우** 이런 종교계 현실 때문에 이런 얘기가 나오는 것 같아요. "종교가 사회를 걱정하는 게 아니라 사회가 종교를 우려한다." 이게 〈서울신문〉 김성호 기자가 쓴 글의 첫 문장이에요. 조계종 불교사회연구소에서 종교계 신뢰도를 조사했는데, 신뢰한다가 고작 11.8퍼

센트. 정치에 대한 관심보다는 솔직히 높습니다만, 이런 반응에 대해 김근수 편집장님은 어떻게 생각하시나요?

김근수 종교계에 대한 신뢰가 20퍼센트도 안 된다는 얘기는 우리 국민 열 사람 중에 여덟 사람이 종교를 믿지 않는다는 거 아닙니까? 이런 결과를 보면 불교, 가톨릭, 개신교의 적어도 지배급 인사들은 광화문 광장에 모여서 한 달이든 두 달이든 정말 단식하면서 참회해야 한다고 생각합니다. '대체 우리가 어떻게 했길래 국민들이 이렇게 우리를 믿지 않는가? 우리가 그동안 어떻게 살았길래 국민들이 우리를 믿지 않는가?' 이거 즉각적으로 참회 기도 들어가야 합니다.

김용민 개신교의 원로급 목사님들이 1년에 한 번씩 모여요.

우희종 회초리?

김용민 그렇죠. 남이 때리는 것도 아니고 본인이 자기 다리를 들고 회초리를 쓰는데 좀 바꿨으면 좋겠어요.

우희종 바꿔야죠.

김용민 왜 자기가 자기를 때립니까?

우희종 신도한테 맞아야지.

이종우 얼굴에 난 뾰루지를 자기 손으로 짜도 은근히 보호 본능이 있어서 세게 못 짜거든요. 근데 다른 사람이 내 여드름 짜 주거나 의사가 환자의 환부를 짤 때는 무자비하잖아요? 거의 죽기 직전까지 그 농을 다 뽑아내잖아요. 자기가 자기한테 회초리를 쓴다 그러면 세게 때릴까?

🔵 **김용민** 예. 그게 웃음거리가 돼 버린 거예요. 사실 사회적으로 이미지 좋게 하려고 "개신교가 나름 정의롭고 신앙적인 길을 가려고 하는데 우리가 많이 부족했다"면서 대사회적 퍼포먼스를 하는 거 아닙니까? 그런데 열 중 아홉은 웃어요. "이건 위선의 극치다" 이렇게 또 말하고 있고. 하나 마나 한 거, 아니, 안 하느니만 못한 일들이 되고 만다는 거죠.

🟢 **우희종** 그렇죠.

🔴 **김근수** 저는 그런 목사님들이 과연 그걸 보는 성도들이나 국민들 수준을 어느 정도로 여기는지 그게 더 궁금해요.

(모두 웃음)

🔴 **김근수** '이 정도에도 너희들은 속겠지. 우리 의도대로 속아 주겠지.' 하고 국민들을 얕잡아 보는 그 마음이 너무 나쁜 것 같습니다.

🟢 **우희종** 근데 또 거기 속는 사람들이 있다는 거죠. (웃음)

🔵 **김용민** 그렇게 잘 속는 사람들이 정치인들한테도 참 잘 속아요. 김무성이 자기 아버지는 친일파 아니라 애국인사였다고 하면 믿어 주는 사람이 있다니까요.

🟢 **우희종** 또 안전 문제가 불거졌을 때 뻔히 과학적으로 문제 있는데도 딱 모여 앉아서 시식회 하고. 아는 사람은 '또 쇼하는구나' 하지만 믿는 사람도 있어요.

🔵 **김용민** 그 시식회는 정말 문제시되는 그런 고기들을 먹는 건가요?

🌏 **우희종** 아니, 특별히 주문된….

(모두 웃음)

🌐 **이종우** 결정적으로 "박정희가 비밀 독립군이었다"란 말을 하면 그대로 믿지 않겠어요?

모두 예.

'어디 감히, 신도 주제에!'

🌐 **이종우** 아까 그 조사 결과를 좀더 자세히 들여다보면, 종교인을 신뢰하느냐라는 질문에는 응답자의 45.6퍼센트가 '신뢰하지 않는다'라고 합니다. '신뢰한다'는 16.3퍼센트.

⚫ **김근수** 아, 큰일이죠.

🌏 **우희종** 뭐 현실이 그대로 나오네요.

🌐 **이종우** 음, 그리고 성직자들에 대한 신뢰도는 '신뢰하지 않는다'가 34.3퍼센트, '신뢰한다'가 27.6퍼센트 정도 나왔네요. 성직자들에 대한 신뢰도도 높지 않은데, 이 점은 어떻게 보시나요?

⚫ **김근수** 언론에 잘 보도되는 건 주로 이상한 일, 일탈 행위들이잖아요. 그런 점을 감안하더라도 현재 한국 3대 종교 성직자들의 신뢰도가 이 정도라는 것에 이런저런 구차한 평계를 댈 필요가 없습니다. 성직자들이 크게 반성할 일입니다. '내가 왜 믿음을 못 주는가? 내

말과 행동 중 무엇이 국민들에게 신뢰를 잃었는가?'를 지금부터 잘 따져 반성해야 한다고 봅니다.

🌑 **이종우** 성직자들 자체도 그렇고 특정한 종교를 내세운 정치인들 영향도 있는 것 같습니다. 대표적인 게 이명박 씨인데, 이명박 씨가 대통령으로 재직했던 기간 동안에 개신교에 대한 이미지가 솔직히 급추락하지 않았습니까?

✝ **김용민** (웃음) 그렇죠. 목사님들 이미지가 급추락한 건 90년대 초반부터로 거슬러 올라갑니다. 그 이전까지는 권위주의 시대다 보니까 종교에 대해서 언급하는 거 자체가 굉장히 부담스러웠어요. 종교를 감시하는 단체도 없었고요. 그런데 90년대 초반부터 시민사회가 형성되고 민주주의에 대한 바람이 고조되면서 교회 내 억압 이런 것들을 진단하고 비평하는 민주적인 움직임들이 생겨났죠. 그렇게 해서 목사들이 도마 위에 올랐던 겁니다. 이때 이 목사들이 반성했느냐? '어디 감히. 우리 교회 신도도 아닌데' 자기네 신도면 뭐 가능하냐? '아니, 어떻게 교회 안에서 덕의 없이, 온유함을 잃고, 세상 논리대로' 이런 식으로 봉쇄하고, 자기들만의 아성을 쌓아 왔다는 거죠. 이때부터 비웃음거리가 됐다고 봐요. 오늘의 말기적 현상에까지 이르렀고. 처음부터 달라진 게 없어요. 더 심해졌지.

대형교회는 정치 자금 '저수지'

🌀 **이종우** 그렇죠. 90년대 초반 얘기 나온 김에 종교인 과세 얘기도 하면 좋을 것 같은데요. 몇십 년째 말만 이어지고 있는 상황입니다. 이것도 종교계 신뢰도 추락 요인이 아닐까 싶습니다. 이에 관해서 아까 우희종 교수님이 재미있는 말씀을 하셨는데요.

🔅 **우희종** 아, 예. 국내에도 소위 '초대형교회'가 있는데, 국제적으로 초대형교회의 기준이 있습니다. 신도 수 얼마, 예산 얼마. 근데 전 세계 초대형교회의 3분의 2 가까이가 한국에 있습니다. 어떤 분은 한국인의 뜨거운 신앙심의 발현이라고 생각하실 수도 있고, 또 어떤 분은 한국인의 깊은 원죄의식에서 이유를 찾기도 합니다만, 역사적 흐름을 보면 금융실명제 이후에 초대형교회가 많이 늘어납니다. 종교인들과 종교 시설 관련된 사업에는 과세를 하지 않아서 전혀 추적이 안 되잖아요. 금융실명제 이후 초기에는 복권이나 경마장을 통해서 정치 자금이 세탁됐습니다만, 사실 그건 단위가 굉장히 적습니다. 그렇다 보니까 세금 추적 없는 주당 헌금이 억 단위까지 가는 초대형교회 쪽으로 눈독을 들인 거지요. 그래서 정치 자금들이 일부 초대형교회 당회장들과 연결돼서 세탁이 되기 시작했죠. 종교인 과세 얘기할 때 마지막에 거부하는 사람들이 대부분 국회의원들인데, 이런 배경 때문이에요. 작년에도 국회의원들이 반대했죠.

🌀 **이종우** 아, 그럼 앞뒤 쑥쑥 자르고, 우희종 교수님 말씀을 편집하면

'정치 자금 세탁소가 대형교회다' 이렇게도 얘기할 수 있겠군요?

김용민 뭐 실제로 그렇죠. 클라라가 속했던 일광공영 이규태 회장도 교회를 통해서 돈세탁을 한 거예요. 장로라는데 교회에서 얼마나 지분이 크겠어. 목사도 이규태 장로가 고액 헌금자일 테니까 이 사람 말을 거역할 수 없었을 거고요. 이런 식으로 해서 저수지가 형성된 겁니다.

우희종 그렇죠. 그런 돈세탁할 만한 정치계 사람이 교회에 나오면 이 사람한테 얼굴 도장 찍으려는 사람들이 몰려오고, 그러면서 급격하게 교회가 커지죠. 물론 그중에는 신심으로 오시는 분도 있는 건 분명합니다. 그러나 우리나라에 전 세계 초대형교회의 3분의 2 가까이가 자리 잡게 됐다는 건 단순히 신앙 문제는 아닌 것 같습니다.

정치와 종교는 함께 부패 중

김근수 저는 또 이 문제를 선거와 관련해서 한번 보고 싶습니다. 우리나라 각종 선거에서 당선자와 차점자의 표 차이는 수백, 수천 표로 아주 적습니다. 이러면 정치인들은 자기 지역구에서 신도가 많은 종교의 종교인과 좋은 관계를 유지하려 하고, 그걸 이용해 종교인들은 정치인에게 거래를 요청할 수 있습니다. 그래서 우리 한국은 정치와 종교가 같이 부패할 가능성이 아주 큰 실정입니다.

우희종 같이 가고 있죠. 맞습니다.

이종우 성직자별 신뢰도라는 게 또 있네요. 가톨릭 신부가 51.3퍼센트로 1위, 스님들은 38.7, 목사는 17퍼센트네요. 이거 참. 특히 목사님들 신뢰도를 다시 끌어올리려면 어떻게 해야 될까요?

김용민 사실 개신교 목사들이, 언론들이 너무 개신교를 차별한다 해서 만든 게 '한국교회언론회'라는 단체예요. 여기서 이런 일도 할 거 같아요. 다른 종교도 비리가 많은데 왜 우리만 갖고 그러냐 하면서 예를 들면 '우리보다 더 나쁜 불교' 같은 특강을 열어요. 우희종 교수님은 여의도순복음교회에서 모실지도 모르겠습니다.

우희종 (웃음)

김용민 사실 지금 개신교에서는 '우리만 그런 게 아닌데. 왜 우리만 갖고 때리고 비난하느냐. 개신교가 차별받고 있다' 뭐 이런 얘기를 하거든요? 이게 설령 맞는다손 치더라도 자율적으로 정화를 하도록 노력을 해야지 어디가 비판적 보도를 적게 받고, 어디가 비판적 보도를 많이 받고 이런 식으로 계산하고 집계한다는 거 자체가….

우희종 굉장히 치졸한 짓이죠.

김용민 치졸한 거예요 진짜.

김근수 그러면요, 범죄가 알려진 것에 분노하지 말고 먼저 범죄를 없게 만들어야죠. 거기서부터 해야죠.

우희종 맞습니다.

이종우 근데 신부님들 신뢰도는 51.3퍼센트로 과반이 넘었는데, 이

거 믿을 만하다고 보십니까?

🔵 **김근수** 과반이 넘고 상대평가에서 1등인 것에 안도할 것이 아니라 왜 이게 100퍼센트 가까이 안 됐는가를 반성해야 됩니다.

🔵 **이종우** 그렇죠. 결국 저희가 하고 싶은 얘기도 그 얘기인데요. 성직 자도 인간이기 때문에 흠결이 있을 수밖에 없죠. 그런 걸 감안하더 라도 성직자 신뢰도에 대해선 높은 수치가 나와야 되는데, 과반 넘 었다고 상대적으로 제일 높다고 얘기해야 하는 수준이니 참 개탄스 러울 노릇이네요.

🔵 **김근수** 전 이런 자료를 보면서 현재 한국 각 종교 성직자들의 부패 가 많이 진행되었고 성직자들이 많이 세속화되었다고 생각합니다. 옛날과 다른 것이 있다면 지금은 이런 점이 노출되고 전해지고 폭 로되고 있다는 것입니다. 그리고 그걸 보는 신도나 국민들의 눈도 날카로워지고 있다는 점입니다.

🔵 **이종우** 신앙을 가진 사람과 안 가진 사람이 반반이라손 치면 신앙을 가진 사람 중에서도 반 정도만 종교를 신뢰한다는 얘기가 될 것 같 습니다. 그러니까 종교를 가진 사람조차도 종교를 신뢰하지 않는다 는 얘기죠. 조사 항목에서 가장 중요한 게, '약하고 고통받는 사람들 을 위로한다', '정해진 교리와 계율을 잘 지킨다', '옳지 못한 일을 바 로잡기 위해 노력한다', '내부 문제를 스스로 혁신하는 자정 능력이 있다', '재정을 투명하게 운용한다' 이런 항목들에 대한 응답 비율인 것 같습니다. 일단 '재정을 투명하게 운용한다' 응답 결과를 보면 불

교 13.3, 개신교 8.4, 가톨릭이 35.6퍼센트예요. 돈 문제에 관한 한 가톨릭도 35.6퍼센트밖에 안 나왔네요.

김근수 그러니까 돈 문제에 관해서 한국의 세 종교는 할 말이 없다는 뜻이죠.

모두 예.

이종우 그 다음 '내부 문제를 스스로 혁신하는 자정 능력이 있다' 결과 역시 만만치 않습니다. 불교 17.8, 개신교 8.5, 가톨릭은 재정보다 더 떨어졌습니다. 34.2퍼센트.

김근수 그러니까 종교마다 돈 문제가 있고 스스로 문제를 해결할 능력이 낮다는 걸 국민들이 인정한 거예요. 큰 위기죠 지금.

이종우 인정하십니까? 이 부분에 대해서?

우희종 예. 인정합니다만, 중요한 것은 할 말이 없는 게 아니라 할 말을 안 한다는 겁니다. 편집장님은 이런 수치를 봤을 때 정말 종교인들이 할 말이 없을 거라고 표현했습니다. 사실 그 말이 정확하죠. 그런데 거꾸로 말하면, 종교인들이 정말 종교인으로서 해야 할 말을 하지 않고 산 것이 그대로 반영된 수치기 때문에 '할 말을 안 하고 있다'고 표현하고 싶습니다.

하나님보다 더 높은 신은 '돈'

🌑 **이종우** 음. 김용민 박사님은 소감이 어떠세요?

➕ **김용민** 구약을 보면, 하나님 잘 믿던 사람들이 다른 우상에 한눈을 파는 일이 허다했단 말이죠. 아니 왜 그랬을까? 굉장히 신으로부터 선택받은 민족이라는 선민의식도 강한데, 왜 신을 버렸을까? 이방신이라고 불리는 바알신은 한마디로 말하면 물질을 숭배하는 신이거든요. 그러니까 처음에는 하나님과 바알신을 같이 섬길 수도 있다는 인식들이 있었던 거죠. 그러다 이게 조금씩 조금씩 번져 결국 바알한테 먹힌 거죠. 지금의 양상이 바로 그거예요. 다른 신, 다른 어떤 신앙의 대상을 찾는 것이 아니라 돈에게 잡아먹히잖아요. 돈을 믿지는 않지만, 신앙의 대상으로 삼지는 않지만, 돈에 지배를 당하면 돈을 신으로 여기는 거나 마찬가지인 거예요.

🔆 **김근수** 지금 세 종교의 숨겨진 신은 돈 같아요. 겉으로는 부처님을 따르고 예수를 따른다고 말하지만 실제 마음속에서 제1번 신으로 따르는 것은 돈인 것 같습니다. 너무 안타깝고 슬픈 일이에요.

➕ **김용민** 사실 벙커1은 돈이 없는 교회가 가능한지 실험을 한번 해 보는 거거든요. 벙커1교회에선 헌금을 전혀 안 걷어요. 하라고는 해요. 각자 자기 양심에 비춰서 '여기다가 기부를 했을 때 하나님이 기뻐하시겠다'고 판단하는 경우 개인의 주권적 선택에 의해서 그렇게 하라고 하거든요. 교회에는 돈이 없습니다. 한 푼도 안 돌아요. 회비를

한번씩 적당히 걷는 정도예요. 그건 뭐 헌금이라 말할 수 없는 거고요. 물론 '벙커1'이라는 큰 카페에서 매주 일요일에 예배를 보니까 돈 들어갈 일이 없어 그럴 수도 있지만, 돈이 없는 교회 가능합니다. 가능합니다.

● 김근수 가톨릭 역사에서도 돈이 많은 수도회가 문 닫은 경우는 많았어요. 근데 돈이 없는 가난한 수도회는 결코 문 닫지 않았어요. 아주 묘한 일입니다.

● 우희종 불교도 마찬가지일 것 같습니다. 우리 역사를 보더라도 불교계가 전환점을 맞는 계기들을 보면, 힘과 돈, 그러니까 경제력과 권력을 쥐고 있을 때예요. 결국 꺾이게 됩니다. 통일신라 말이나 고려 말에 불교계가 굉장히 많은 비판을 받았었죠. 이는 아는 것과 삶이 분리돼서 그런 것 같습니다. 최소한 성직자나 종교인들은 본인이 추구하는 바를 삶의 현장에서 실천으로 드러내야 되는데 실천은 하지 않고 신도들을 듣기 좋은 말로 혹세무민해서 돈을 뜯어내고 권리만 취하는 기묘한 현상이 종교계에 만연한 것 같습니다.

● 이종우 또 '정해진 교리와 계율을 잘 지킨다'는 항목에 대해서 '그렇다'는 응답 비율을 보면 불교 33.2, 개신교 15.3, 가톨릭이 47.4퍼센트입니다.

● 김용민 아, 다 꼴등이네. 개신교가.

● 이종우 (웃음) 평균적으로 보면 '그렇다' 응답 비율이 개신교는 13.6, 불교는 25.3, 가톨릭은 42.3퍼센트예요.

◈ **김용민** 100점 만점에 10점 맞은 거네요.

◐ **이종우** '정해진 교리와 계율을 잘 지킨다', '내부 문제를 스스로 혁신하는 자정 능력이 있다', '재정을 투명하게 운용한다'는 항목은 종교 내부의 도덕성이나 윤리성을 얘기한다면, 나머지 두 항목 '약하고 고통받는 사람들을 위로한다', '옳지 못한 일을 바로잡기 위해 노력한다' 이거는 종교가 대외적인 활동을 위해 얼마나 많은 노력을 했느냐에 대한 질문이라고 저는 보거든요.

◔ **우희종** 네.

◐ **이종우** 이렇게 보면 시대가 요구하는 종교에 대한 역할이 명확한 것 같아요. 첫째, 종교가 종교다운 모습으로 내부를 잘 정리할 것. 두 번째, 종교 너희가 주장하고 설파하는 내용대로 사회에 이야기를 할 것. 근데 응답 비율을 보면 현재 종교가 그 역할을 못하고 있다는 얘기죠. 저는 성직자들 신뢰도가 교단 전체, 그리고 그 종교를 믿는 평신도들에 대한 신뢰도까지 모두 포함하는 거라고 보거든요.

◕ **김근수** 예. 저도 그렇게 봅니다. 성직자뿐만 아니라 평신도들까지 합친 전체적인 신뢰도가 지금 추락하고 있다 이렇게 해석하고 싶습니다.

황우여 장관님? 장로님!

✛ **김용민** 다큐멘터리 〈MB의 추억〉을 만든 김재환 감독이 이 작품 만들면서 바로 〈쿼바디스〉한국 개신교 일부의 어두운 면을 밝힌 영화를 생각했다고 합니다. 왜냐, 이명박이 장로 아닙니까? 개신교가 만든 대통령이거든요 사실은.

✿ **김근수** 그렇죠.

✛ **김용민** 주요 선거 때마다 종교, 특히 개신교를 이용하는 경우가 많죠. 지난 방송 끝나고 택시 타고 인천 부평에 갔는데 거기 계신 분들 얘기가 뭐냐 하면, 목포에 김대중이 있다면 인천 연수구에는 황우여가 있다는 거야. 어떻게 그 힘을 발산해 냈느냐? 황우여 장로님.

卍 **우희종** 그렇죠.

✛ **김용민** 또, 우리 황우여 장관 같은 경우에는 국정화를 추진하기는 하지만, 사람이 주는 이미지가 굉장히 온유하고 그래 보이잖아요? 그 지역에서는 그게 먹힌다는 거예요. (물론 지역구 분구 등의 여파로 20대 총선에서 낙선했지만.)

卍 **우희종** 한국 사회의 권력층을 이루고 있는 개신교의 상황을 보면서 신앙을 유지하고 있는 불자들은 나름대로 자긍심과 신념이 있는 겁니다. 그런데도 스님들은 이러한 신도들이 자기들한테 듣기 안 좋은 비판의 목소리를 내면 즉시 명예훼손으로 고소해요. 심지어 신도들의 신행단체불교 신자들이 불교의 가르침을 실천하기 위해 만든 조직를 사조직이

라고까지 폄훼해요.

◐ 이종우 **바른불교재가모임**2015년에 종단 개혁과, 바른 불교와 올바른 재가 불자상 정립을 목적으로 창립됐다. 우희종 서울대 교수가 상임대표로 있다.을 아예 사조직 이라고 누가 비판을 했더라고요.

◑ 우희종 저를 징계해 달라는 공문까지 써서 제가 재직하고 있는 서울 대학교에 제출까지 했어요.

◐ 이종우 사조직이면 비판하면 안 돼요? 말도 안 돼요.

◑ 우희종 그것도 그렇고, 아니 최소한 승려라는 사람이 같은 종교 내 신도들의 모임을 사조직이라고 말하면 됩니까? 그러면 지금 각 사 찰의 신도회도 다 사조직이 되는 거거든요. 그런 자기 발등 찍는 얘 기를 굳이 해 가면서까지 신도들을 해종 세력이라 부르고 자기한테 반대하는 사람들로 매도하는 걸 보면 진짜 편집장님 말씀대로 슬픕 니다.

◐ 김근수 저는 이런 얘기 하고 싶어요. 옛날 독일에 카를 라너라는 유 명한 신학자가 계셨어요. 독일의 일부 가톨릭 세력들과 일부 주교 들이 가톨릭이 반대하는 낙태를 어긴 사람을 국가가 처벌하도록 요 구하는 성명을 발표했어요. 그러니까 라너가 이런 얘기를 했습니다. "종교는 용서를 요청할 수 있는 집단이지, 누구를 처벌해 달라고 고 소할 수 있는 집단이 아니다. 그렇게 한다면 그건 원래 종교가 아니 다." 그래서 저는 스님들이 어떤 교수님을 학교에서 쫓아내라고 요 청하는 거 자체를 이해할 수가 없어요.

◐ 이종우 이게 참 문제가 뭐냐 하면, 성직자가 잘못을 저지르거나 죄를 지었을 경우 사법적인 문제가 있으면 사법의 처리를 받으면 되는데, 도덕적 문제라든지 종교 내부에서 문제가 될 만한 죄를 저지르게 되면 이걸 단죄할 만한 방법이 없다는 거죠. 그걸 지적하면 우희종 교수님 사례처럼 속된 말로 그냥 갈구는 거 아니에요.

◉ 김근수 권위는, 교황 말씀으로는 가난한 사람에게 봉사하는 것이 권위라고 그럽니다. 내가 얼마나 남을 제압할 수 있는 힘이 있는 사람인지를 보여 주는 게 아니라, 가난한 사람에게 봉사하는 것만이 권위라는 거예요.

성직자들을 처벌할 방법이 없다

◐ 이종우 한기총한국기독교총연합회에서 김용민 목사님한테 심지어는 패륜아라고 한 적이 있죠. 그런 분들이 자기들끼리는 칼부림하고, 신도들 성추행을 하고 그랬습니다.

✝ 김용민 한기총 뭐 대단치 않아요. 연합기구일 뿐이죠. 전에도 말씀드렸습니다만, 교회는 개별 교회 중심으로 가고 있기 때문에 '한기총에 소속됐다', '합동에 소속돼 있다'보다는 '아무개 교회에 소속돼 있다'가 교인들한텐 더 강하단 말이죠.

◉ 김근수 예.

✚ **김용민** 교단을 잘 인식하지 못했어요. 사실 우리 교단이 감리교야 성결교야 장로교야 잘 따지지 않잖아요? 물어보면 어느 교단인지 모른다는 사람이 태반이에요. 근데 합동은 너무 교회가 심각하니까 교인들도 교단의 정체성에 눈을 뜨기 시작한 거예요. 우리 교회 목사님 아무 잘못도 안 했고 교회도 멀쩡한데 그 교단 산하의 교회를 다닌다는 이유로 손가락질 받으니까 교인들이 눈을 뜨기 시작한 거죠.

🌑 **이종우** 대통령은 탄핵이라도 할 수 있죠. 성직자들은 잘못을 저지르면 신자들이 어떻게 할 수가 없어요.

✚ **김용민** 장로교 같은 경우 노회_{장로교에서 입법·사법의 역할을 담당하는 중추적} 기관에다가 재판을 걸 수 있어요. 그렇게 해서 목사님들이 '저 교회는 목사가 너무 심각하니까 나가라' 이런 결론을 내릴 수 있는 형식적, 제도적 규율이 있기는 한데, 거의 실행된 적이 없어요.

🌀 **우희종** 종단도 마찬가지입니다.

✚ **김용민** 스님이 자기 머리 이발 못하듯이 목사들도 마찬가지예요. 다 알고 지내는 형님 동생 사이인데.

🌀 **우희종** 지난 방송에서도 말씀드렸지만, 용주사 주지 스님 은처 문제가 불거졌을 때 당연히 가서 조사해야 할 호법부장이 오히려 그쪽 편을 들었잖습니까. 이런 분들은 우리 같은 신도들이 문제 제기를 하면 이래요. "나쁜 짓을 했다는 확실한 증거를 가져와라."

✚ **김용민** 이야, 진짜 싱크로율 100퍼센트다. 바로 전병욱_{삼일교회 재직 중}

성추행 의혹을 받았다. 본인이 시인해 목사직에서 사임했다. 그러나 홍대새교회를 다시 개척하고 담임목사로 활동하여 세간의 비판을 받고 있다. 이 교단 들어가니까 노회에서 징계 담당하는 목사가 하는 얘기가 "확실한 증거를 가져와 봐라"예요. 근데 알고 봤더니 이 목사 아들이 전병욱 목사 교회 부목인 거야.

🌱 **우희종** 아, 여기는 그런 내적 관계라도 있지. 아니, 확실한 증거가 있으면 의혹이 아니지, 나 참. 아니 그걸 조사해야 할 놈들이 오히려 증거를 가져오라고 그러면 말이 돼?

(모두 웃음)

성폭행 저지르고도 버젓이 큰스님 행세

🌐 **이종우** 인천 성모병원 운영자가 인천교구장이잖아요. 인천교구장이 이렇게 잘못하고 있는 것에 대해서 교황청에까지 가서 얘기를 했는데 바뀐 게 없잖아요.

🌐 **김근수** 가톨릭의 문제 중 하나는 교구장 주교가 모든 권력을 쥐고 있다는 겁니다. 이건 주교 본인이 부패했을 경우에는 방법이 없다는 말과 같습니다. 근데 그것을 교황님이 아셔 가지고 처리할 수 있는 방법이 있는데 정보 전달 과정에서 왜곡될 수가 있고, 어떤 세력이 그 정보를 장악해 버리면 교황님이 못 듣게 되는 거죠. 전 세계 200

가톨릭의 문제 중 하나는
교구장 주교가 모든 권력을 쥐고 있다는 겁니다.
이건 주교 본인이 부패했을 경우에는
방법이 없다는 말과 같습니다.

김근수

개가 넘는 나라의 모든 교회 사정을 교황 한 사람이 어떻게 다 알 수가 있겠어요. 그런 어려움은 좀 있습니다.

우희종 그렇죠. 개신교도 성추행 문제가 있지만 이번 주에 불교계에서도 그런 일이 있었습니다. 교계 언론 매체에 실명으로 나온 건데요, 종회 의장을 하고 호계원장을 했던 유명한 법등스님이라는 분이, 비구니 자매를 건드린 겁니다.

김용민 자매를요? 자매 두 분 다 비구닌가요?

우희종 예, 비구니. 그래서 한 분은 정신병원 다니고 있고. 뭐 이루 말할 수가 없어요. 셋째까지 건드리려고 했다는 얘기도 있고. 아버님은 화병으로 돌아가시고, 어머님은 그 스님이 있는 데까지 쫓아가고 그랬어요. 교계 언론 매체가 이걸 그대로 밝혔는데도 전혀 문제없이 지금도 큰스님으로 다니고 있는 거예요. 이런 자정 능력이 없는 종단, 형식만 있는 종단, 파계가 전혀 문제없는 종단, 이게 문제인 거죠.

이종우 근데 '종교 영향력이 증가했다'고 응답한 비율은 여전히 40.4퍼센트로 높아요.

김근수 그 영향력에는 악한 영향력도 포함된 게 아닐까요?

이종우 원래 이 통계라는 게 좀 촘촘히 뜯어봐야 되잖아요. 편집장님 말씀처럼 악한 영향력도 포함돼 있을 수 있다는 생각이 들어요. 불교사회연구소에서 한국 사회가 가장 시급하게 해결해야 할 문제로 뭐가 있는지 물었더니 '빈부 격차 해소'라고 얘기한 사람이 40.8

퍼센트로 1위, 한국 사회에서 가장 소중한 가치가 뭐냐는 물음에는 '공평과 평등'이라고 얘기한 사람이 24.3퍼센트로 1위였습니다. 그리고 이건 종교하고도 직접적인 연관이 있는 건데 '삶을 가장 불행하게 만드는 요인'이 뭐냐 물었을 때 '불확실한 미래'라고 응답한 사람이 33.8, '빈곤'이 18퍼센트, '질병'이 13.3, '경쟁과 스트레스'가 7.8퍼센트로 나왔습니다.

김용민 하나의 단어로 요약이 되네요. '평화.' 평화가 필요하다.

이종우 그렇죠.

김용민 빈부 격차나 빈곤 문제 혹은 양극화 문제 이게 다 평화를 그르쳤기 때문에 발생하는 현상 아니겠습니까?

종교는 자본의 동맹군

김근수 엊그제 통계 뉴스를 보니까 우리나라 상위 10퍼센트가 국민 재산의 66퍼센트를 가지고 있다고 합니다. 사실 종교가 가장 맞서 싸워야 할 건 자본권력이라고 저는 생각합니다. 정권은 5년짜리 비정규직이고 국회의원은 4년짜리 비정규직이지만, 자본권력과 종교권력은 영원 무궁히 이어집니다. 그러면 종교권력은 자본권력과 싸워야 됩니다. 근데 지금 종교권력은 자본권력에 어떻게 보면 동맹군이라고 할까요? 하수인이라고 할까요?

✝ **김용민** 스스로 자본권력이 돼 가고 있죠.

✝ **김근수** 네. 그래서 프란치스코 교황이 규제받지 않는 자본주의는 독재라고 얘기했고, 그 독재에 맞서서 그리스도교가 싸워야 된다고 하신 거 아닙니까? 그런데 오히려 그리스도교가 자본주의의 하수인이 되고 자본주의의 세례를 받고 돈에 무릎을 꿇는 이 현상을 보면 국민들이 얼마나 슬프겠습니까?

☽ **이종우** 불교의 사회 참여 성과를 물었더니 가장 많이 나온 대답이 '생명 존중'이 45.8퍼센트로 1위, '인권 존중'이 34.5로 2위를 차지했네요. (웃음) 나 왜 이렇게 웃음이 나오지. '평화 유지'가 28.5, '환경 보호'가 24.7 그리고 '복지, 구호 사업'이 21.3퍼센트로 나왔습니다. 지금 다른 종교 자료들은 찾을 수 없어서 불교만 말씀을 드렸는데, 생명 존중, 인권 존중 조계종단 잘하고 있습니까?

☯ **우희종** 좋게 잘 봐주시네요. 우리가 믿는 표면의 세계와 진실이 항상 같지는 않다 보니 '빛 좋은 개살구'라는 말이 생각납니다.

✝ **김근수** 제가 〈가톨릭프레스〉 편집장 자격으로 며칠 전에 도종환 새정련 의원시인, 한국사 교과서 국정화 저지 대책위 위원장을 인터뷰를 했는데, 그때 "선생님의 시 세계를 설명해 달라" 했습니다. 그랬더니 당신 시에서 가장 많이 등장하는 단어가 '사랑'하고 '희망'이랍니다. 그래서 제가 희망에 대해서 물어봤어요. "희망이 뭡니까?" 딱 물었더니 이런 말씀을 하십니다. "꽃은 봄에 피든 가을에 피든 언젠가는 핀다. 안 피는 꽃은 없다." 그 말이 지금 절망에 빠진 대한민국 청년들, 우

리 국민에게 어떻게 보면 좋은 말씀인 것 같습니다. 희망은 반드시 있고, 꽃은 핀다. 언젠가 박근혜 씨도 무너질 날이 있지 않겠습니까?

종교보다 세속이 더 건강하다

🌀 **이종우** 말이 나온 김에 재미있는 얘기를 덧붙이면, 불교에 국한된 얘기기는 하지만, 스님의 사회 참여에 대해서 찬성이 27.8, 반대가 24.7퍼센트 나왔습니다. 작년에 비해서 긍정적 답변이 커졌어요. 작년 조사에서는 찬성 17.8, 반대 39퍼센트였거든요. 세속을 떠났다고 흔히 얘기하는 스님들도 사회 참여를 해야 된다는 주장이 반대와 비슷하게 나왔다는 얘기죠. 스님들뿐 아니라 신부님이나 수녀님들에게도 요구하고 있는 게 아닐까 싶습니다. 우리 사회에 옳은 얘기를 해 달라고 요구를 하고 있는 것 같아요. 그만큼 우리 사회가 너무 팍팍하다는 생각도 들고요.

🔁 **우희종** 네. 사실 한국 불교가 변태 불교잖습니까? 원래 한국 불교가 표방하는 대승불교는 중생과 함께하는 거였습니다. 이제 불자들도 서서히, 최소한 원래 불교의 모습, 사회에 참여하는 불교 모습을 요구하게 된 것 같습니다.

🌀 **이종우** 이 얘기가 주기철 목사님 얘기 나눌 때 나왔던 얘기와도 바로 연결이 되는 것 같습니다. 두 세계, 그러니까 이원론적 세계관에

서 목사님들이 좀 빠져나와야 된다는 의견을 반영하지 않나 싶네요. 종교가 가야 될 길에 대해서 이 통계는 명확하게 보여 주고 있는 것 같습니다.

🔅**김근수** 속세를 끊는다는 말이 아까 나왔는데, 속세를 끊는다는 말은 내가 내 피부 밖으로 나갈 수 있다는 말처럼 거짓말이고 불가능한 말입니다. 속세를 끊는 것이 종교인의 목표가 아니고 속세를 정의롭고 평화로운 사회로 만드는 게 종교의 임무 아닙니까?

✝️**김용민** 그러려면 종교인의 과감한 세속화가 필요하다는 거죠. 솔직히 종교보다도 세속이 더 윤리적이고 건강한 거 아닙니까? 어떻게 된 게 거꾸로 세속에 대해서는 담 쌓아야 하는 것, 거리를 둬야 하는 것 이런 식으로 인식하고 있단 말이죠. 그건 결국 자기 종교의 기득권을 지키기 위한, 지배적 위치에 있는 사람들이 자신의 나와바리를 지키기 위한 저급한 논리일 뿐이죠.

정말 과감한 세속화가 된다는 건 뭐냐 하면, 사회적 안목에 맞게 종교도 그 정도 수준의 윤리와 도덕적 기준을 마련해야 한다는 거거든요. 그런데 그런 게 없이 그냥 성과 속을 나눠 버리면 '우리 종교는 우리 종교 나름의 문화가 있고, 나름의 어떤 규율이 있는데, 어디 세속 세력들이 와 가지고 우리한테 깨끗해져라 마라 그런 얘기를 할 수 있느냐' 이런 식으로 나온다니까요?

그러니까 주기철 목사에게 민족의식, 사회의식이 없었다는 것은 불행한 일이에요. 신사참배 거부가 종교적 맥락에서만 이해되던 것이

솔직히 종교보다도 세속이 더 윤리적이고 건강한 거 아닙니까?
어떻게 된 게 거꾸로 세속에 대해서는 담 쌓아야 하는 것,
거리를 둬야 하는 것 이란 식으로 인식하고 있단 말이죠.
그건 결국 자기 종교의 기득권을 지키기 위한,
지배적 위치에 있는 사람들이
자신의 나와바리를 지키기 위한 저급한 논리일 뿐이죠.

김용민

결국 나중에는 율법주의로 흐르게 되었으니까요. 응당히 있어야 할 저항 같은 것들이 아니라 '내가 내 신앙을 지키기 위해서 이런 고통과 탄압, 순교를 마다하지 않았다.' 이래 버린단 거죠. 그러면 자기 의의만 남는 거예요. 자기 의의만 남는다면 자기 같은 의의를 만들어 내지 못하는 사람들, 다른 사람들에 대해서는 '이런 정말 부도덕한 놈들, 이런 반율법적인 놈들' 이러면서 독선에 빠지게 되고, 결국 예수가 그렇게 싫어했던 바리새인의 모습으로 이어진다는 얘기죠.

⟲ **우희종** 불교계도 마찬가집니다. 저는 가장 큰 종단인 조계종단에 속해 있습니다. 이번에 '송담스님의 탈종'송담은 한국 선불교의 맥을 잇고 있어서 불교계에서는 '큰스님'으로 평가받고 있다. 그런데 2014년 9월 12일 '수행 가풍이 다르다'는 말을 남기고 조계종에서 탈퇴를 선언했다. 조계종이 세속의 이익을 추구하는 집단으로 변질되었다는 이유에서였다. 사건으로 불교계 안을 들여다보게 됐는데 한국 불교를 망친 게 바로 조계종이라는 생각을 하게 됐습니다. 왜냐하면 조계종이 말하는 게 늘 '깨달음'이잖아요. 완전히 우리들의 삶과 분리된 이런 가치를 내걸고, 왜 깨달아야 하는지에 대한 가르침은 강조하지 않습니다. 마치 옛날에 브라만들이 하던 것처럼 뭔가 하나를 내세워 신도들 위에 군림하면서 신도들을 통제하고 싶은 것이죠. 그러면서 오히려 삶의 현장에서 함께하는 승가 집단, '태고종한국 불교 교파의 하나. 비구의 결혼이 가능하다. 해방 이전까지는 다수를 차지하였으나, 해방 이후 독신 비구를 내세우면서 이승만과 연계한 조계종에 주도권을 빼앗겼다.'이라고 아시는 분은 아실 건데 대처승단입니다. 그런 대처승단은 '이건

승가도 아니다'면서 짓밟은 역사가 있습니다. 이 대처승단에서는 일반 평신도도 어느 정도 자격이 되면 사찰을 운영할 수 있습니다만, 조계종은 '이건 승가도 아니다'면서 짓밟은 역사가 있습니다.

여전히 조계종은 '수행이 최고야'만 내세우고 다른 것들은 완전히 백안시하죠. 태고종단은 태고종단대로 자신들의 정체성과 정신세계를 대중의 현실 삶 속에 던질 수 있는 부분이 있어야 되는데 아직 거기까지 성장은 못했고요. 그런 참 아쉬움이 있죠.

◑ **이종우** 비유하면 조계종의 일부 승려들이 복음서에 나오는 예수가 비판했던 율법학자들이 돼 버린 거네요.

⊕ **김용민** 바리새인. 만약 주기철 목사가 민족의식, 사회의식에 바탕을 두고 독립운동 차원에서 신사참배 거부를 했다면, (주기철 목사를 따라 신사참배를 거부한) 그 교인들도 그랬다면, 자신의 행동에 대한 인식과 책임의 범주가 민족적으로 커진단 말이죠. 민족의 아픔과 자기를 동일시하면 '아, 내가 과거에 뭐 했는데' 이런 얘기는 잘 못하게 돼요. 근데 그런 거 없이 오로지 자기 의에 기초해서 신사참배 거부를 했기 때문에 보상 심리가 발동하거든.

❹ **김근수** 저는 종교에서 개인 윤리를 높이 강조하고 사회 윤리를 외면하는 이 현상을 거꾸로 뒤집어야 한다고 생각합니다. 예를 들면, 역사의식도 없고 독립의식도 없고 정치, 경제에 별 관심도 없는데 거짓말은 안 하고 착하고 친절한 이런 분을 높게 보는 경향이 있는데, 전 이런 시각을 뒤집어야 한다고 생각해요.

🐢 **우희종** 그렇죠.

✝️ **김용민** 동성애 안 하면 윤리적인 것처럼 말하고 말이죠.

🌙 **이종우** 오늘 방송하면서 계속 〈평화를 주옵소서〉 성가가 생각나는데, 세상을 평화롭게 만드는 것도 사람들 몫이죠. 평화롭게 바꾸려면 좀 주도적으로 움직여야 되고, 그때 좋은 길을 안내해 주고 사람들을 위로해 주고 힘을 실어 줄 수 있는 것들 중 하나가 바로 종교라는 생각이 드는데, 막상 종교 내에도 평화가 없으니 개탄스러울 뿐입니다.

🕉️ **김근수** 오늘 얘기 나눈 통계는 국민들이 종교에 많이 실망하고 있다는 사실을 보여 주지만 한편으로는 그만큼 아직은 종교에 희망을, 기대를 걸고 있다는 말이기도 한 것 같습니다. 그걸 성직자들과 신자들이 깨달았으면 좋겠습니다.

모두 네.

4장

카메라 앞에서 V 자만 그린 '화쟁'

한상균 자진 출두 사건의 전말

2015년 12월 22일

◍ **이종우** 김용민 박사님은 오늘도 변함없이 지각을 하고 있습니다. 아휴, 참 이렇게 바빠 가지고는. 김 박사님 오면 물어볼 게 많았거든요. 도대체 우리 방송은 언제 업로드되는 거냐를 비롯해서. (웃음) 며칠 뒤면 성탄절이죠. 가톨릭 쪽에서도 또 큰 이슈가 되겠네요.

◍ **김근수** 그렇습니다. 예수는 매일 왔고, 매일 오지만, 공식적인 성탄절이 12월 25일이니까요.

◍ **이종우** 불교 쪽에서는 이번에도 플래카드를 걸까요?

◍ **우희종** 뭐, 당연히 걸어야 되지 않을까요? 소통과 화합이란 게 종교 간에 중요한 가치니까요.

◍ **이종우** 음, 소통과 화합, 화쟁. 이런 말들이 갑자기 생각나면서 우희종 교수님께 여쭙고 싶네요. 조계사 사태는 어떻게 되었나요?

🕊️ **우희종** 뭐 아시다시피 한상균 민주노총 위원장이 도로교통법, 집시법 위반으로 경찰에 쫓기게 됐습니다. 2015년 11월 민중총궐기를 주도한 혐의로 경찰에 쫓기다 조계사로 피신했다. 2015년 12월 10일 자진 퇴거해 경찰에 체포되었다. 2016년 7월 4일 1심 재판부는 징역 5년, 벌금 50만 원을 선고했다. 그래서 조계사에 몸을 의탁하게 된 거죠. 대부분의 국민이 보셨겠지만 거의 600여 명의 경찰이 조계사를 둘러쌌고, 사복경찰까지 세면 거의 7000명의 경찰이 동원됐습니다. 뭐 이분이 악명 높은 국가보안법 위반자도 아니고 끔찍한 살인자도 아닌데 그렇게까지 동원됐다는 건 한 위원장을 일종의 정치적인 관점에서 바라봤다는 거거든요. 옛날에 명동성당으로 운동가들이 몸을 의탁했던 것과 비슷한 상황인데, 흉측한 결론이 났죠. 2008년 미국산 쇠고기 수입 반대 때 광우병 국민대책본부 상황실장이었던 박원석 씨를 대하던 때와 특히 더 대비됩니다. 지금은 정의당 쪽에서 활동하고 있습니다만, 그때 박원석 실장이 조계사에 몸을 의탁했을 때와 지금이 너무 달라요 상황이. 이 조계사 태도가. 그런 면에서 참 생각이 많아집니다.

👤 **김근수** 이번에 조계사 사태를 보면서 가톨릭 신도로서 먼저 부끄럽고 미안하게 생각합니다. 사회적 약자가 조계사를 찾았다는 것은 다른 말로 하면 명동성당을 버렸다는 뜻입니다.

👤 **이종우** 예.

👤 **김근수** 사회적 약자가 가톨릭을 완전히 버렸구나. 가톨릭과 노동자들 사이는 하늘과 땅만큼 멀어졌구나 하는 부끄러움과 자괴심이 먼

저 들었습니다. 그러면서도 조계종에 대해 아쉬운 생각은 있습니다. 물론 이웃 종교에 대해서 언급하는 것은 민감하고 내키지 않고 조심스러운 일입니다마는, 그래도 아쉬운 마음은 말씀드리지 않을 수가 없네요.

🌓 **이종우** 자, 돼지가 입장했습니다. 김 박사님 입장.

✝ **김용민** 아, 죄송합니다. 우리 이종우 박사가 참 착한 사람인데, 지금 저를 바라보는 눈빛이 아주… 마치 박근혜가 유승민 바라보는 눈?

☸ **우희종** 제가 봐도 약간 섬뜩하더라고요.

✝ **김용민** 섬뜩했습니다. 얘가 잘하면 치겠다 뭐 이런 생각까지 들었는데, 죄송합니다.

🌓 **이종우** 아, 제가 감정을 숨기는 노력을 좀 해야 되는데….

(모두 웃음)

왜 한상균은 명동성당으로 가지 않았을까

🌓 **이종우** 좀 지난 기사이긴 한데요, 11월 18일 우리의 〈조선일보〉에 이런 기사가 났습니다. "조계종 관계자는 이날 종단의 공식 입장을 밝히지는 않았으나 "한 위원장을 당장 내보내진 않을 것"이라고 말했다. 유신 시대나 군사 정부 시절 우리의 종교 시설은 핍박받는 사람들의 피신처 역할을 했다. 하지만 지금은 그런 어두운 시대가 아

니다." 역시 〈조선일보〉네요. "한 씨는 종교의 피난처가 필요한 사람
도 아니다. 그는 시민이 살아가는 터전을 무법無法 난장판으로 만든
혐의로 법의 심판을 기다리고 있을 뿐이다. 민주화운동 시절 시위
학생들과 민주화운동권 인사들의 피난처 역할을 해 온 명동성당은
몇 년 전부터 농성자 퇴거退去를 요구하고 경찰에 시설 보호를 요청
하고 있다." 이런 얘기가 나오는데, 김근수 편집장님이 굉장히 안타
까워하시더라고요. 명동성당은 이제 운동하는 사람들이나 옳은 말
을 하다가 탄압받는 사람들로부터 버림을 받았다고.

✛김용민 네.

◑이종우 굉장히 한탄을 하셨는데, 아니, 명동성당이 언제부터 이러기
시작한 거예요?

✢김근수 김수환 추기경이 가신 뒤로 그렇게 되고 말았죠. 정진석 추
기경과 그 뒤에 염수정 추기경이 오면서 명동성당은 정말로 백성들
의 신뢰를 잃어버린 것 같습니다. 〈조선일보〉 말은 들을 필요가 없
고, 전 이번에 한상균 위원장을 TV에서 보면서 '야, 예수 시대에 만
일 조·중·동이나 종편 TV가 있었다면, 예수님은 언론에서 이미 작
살났겠다' 이런 생각을 했습니다.

✛김용민 맞습니다.

✢김근수 예를 들면, '예수, 묘령의 여인과 우물에서 만나다 들켜', '예
수, 과부들과 혼숙', '어찌 이럴 수가 있는가. 패륜아 예수!' 이런 제
목으로 이미 작살났을 겁니다.

✝ **김용민** '폭도', '폭도의 수괴' 그런 식으로 예수를 몰았을 거고요.

모두 그렇죠.

✝ **김용민** 그래서 저는 이번 사태를 보면서 오히려 종교가 개혁돼야 된다, 언론 개혁이 시급하다 이걸 느꼈습니다. 만일 조계사나 명동성당이 똑바로 사는 사람들의 집이라면 벌써 따뜻하게 맞이했을 거고, 벌써 비행기 태워서 또 땅굴을 파서라도 보호했겠죠. 그러나 백성들이 믿지 않아 가지도 않고, 조계사로 갔더라도 정말로 가톨릭 측에서 정신이 똑바로 박혔다면 조계사와 함께 보호하고, 가톨릭 차원에서 성명도 발표하고 별일을 다 했을 겁니다.

🌙 **이종우** 그나마 개신교는 갈 데도 없잖아요.

✝ **김용민** 여의도순복음교회 어떨까 싶었는데, 아마 입구에서부터 막지 않겠는가. 가라고.

🌙 **이종우** 근데 여의도순복음교회가 받아만 주면 굉장히 안전할 것 같아요. 구중궁궐 같은 엄청난 규모에 신자들의 열성도 있고 바로 옆에 국회의사당도 있고. 얼마나 안전해요.

🐢 **우희종** 당회장 돈도 막대하고.

(모두 웃음)

✝ **김용민** 솔직히 불교, 가톨릭에서는 비단 진보 인사가 아니더라도 고난받는 사람들을 일단 보호해 주는 게 가능한데 개신교는 좀 어려운 면이 있어요. 여의도순복음교회같이 세계에서 제일 큰 교회면 그게 가능할지 모르죠. 그렇지 않은 나머지 교회, 향린교회의 경우, 한

상균 위원장을 당연히 품어 주죠. 그런데 너무 작아. 그래서 무시해. 털면 된다고 믿어. 털면 향린교회 반발하고 소속 교단인 한국기독교장로회 반발하겠지. 그뿐이야. 호응해 주는 교단이 없어. 진보 교단도 별로 없고. 불교나 가톨릭은 중앙집권적이라 그래도 하나의 조직과 시스템 꼴은 띠잖아요.

🐢 **우희종** 근데 그게 어떻게 보면 일반인들이 갖는 불교… 가톨릭은 모르겠습니다만, 불교에 대한 환상이고, 이번에 그것이 아주 철저하게 깨진 거죠.

✝ **김용민** 아.

☸ **김근수** 1차로 가톨릭 깨졌고 2차로 불교 깨졌고.

🌑 **이종우** 깨질 것도 없는 개신교…. 만약에 향린교회로 피신을 갔다고 그러면 하루 정도 말미를 주겠죠. 그러면 한기총 사람들이, 선글라스 쓴 아줌마 부대가 몰려와서 향린교회 폭파하라 그러겠죠.

✝ **김용민** 이단교회 막 이러면서. '예수 부활을 부정한다' 이런 식으로 덮어씌우고. 향린교회 출신인 임보라 목사님, 이 양반이 또 성소수자 권익을 위해서 애쓰는 분 아닙니까?

🌑 **이종우** 예.

✝ **김용민** '동성애 옹호하는 향린교회, 자폭하라' 뭐 이렇게 나오겠지.

🌑 **이종우** 이야, 개신교 내부에서 분쟁이 일어나는 상황을 볼 수도 있었겠네요. (웃음) 한기총 얘기 나온 김에 잠깐 말씀드리면, 한기총에서 세습교회 목사에게 목회자상을 주고, 국정화 찬성 교수에게 신학

인상을 줬다죠?

➕ **김용민** 뭐 한기총은 이미 맛이 갔기 때문에. 굳이 뭐 거기에 대해 얘기할 필요가 있겠는가 싶어요. 통합 같은 데서는 한기총이 맛이 갔다고 봐서 지금은 아예 거기서 나왔어요.

🌑 **이종우** 그래서 결국에는 성을 만드실 계획이십니까?

➕ **김용민** 예. 성을 만들려고 합니다. 뭐 좀 우습게 얘기를 하기는 했는데 정말 약자를 보호하고 끌어안는 그런 교회를 만들지 않을 수가 없겠다, 이번에. 자승'친박' 이런 상황을 보면서 그런 느낌을 받았습니다. 참, 동국대 이사장하고 총장 그만둔다고 하지 않았습니까?

🍃 **우희종** 아니요, 총장은 계속 버티고 있고….

♣ **김근수** 사표 낸 이사가 하나도 없다던데요?

➕ **김용민** 아, 대충 이 상황만 봉합하고, 계속 말 바꾸고.

🍃 **우희종** 이제 지켜봐야 돼요.

🌑 **이종우** 단식 아직 안 풀었잖아요.

🍃 **우희종** 아니, 50일째 단식하던 학생이 결국 탈진해서 병원에 실려 갔습니다.당시 동국대 부총학생회장이던 김건중 씨가, 조계종 총무원의 이면공작에 의해 단독 입후보하고 논문 표절 판정까지 받은 보광스님이 총장에, 사찰에서 문화재를 절도한 의혹 등이 불거진 일면스님이 이사장에 선임되자 이들의 사퇴를 촉구하며 단식을 시작했다. 50여 일간 단식하다 결국 병원에 입원했다. 기절해서. 이 상황에서 결국 이사들이 다 사퇴한다고 얘기는 했지만, 실제로는 '공백 기간을 막기 위해서 7명 이상은 보전해야 되고 나머지는 순차적으로 한다'로

마무리됐습니다. 언제 이렇게 할지는 사실 몰라요. 급한 불을 끄려고 한 것이라서 동대의 실질적 변화가 생길 것인지에 대한 의구심은 여전히 남아 있습니다.

◑ **김용민** 한 20년 뒤에, 30년 뒤에?

◐ **이종우** 참, 사립대학들 문제예요.

침략자를 추모하는 세스페데스 공원

◐ **이종우** 잠깐 또 가벼운 얘기 하나 하면, 창원시에서 세스페데스 공원을 만들었다던데 왜 그런 거예요?

◉ **김근수** 이해할 수 없습니다. 세스페데스는 포르투갈 신부죠. 고니시 유키나가가 임진왜란 때 한국에 군사 30만 명과 병선 500척을 끌고 왔어요. 지금의 마산, 홍천, 예산에 도착해서 약 1년간 주둔했습니다. 근데 이 사람이 가톨릭 신자예요. 일본 군인 중에도 가톨릭 신자가 있을 거 아녜요. 이 신자들을 돌보기 위해서 고니시가 일본에 와 있던 세스페데스 신부를 한국으로 불러들인 겁니다. 요새 말로 하면 한국에 와서 그냥 사목을 한 거죠. 그걸 창원시가 기념하겠다고 하고, 가톨릭 마산교구가 동의해서 세스페데스 공원을 만든 거죠. 마산교구에서는 웅천왜성에 1년에 한번씩 가서 미사를 하는데 그런 지 몇 년 됐습니다.

그런데 저는 잘 이해가 되지 않아요. 왜냐하면, 그들은 침략 군대잖아요. 그리고 우리 조선인을 위해서 복음을 전파한 것도 아니고 일본 군인들을 위해서 복무한 사람을 왜 우리 한국에서 기념을 해야 하는지 이해를 할 수가 없어요. 혹시 이런 야심 때문은 아닐까 생각은 해 봅니다. '한국 교회사를 200년 이상으로 더 늘릴 수 있다' 그게 하나, 한국 가톨릭이 평신도들에 의해 시작됐는데 성직자에 의해 시작되었다고 우기려는 게 또 하나, 마산 지역이 가톨릭 발상지라고 우기려는 게 또 하나일 수 있다. 〈가톨릭프레스〉에서는 이건 있을 수 없다 그래서 반박하는 칼럼을 실었습니다.

✛ **김용민** 원래는 (가톨릭 신부를 국내에 처음 데려온 게) 1884년으로 되어 있습니까?

✿ **김근수** 예. 평신도들이 자발적으로 중국에서 데려온 걸로 되어 있습니다. 그런데 일본에서 성직자가 온 걸로 하면 가톨릭 선교 역사가 확 달라지는 거죠.

☽ **이종우** 신앙 조직이 있었다는 증거라도 나왔어야 되는데….

✿ **김근수** 조선인들을 위해 한 것은 전혀 없고, 일본 군인들을 돌봐 준 증거는 있습니다.

✛ **김용민** 속지주의야 속지주의.

(모두 웃음)

☽ **이종우** 근데 자발적으로 신앙을 배워서 외국에서 신부님을 모셔 온 최초의 나라가 우리나라죠?

🌐 **김근수** 예, 그렇죠. 세계에서 유래가 없는 일입니다.

🌑 **이종우** 그게 세계 유일무이한 최초의 사례면 더 아름다워야 되는데, 왜 굳이 성직자에 의해서 퍼졌다는 얘기를 하고 싶을까?

🌐 **김근수** 마산교구에서 그런 의도를 노골적으로 밝히지는 않기 때문에 단지 추측할 뿐입니다마는, 가톨릭 발상지가 마산교구다, 그쪽 지역이다 이런 말을 하고 싶어서 그런 게 아닐까 싶습니다. 그러나 상상할 수 없는 일입니다. 예를 들어 포르투갈, 스페인 사람들이 남미에 정복 전쟁을 갔지 않습니까? 500년 전에. 그걸 기념하는 남미 천주교는 없습니다. 부끄러운 일이지요. 그걸 어떻게 기념을 합니까?

♻ **우희종** 황당한 얘기네요.

자승과 도법의 '포장술'

🌑 **이종우** 이제 다시 한상균 위원장 얘기로 돌아가 보겠습니다.

♻ **우희종** 예, 아까 말씀드린 것처럼 한상균 위원장이 그렇게까지 경찰에 쫓기는 것은 정치적인 이유에서인 건 분명해 보입니다. 예로부터 사회에서 고난받고 핍박받는 사람들이 종교기관에 나름대로 몸을 의탁하는 일이 있었습니다. 대표적으로 '소도'가 그런 곳이었고요. 그런데 한 위원장 같은 경우 이분이 무슨 파렴치범도 아니고 아까 말한 것처럼 도로교통법과 집시법 정도 어긴 건데⋯. 더욱이 이런

분을 조계종이 내쳤다는 건 정말 조계종이 부처님의 가르침에 따라 고통에 있는 중생들을 보듬고 품는 그런 종교가 아니라는 사실을 아주 극명하게 보여 준 것 같습니다.

🌀 **이종우** 정부에서 뭔가 숨기고 싶은 게 있었던 건 아닐까요? 그래서 그쪽으로 십자포화를 집중시키고 자기들은 뒤에서 '성동격서'라고 그러나요? 뭔가 딴짓을 하고 있는 게 아니었을까.

✝ **김용민** 백남기 선생2015년 11월 민중총궐기 때 경찰이 쏜 물대포에 맞아 뇌출혈로 쓰러진 후 2016년 8월 현재까지 의식을 찾지 못하고 있다.에 대한 테러를 감추기 위한 것인지 모르죠.

🌀 **이종우** 민중총궐기 2차 집회 때, 마로니에공원 앞 난간에 올라가서 채널A가 열심히 찍고 있는데 집회 참가자들이 그들을 둘러싸더니 "나가, 이 개새끼야" 그러더군요. "채널A 꺼져!" 그러니까 황급히 차 빼 가지고 도망가더라고요.

🔁 **우희종** 채널A가 〈동아일보〉 쪽이죠?

🌀 **이종우** 예.

🔁 **우희종** 〈동아일보〉에 난 기사 보고 우리 김근수 편집장님이 약간 충격을 받으신 것 같던데…

🔅 **김근수** 예.

🔁 **우희종** 말씀 좀 해 주시죠.

🔅 **김근수** 〈동아일보〉에 난 조계사 주지 지현스님, 또 이름을 밝히지 않은 A스님, B스님, C스님들의 발언을 보고 충격을 받았습니다. 왜

이렇게 스님들이 경망스러울까….

🔵 **이종우** 왜요? 왜요?

🔴 **김근수** 예를 들면, 어떤 스님이 이런 식의 말을 했습니다. "아니 한 사람 때문에 조계사, 조계종단 전체가 큰 어려움을 겪고 있다. 이게 말이 되느냐?" 이 말을 들으니 성서에서 "온 민족이 멸망하는 것보다 한 사람이 백성을 대신해서 죽는 편이 더 낫다는 것을 모르십니까?"〈요한 복음서〉11장 50절라고 예수를 잡아갈 때 유대교 대사제가 했던 말이 생각났습니다.

모두 음.

🔴 **김근수** 이건 정말로 스님이 할 말이 아니잖아요. 스님들이 경찰한테 먼저 가서 "나를 잡아가라" 이래야 맞지 않습니까?

모두 맞습니다.

🟢 **우희종** 이미 그 스님은 종교가 뭔지도 모르는 거예요. 기독교에도 '가장 작은 자에게 준 게 나한테 준 거'라는 메시지가 있고, 《화엄경》쪽에도 보면 '티끌 안에 우주가 담겨져 있다'고 하거든요, 그 반대도 마찬가지고. 근데 이 승려는 그냥 '너 하나 때문에 우리 조계종이 어떻게 됐냐?' 이러는 거거든요. 이런 말 바탕엔 종교와 한낱 범죄자 이런 식의 관점이 그대로 깔려 있는 거예요. 이건 정말 종교인도 아니죠. 이게 스님입니까?

🔵 **이종우** 예. 개신교와 가톨릭에도 아흔아홉 마리 양과 길 잃은 한 마리 양의 비유가 있잖습니까. 사람 하나하나, 고통받는 사람 하나하나

를 소중하게 여기는 게 종교의 본래 모습이죠. 그런데 '조계종은 약한 사람들을 감싸 주는 좋은 종교다' 조계종 주가 올려 주는 이미지만 보여 주고, 내부적으로는 안 그랬다는 얘기가 굉장히 많았거든요.

✝️ **김용민** 자승스님과 관련해서는 〈경향신문〉도 찬사를 표하더라고요.

☸️ **우희종** (웃음) 그랬나요?

✝️ **김용민** 갈등을 극적으로 해소했단 식으로. 마치 신의 한 수를 던졌다는 듯한.

🔵 **이종우** "자승의 중재로 막대한 충돌을 피해" 뭐 이런 식의 멘트들이 계속 나오더라고요.

☸️ **우희종** 하긴 종교적 역량은 뛰어난 건 같아요.

✝️ **김용민** 정치적 역량.

☸️ **우희종** 그렇죠. 뭐 요즘 조계종의 종교적 역량이라는 것은 곧 정치적 역량이니까. 자승과 도법의 '포장술'이 너무나 뛰어난 거죠, 이번에.

🔵 **이종우** 아까 편집장님께서도 말씀하셨지만, 좀 더 다른 식의 말을 할 수도 있었는데, 딸랑 하루 벌어 놓고 자승스님은 굉장히 훌륭한 사람이 돼 버렸거든요.

☸️ **우희종** 그러니까 보세요. 노동악법의 상황이 종료되기까지, 최소한 12월 말일까지, 아니면 16일까지라도 있게 해 달라는 것이 실제로 민주노총 내부 요청이었습니다. 그런데 화쟁위원회에서 "6일에 나가기로 했다" 이런 식으로 일방적으로 보도했죠. 민노총 입장은 전혀 무시하고 딸랑 하루 얘기했고요. 그 하루의 의미가 뭘까요? 9일 날 바로

경찰이 진입했다면, 불법이었죠. 사실 그때 영장 제시도 없었습니다.

🔵 **이종우** 그렇죠. 불법 강제구인.

🔵 **우희종** 강제로 구인했으면 경찰도 이미지 구기고, 조계사도 자기네 입장이 망가지는 거죠. 종교적 장소에 공권력이 난입한 것을 자승이 허락한 게 되니까요. 막지 못한 게 되니까. 근데 화쟁위가 5시까지만 보호하겠다고 한 그 시점에 "하루만 더 주세요" 자승이 이렇게 나왔거든요.

🔵 **이종우** 네.

🔵 **우희종** 그러니까 또 경찰이 호쾌하게 "아, 그러죠." 딱 받습니다. 그 밤새 어떤 일이 생겼을까요? 쌍욕이 난무하고 인간적 수모 주고…. 결국 다음 날 자진 출두라는 그런 형태로 마무리됐죠.

🔵 **이종우** 그럼, 조계종과 특히 화쟁위가 한 위원장한테 쌍욕을 날리면서 빨리 나가라고 압력을 줬다는 얘기네요?

🔵 **우희종** 당연히 나가라 그랬죠. 자승 총무원장의 "하루 달라"는 말은 "자진 출두하게 하겠다"는 얘기였거든요? 평화롭게. 그러니까 그렇게 '공작'하겠다고 얘기한 거죠. 그럼 하루를 벌어서 어떤 결과를 얻었습니까? 경찰은 정말 평화를 사랑하는 민중의 지팡이가 된 거고. 중죄인에게도 너그러운 정말 넉넉한 경찰이 된 거죠. 또, 조계종단은 공권력의 침탈이라는 최악의 사태를 막고, 모든 것을 평화롭게, 조화롭게 하는 능력이 있는 것처럼 됐고. 그 사이에서 한 위원장만 흉악한 범죄자로 초라하게 항복한 형태가 된 거죠.

🔵 **이종우** 거기에다 한상균 위원장을 지켜 줬다는 이미지도 덤으로 얻

게 되고.

卍 **우희종** 그렇죠.

쌍욕 퍼부으면서 나가라고 한 스님들

✝ **김용민** 이야, 이건 진짜 처음 듣는 얘긴데요?

卍 **우희종** 사실 지금 말씀드린 건 공식적으로는 나오지 않은 얘깁니다만, 여하튼 민노총 내부에서는 12월 말, 아니면 최소한 16일까지만이라도 좀 보호를 해 달라고 요청했었습니다. 자승 총무원장의 신의한 수로 모든 게 다 평정된 것처럼 보이죠. 그런데 중요한 건 이겁니다. 경찰이 불법 강제구인을 오후에 하려고 했을 때 오전에 나온 성명이 있어요. 조계사가 아주 멋진 성명을 냅니다. "야, 어떻게 종교적 성지에 공권력이 들어와? 우리는 결사적으로 막겠다."

✝ **김용민** 오.

卍 **우희종** "인내하고, 우린 대화를 하고, 갈등 해소를 하며, 이 험난하고 고된 길을 가는 노력을 하고 있습니다. 국민적 열망 속에서 화쟁을 하겠습니다" 그러면서 "길게 기대를 해 달라"는 말이 있습니다. 타결을 위해서. 그런데 바로 그 위에 "한 위원장은 신속히 결정을 해서 나가 주십시오"라는 말이 써 있습니다. 9일 밤, 세 번이나 한 위원장한테 찾아가서 나가라고 종용했던 거 다 알고 있죠. 들어서.

모두　음.

🙋 **우희종**　얼핏 들으면 잘 마무리하려고 노력하고, 기다려 주기도 하는 구나 이렇게 들리지만, 실은 앞뒤가 안 맞는 말이죠. 자신들의 본성은 여실히 다 보여 주고요. 그 성명서 나오고 바로 오후에 경찰이 강제구인 하겠다고 등장을 해서 쇼를 벌이고, 종무원들과 스님들이 나와서 막 막는 쇼를 벌인 거죠. 물론, 그중에는 정말 속아서 진심으로 하신 분도 계실 거예요. 그런 쇼를 부리다가 갑자기 자승이 신의 한 수를 딱 둡니다. 결과적으로 경찰하고 총무원은 멋져 보이게 되고, 민노총만 사기당하고, 이렇게 된 거죠.

🔵 **이종우**　아까 편집장님이 자승부터 "나를 밟고 가라" 이런 말을 했어야 된다고 말씀하신 거죠?

🟢 **김근수**　당연하죠.

🔵 **이종우**　근데 저 성명서 안에는 그런 말이 하나도 없네요. 핍박받는 사람들을 보호하겠다, 그러니까 국민들이 기다려 줬음 좋겠다가 아니라, 우리는 졸라 열심히 하고 있다는 자기 자랑밖에 없다는 생각이 드네요.

🟢 **김근수**　말하자면 그 성명서는 오늘 밤 설득해서 내보낼 테니까 한번만 더 시간을 달라고 했던 거네요. 그리고 밤새 나가라고 욕지거리 퍼붓고. 저는 화쟁위원회 이름을 바꾸도록 권면하고 싶습니다. 물론 이웃 종교 일이라 말씀드리기 꺼려지지만 정의의 차원에서, 화쟁위원회를 '출두설득위원회'로 바꿨으면 좋겠습니다. 솔직히 종교인들

은 거짓말하면 안 되니까.

짜고 친 고스톱

✚ **김용민** 우희종 교수님께 좀 여쭤 보고 싶은 게 두 가지 있습니다. 우선, 첫 번째, 가서 "한상균 너 나가라" 이렇게 한 사람이 도법스님이었습니까?

卍 **우희종** 그 성명서 나오기 전에는 주로 도법스님이 갔었죠. 도법스님이 가서 세 번 나가라고 했다는 걸 전해 들었습니다.

✚ **김용민** 소리치고 압박도 했습니까?

卍 **우희종** 거의 그 수준으로 알고 있습니다. 〈동아일보〉 기사 보니까 그런 상황을 간접적으로 표현했더라고요. 그리고 경찰이 불법 강제 구인 시도한 이후에는 주로 조계사 주지나 부주지 이런 스님들이 또 압박을 했고…. 고작 하루 연기하고. 그때 내부에서 온 연락에 의하면 고위급 스님들까지 와서 상스러운 말과 더불어 인간적인 수모까지 주었다고 하더군요.

✚ **김용민** 한상균 위원장에게?

卍 **우희종** 네.

✚ **김용민** 또 하나 여쭙고 싶은 게 뭐냐 하면, 사전에 진입과 관련해서 자승하고 경찰하고 짠 시나리오가 있었던 건가요?

🌱 **우희종** 그럼요. 절묘하게 5시에 신의 한 수를 두었잖습니까. 당연히 사전 교감이 있었던 거고요. 다만, 왜 이렇게 상황이 급박하게 돌아 갔느냐 하는 건 의문으로 남습니다. 저희 재가 단체들이, 물론 진보적인 재가 단체들이 경찰이 강제구인 하겠다고 한 그날 저녁 7시부터 시국법회를 열기로 했습니다. '동체대비 시국법회'라고. 근데 그럴 시점에 갑자기 경찰하고 조율이 되면서 경찰청장 다녀가고. 그러니까 이건 호흡이 맞지 않으면 안 되는 일이에요.

🔷 **김용민** 역시 자승자박이 아니라 자승'친박'!

🌀 **이종우** 그렇죠. 자승친박. 근데 경찰들이 침탈했어야 할 만큼 이전 상황이 그렇게 급박했습니까?

🌱 **우희종** 어떻게 보면 경찰청장이 다녀간 이후로 그렇게 된 거죠. 시국법회를 월수금 끊임없이 이어 가겠다는 게 경찰 쪽에 전달된 거거든요. 그렇기 때문에 오히려 긴박함은 경찰이 조성한 거죠.

모두 음.

🌱 **우희종** 이거 길게 끌어 봤자 민노총은 반발할 거고, 재가 단체들도 모이는구나. 구체적으로 행동이 나오기 전에 처리하자!

🔷 **김용민** 자승하고 도법은 왜 이렇게 나올까요? 혹시 정권의 뜻에 맞춰 줘야 할 그런 이유가 있었습니까?

🌱 **우희종** 어, 많죠.

🔷 **김용민** 혹시 행여나 그거?

🌱 **우희종** 돈.

⊕ **김용민** 돈 그리고 (자신들의) 과거 들출까 봐.

↩ **우희종** 그렇죠. 그리고 신변 보호.

⊕ **김용민** 만약에 비박 노선을 걸었을 경우에는 바로….

↩ **우희종** 바로 파김치 되고. 갈가리 인생 찢어지고.

◐ **이종우** 이야, 〈서울신문〉 제목 한번 멋지네요. '공권력 투입 찰나, '佛法'의 마지막 호소…경찰 한발 물러섰다'

↩ **우희종** 바로 그거예요. 자승의 한 수. 아름다운 세상 아니겠습니까?

(모두 웃음)

'화쟁'은 약자의 눈물을 닦아 주는 것

↩ **우희종** 그런데 이번에 좀 분명해진 것 중 하나가 화쟁위원회입니다.

◐ **이종우** 화쟁위원회 얘기 나온 김에, '화쟁'이 뭡니까 도대체?

↩ **우희종** 아, '화쟁'이라는 건 원효스님이 강조한 건데요, 당시 신라에 불교가 들어오니까 다양한 견해의 학파들이 논쟁을 했습니다. 그러니까 원효스님이 아주 좋은 비유를 들었습니다. 물론 이 비유는《열반경》에 있는 것이기는 합니다만. 장님이 코끼리를 만지면, 다리를 만진 사람은 기둥, 코를 만진 사람은 뱀이라고 한다는 거죠. 이런 것들을 다 종합해서 잘 어우러지게 한다면, 서로 자기만이 옳다고 하지 않는다면, 큰 아름다운 코끼리가 보이지 않겠느냐? 기본적인 다양한 입

장을 조율해 가장 바람직한 결론을 도출하는 과정이 화쟁인 거죠.

그렇기 때문에 화쟁을 사회에 접목하려면 기본적으로는 갈등하고 있는 서로 다른 단체들이 최소한 바람직한 결론을 얻겠다는 그러한 진지한 마음을 가지고 있어야 합니다. 근데 지금은 원효스님 시절처럼 그냥 각 학파의 문제가 아니거든요. 정말 단체들 사이에 다양한 정치적 의도가 깔려 있고 이해관계가 얽혀 있어서 의도적으로 거짓말을 하는 집단도 바글바글합니다. 그래서 어떻게 조율해서 순수하게 그림을 그릴 수 있느냐가 특히 더 중요하죠.

근데 도법스님 화쟁위의 치명적인 결함은, 사회에서 큰 이슈가 되는 문제에만 꼭 끼어들어선 '자, 봐라. 우리가 문제없이 조율했다. 이게 화쟁위원회의 업적이다'며 조명받는 데만 급급하다는 거죠. 근데 정말 불교적 가치를 살린 제대로 된 화쟁은 조율을 통해서 무엇을 얻어냈느냐가 중요한 거거든요. 사회에서 고통받는 힘없는 중생의 눈물을 닦아 주었느냐. 갈등 구조로 화쟁위원회가 들어가서 사회적 약자의 눈물을 닦아 줄 수 있는 결론을 만들어 냈느냐가 중요한 겁니다. 그래야 화쟁이 마무리되는 거고요.

➕ **김용민** 그렇죠.

➰ **우희종** 근데 쌍용자동차 사태, 한진중공업 사태, 제주도 강정마을. 대표적인 것만 봐도, 화쟁위가 들어가서 그런 결론이 도출된 게 있습니까? 하나도 없어요. 그냥 적당히 마무리된 거예요. 심지어 어떤 것은 "국회가 위원회를 만들었으니까 거기 가서 하세요" 이러고. 국

회 가서 여야가 합의합니까? 안 되지. 이번에도 마찬가지예요. 한상균 위원장한테 "거의 합의 받아 냈어. 우리는 이만큼 했어. 그러니까 너 이제 나가" 이런 거나 다름없죠. 즉, 약자들과 강자의 대립관계에서 도법은 실제로 약자의 눈물을 닦아 줄 수 있는 어떤 결론을 한번도 도출하지 못했어요. 그런데도 가서 조용하게 마무리했다는 거예요. '평화롭게 조율했다', '갈등을 해소했다'. 그 이야기는 강자의 기득권을 더 강화하는 짓을 했다는 겁니다.

🌑 **이종우** 진짜 화쟁이 되려면 제3의 안을 내놓던가 아니면 여러 의견 가운데 가장 부처님 뜻에 맞는 것을 고르든가.

🔆 **우희종** 고통당하는 사람들의 눈물을 닦아 줄 수 있는 안을 만들어 내야죠.

🌑 **이종우** 그쪽으로 온 힘을 다 쏟았어야 되는데….

🔆 **우희종** 그렇죠.

카메라 앞에서 V 자만 그린 화쟁위

🌑 **이종우** 그러지 않고 대충 봉합만 하고 얼버무리고. 그리고 '화쟁위원회 찰칵' 하면 V 자 하고. 이렇게 됐단 얘기네요.

🔆 **우희종** 그래서 저는 이거를 꼭 한마디 더 하고 싶은데요, 화쟁위가 여러 사회 현안에 개입했을 적에 전 좀 반신반의했어요. 왜 좋은 결

도법스님 화쟁위의 치명적인 결함은,
사회에서 큰 이슈가 되는 문제에만 꼭 끼어들어선
'자, 봐라. 우리가 문제없이 조율했다.
이게 화쟁위원회의 업적이다'며 조명받는 데만 급급하다는 거죠.
근데 정말 불교적 가치를 살린 제대로 된 화쟁은
조율을 통해서 무엇을 얻어냈느냐가 중요한 거거든요.

우희종

론을 못 내리고 저러고 있나? 화쟁위에 속한 스님들을 지켜보니까 유형이 세 가지인 것 같습니다. 정말 원효스님이 말한 화쟁의 뜻을 모르는 어리석은 자들이거나, 화쟁의 뜻은 알지만 무능해서 적당히 그 정도로 하면서 "내가 했어요"라고 얘기하는 자들이거나. 사회에는 정말 다양한 집단이 있고 집단마다 다른 배경을 갖고 있어서 갈등이 생기는 거 아니겠습니까? 사실 스님들이 그런 걸 다 알 수는 없긴 하죠. 나머지 한 유형은 화쟁위 같은 자리를 이용해서 약자들이 눈물을 흘리건 말건 상관하지 않고 자신들의 명성을 높이고 스포트라이트만 받으려는 위선자입니다. 이번 조계사 사태와 관련된 분들은 세 번째 유형 같습니다.

◐ 이종우 참, 법등이 찬란하게 빛나네요. 화쟁에 관해서는 김근수 편집장님도 하실 말씀이 많으실 것 같습니다.

◐ 김근수 제가 이웃 종교인 불교에서 말하는 화쟁을 제대로 이해했는지 불자들에게 여쭙고 싶습니다마는, 그리스도교 관점에서 보는 화쟁은 아주 간단합니다. 약자 편에 서는 것이 화쟁입니다. 그러니까 중재하거나 중도를 외치거나 중간에 서거나 제3자적인 방식을 제출한다는 것이 아니라 사회적 약자와 권력자 사이에서 일이 터질 때는 무조건 약자 편을 드는 것이 화쟁이고 정의라는 겁니다. 의외로 답은 간단합니다. 남미 해방신학에서도 "가난한 자를 우선 선택하라" 이게 행동 수칙 1번입니다. 그거에 비춰 보면, 이번의 조계사 사태는 자승스님이나 도법스님이 전국의 모든 스님을 조계사에 집합

시켜 놓고 맨 먼저 '자승 나를 먼저 잡아가라, 그 다음에 도법을 잡아가라, 남자 스님을 잡아가라, 여자 스님을 잡아가라, 천만 불자를 다 잡아가라, 잡아가라' 이렇게 했어야 맞지 않습니까? 이게 진정한 화쟁 아닙니까?

🖐 **우희종** (웃음) 그 자리에 자승 총무원장이 아니라 프란치스코 교황님이 계셨다면 과연 그 상황을 어떻게 푸셨을까 궁금해지네요.

🖐 **김근수** "나를 밟고 지나가라" 그랬겠죠?

🖐 **우희종** 네. 교황이 아마 맨 앞에 서서 일주문을 가로막았을 겁니다.

🌑 **이종우** 이 상황에서 또 그리운 사람이 문익환 목사님. 그분이 계셨다면 지금….

🖐 **김용민** 문익환 목사님을 먼저 구속시켜 놓고 그 다음에 뭘 했겠지.

🌑 **이종우** 전 역시 순진하군요. 아까 잠깐 쉴 때 김근수 편집장님이 화쟁위가 이철승의 중도통합론과 매우 유사한 것 같다고 하셨는데요?

🖐 **김근수** 아니, 원래 '화쟁'이라는 단어는 아주 아름다운데, 이번에 하는 걸 보니까 '화쟁'이라는 단어도 오염된 것 같아요. 그러니까 저는 '화쟁' 하면 옛날 야당 정치인 이철승의 중도통합론이 연상이 됩니다.

모두 음.

🌑 **이종우** 가장 그 사람에게 맞는 침대를 제공해야 되는데, 화쟁위원회는 대충 얼버무려서 늘리고 자르고 한 다음에 "우리가 했음" 이렇게 하니까….

🖐 **우희종** 그 정도면 좀 고마워요. 늘이고 줄이지도 않고 그냥 "조용히

해"로 끝내는 거예요. "너 더 떠들면 망가뜨린다" 약자한테 이렇게 얘기하는 거예요. 그럼 그냥 할 수 없이 받아들이고 조용히 넘어가게 되는 거죠. 그게 평화라는 거예요, 이 도법이라는 사람은.

🌀 **김근수** 이번에 보니까 우리 종교들이, 아흔아홉 마리 양을 두고 잃어버린 한 마리 양을 찾으러 가는 게 아니라, 잃어버린 아흔아홉 마리의 양이 바깥에 있는데 모른 체하고 안에 있는 양 한 마리하고만 즐겁게 지내는 것 같습니다.

🔆 **우희종** 네. 스님들뿐인가요. 여러분들도 아시겠지만 신도들이 두 차례나 들어갔잖아요? 스님들과 교감 없이는 불가능한 일이었을 겁니다.

🌙 **이종우** 왜 두 번이나 들어간 겁니까?

✝ **김용민** 한상균 끌어내서 경찰한테 넘기려고.

🔆 **우희종** 첫 번째는 방까지 들어갔고, 두 번째는 문이 닫혀서 방까지는 못 들어갔고요. 신도들이 한상균 위원장 옷 잡아당기고.

✝ **김용민** 하. 이건 누군가 뒤에서 묵인해 주지 않고는 할 수 없다, 뭔가 조장의 냄새가 강하다 이런 느낌을 받았습니다.

🌀 **김근수** 당연하죠. 예수 못 박으라고 외친 가난한 사람들도 자발적으로 한 게 아닙니다. 유대교 고위 사제들이 사주해서 움직인 사람들이었죠.

🔆 **우희종** 그리고 저는 한상균 위원장이 자진 출두한 이후에 인터뷰한 내용을 보고 또 아주 열받았습니다.

🌙 **이종우** 인터뷰 내용만 봤을 때는 "지금까지 저에게 편의를 제공해

우리 종교들이, 아흔아홉 마리 양을 두고
잃어버린 한 마리 양을 찾으러 가는 게 아니라,
잃어버린 아흔아홉 마리의 양이 바깥에 있는데 모른 체하고
안에 있는 양 한 마리하고만 즐겁게 지내는 것 같습니다.

김근수

주시고 음식을 제공해 주신 조계사 측에 감사를 드리고 스님께도 감사를 드리고" 굉장히 찬사로 일관을 하더라고요.

우희종 예. 근데 뜻있는 불자들은 분통을 터뜨렸습니다. 2008년도 미국산 쇠고기 수입 반대 때 박원석 실장이 100일이 넘도록 있어도 당시 총무원장인 지관스님은 담담하게 그걸 품었거든요. 이건 정치적인 거다 해 가지고. 근데 이번 상황과는 너무 대조되는 거죠. 본인들도 그걸 의식했어요. 이런 소릴 해요. "옛날에 조계사는 남이 그런 어떤 상황이 되었을 때 단지 보호하는 데 그쳤다. 그러나 이번에 우리들은 화쟁을 했다." 야, 나 그거 보고, 이놈의 새끼들이 진짜… 포장 너무 잘한다. 자기네들의 정치적 야합으로 욕하면서 등 떠밀어 내보내 놓고는 자기네들이 조율을 했다는 거야. 단 하루로.

김근수 아까도 말씀드렸습니다만 저도 그 인터뷰한 내용 보고 충격을 받았습니다. 정상적인 종교인들이라면 '우리가 지켜 주지 못해 미안하다', '경찰에 들어가서 건강하시길 빈다', '우리 잘못을 참회한다' 그래야 되는데 '갑 중의 갑'이라느니, '거짓말쟁이'라느니, '불덩이'라느니, 정말 모욕적인 언어를 스님들이 하는 걸 보고, 저는 이런 분들이 정말 종교인인가 하고 충격을 받았습니다. 이게 과연 종교인이 할 말인가.

이종우 일단 이번 에피소드는 여기서 마무리하고, 다음 에피소드로 넘어가겠습니다.

5장

종교가 호의호식하는 몇 가지 방법

권력에 기고, 돈은 빼돌리고,
자리는 물려주고

2016년 1월 19일

🐌 **이종우** 〈쇼!개불릭〉 이 박사입니다. 오늘도 멋진 세 분과 함께 자리를 하고 있습니다. 한 해가 지난 지 꽤 됐는데 올해 계획들은 잘 지키고 계신가요?

✝️ **김용민** 올해 계획이요? 글쎄요.

☸️ **우희종** (웃음)

✝️ **김용민** 품성과 자세의 문제로 계획을 세우는 게 아니니까. 즉 올해 뭐 담배를 끊겠다, 살 빼기를 하겠다 같은 계획을 세운 바가 없기 때문에….

✝️ **김근수** 저는 올해 예정된 책 출판 준비하고, 또 〈가톨릭프레스〉 잘 운영하고, 또 제 인생에 보이지 않는 손이 어떻게 긍정적으로 개입할지 모르니까 그 면은 좀 열어 놓고 있습니다.

🐰 **우희종** 저는 뭐 새해라고 해서 특별할 건 없다고 생각하는 편이라 해 오던 일 하면서 잘 살자 이러고 있습니다.

🌙 **이종우** 매해 계획을 많이 세우는 분들도 있는데 어느 순간부터 저는 이렇게 되더라고요. 차라리 작년에 못했던 거를 보완하자. 수많은 날이 있어도 오늘 하루가 중요한 게 아닌가. 그렇게 생각하다 보니까 거창한 계획을 세우기보다는 하루하루를 성찰하고 잘하는 것이 좋지 않나 그런 생각이 듭니다.

✝️ **김용민** 이종우 박사가 KBS춘천에서 진행하던 TV 프로그램에서 하차했습니다. 그 이후로 스케줄 널널해졌습니까? 아니면….

🌙 **이종우** 일상은 가벼워졌죠. 춘천에 가면 녹화 때문에 하루는 꼭 자고 와야 했는데, 이제 그럴 일이 없으니까요.

✝️ **김용민** (웃음) 방송에서 잘리면 한 3개월 갑니다. 열받고 분하고. 이 이야기를 굳이 하는 이유는 그 상처를 다시 헤집기 위해서 했던 말입니다.

🌙 **이종우** 열받고 분한 거 때문에 이미 다쳤어요.

✝️ **김용민** 뭘 다쳐요?

🌙 **이종우** 열받고 분한 얘기 들어 가지고. 왜 잘렸는지, 그 과정에서 좀 높으신 분이 매너를 지키지 않은 문제라든지. 성질이 나서 정말.

✝️ **김용민** 이 박사는 이 엄혹한 시기에 너무 잘나간 경향이 있어요. 대학 교수가 되질 않나, 공영 방송에 나오질 않나. 아무래도 저와 하향 평준화할 필요가 있겠어요.

(모두 웃음)

🌑 **이종우** 저기 저 잘나가지 못하고요. 아시잖아요, 상지대 칼바람 부는 거.

➕ **김용민** 또 칼바람 불어요?

🌀 **우희종** 다시 불고 있죠.

🌑 **이종우** 여섯 명 징계하고, 제가 볼 때는 재임용에서 탈락될 교수님들이 십 단위 이상일 것 같습니다. 저는 아직 재임용 대상자가 아니어서 단두대의 다음 차례를 기다리고 있습니다.

➕ **김용민** 하여간 저는 몇 년에 한번씩 교수님들 재임용 심사를 하는 건 좀 문제가 있다고 봅니다. 그럼 어느 교수님들이 양심을 품고 정의를 얘기하겠습니까?

🌀 **우희종** 글쎄 말이에요.

🌑 **이종우** 네. 처음에는 좋은 취지였을 것 같아요. 연구 열심히 하고 강의도 열심히 하는 사람을 제대로 평가하겠다는 의도였을 테니까. 근데 그걸 악용하는 사례가 있어 문제죠. 다른 직장도 마찬가지죠. 직장이 올바르게 돌아가려면 바른 소리, 쓴소리를 해야 하는데 그게 막힐 수 있는 거니까요.

➕ **김용민** 교수님들의 비정규직화. 이거는 바뀌어야 된다고 봅니다.

🌀 **우희종** 교수의 비정규직화뿐만 아니라 처음부터 비정규직인 소위 시간강사 문제. 지금 그나마 잠깐 악법이 보류됐습니다만, 문제가 너무 많죠.

✝ **김용민** 시간강사들 무시하긴 합니다. 저는 알아차렸지요. '아, 애네들이 날 무시하는구나' 이게 확실히 느껴지더라고.

☾ **이종우** 아 그럼요. 정년이 비정년 자기 식구로 안 보고, 비정년·정년 합친 전임 교원들은 또 비전임 교원들 잘 못 챙기고, 아니면 비전임 교원들을 정년 교수들이 잘 챙겨서 비정년 교수들이 힘들어하고, 여러 가지 일이 있어요. 하여간 계급이 나뉘면 나뉠수록 이게 참 서로 갈등하게 하고, 노노 간의 갈등을 계속 불러일으키는 것이 아닌가 그런 생각도 들어요.

✝ **김용민** 학생들이 철들어서 그렇지 만약에 사리 분별이 저학년 수준에 머문다면 시간강사들 빗자루로 얻어맞는다고. (웃음)

☾ **이종우** 그래요, 모르죠. 그거 뭐 교회에서 파트타임 목사님들 빗자루로 패는 일도 있을 수 있는 거니까.

✤ **김근수** 아무리 봐도 신이 준 가장 좋은 직업은 스님하고 신부님하고 목사님밖에 없는 것 같습니다.

(모두 웃음)

조용기 '총재'

- - - - - - - - - - - - - - - - - - -

✝ **김용민** 신의 직장. 부만 놓고 보면 담임목사와 주지 외에는 처지가 다 비슷합니다.

😃 **김근수** 아니, 66억을 목사가 그렇게 써도 아무 문제가 없나요?

🌑 **이종우** 어, 누구요?

😃 **김근수** 어느 목사님이 카지노 가서 66억 원 날렸다고 하던데….

✝ **김용민** 아, 박성배 목사라고 조용기 제자예요.

🌑 **이종우** 아, 저기 기하성기독교대한하나님의성회입니까?

✝ **김용민** 기하성이 서대문파와 여의도파로 분열이 됐어요. 여의도순복음교회는 여의도파에 속해 있죠. 서대문파한테 아마 돌아서 분리를 한 거예요. 이거 무슨 조폭 조직도 아니고. 근데 서로 조용기를 끌어들이려고 난리였죠. 조용기는 원치도 않았는데 서대문파가 그냥 총회장으로 추대해 버렸어. 여의도도 마찬가지고. 여기는 총회장이 아니라 총재야, 총재. 박성배 목사는 서대문파 총회장을 오랫동안 했지.

🌑 **이종우** 총재가 아니라 거의 왕, 황제인데요?

✝ **김용민** 총재라는 직책은 다른 교단에서는 찾아보기 힘들죠. 사실상의 실소유주란 말이죠. 대표는, 간판은 조용기 목사다 이거죠.

🌑 **이종우** 총재라는 말 참 오랜만에 듣네요. 예전에 이회창이 한나라당 총재 한 이후에 총재라는 제도는 거의 없어졌잖아요.

✝ **김용민** 예. 이제 그런 권위주의적인 표현들은 부적합하다고 해서 안 쓰고 있는데.

🐢 **우희종** 그런데 그런 얘기를 들으니까 좀 아쉽네요. 기독교가 화합하지 못하는 게. 불교는 화합합니다.

✟ **김용민** (웃음)

☯ **우희종** 스님들이 몇십억 원어치 사찰 땅 팔아 가지고 해외로 도박하러 가는 일은 꽤 많거든요. 근데 서로 싸우지 않아요. 거기는 서대문파, 여의도파 이렇게 나뉜다지만 여기도 교파 내지 계파가 다양합니다만 서로 보호해 주고 챙겨 주고.

✟ **김용민** 감싸 주고.

☯ **우희종** 예. 정말 화합하는 모습을 실천하는데, 그런 면에서 기독교가 조금 아쉽습니다.

✟ **김용민** 아주 가족적인 스님들도 많으시다면서요?

☯ **우희종** 가족적이라고 해야 하나? 가족의 일원이라고 해야 하나?

(모두 웃음)

유정복 시장이 기도를 끊은 사연

◐ **이종우** 자, 그럼 이제 최근 종교계 시사를 한번 짚어 보도록 하겠습니다. 가톨릭 쪽에서 굉장히 재미있는 소식이 있네요. 인천교구를 중심으로.

✟ **김용민** 사고 쳤어요 거기가.

✤ **김근수** 그저께 인천교구 사제 서품식이 있었어요. 서품식 미사가 시작되기 전에 신자들과 신부, 수녀님들이 묵주기도를 하고 있었습니

다. 묵주기도는 5단까지 바칩니다. 근데 막 4단을 마쳤는데 느닷없이 유정복 인천시장이 마이크를 잡고 인사말을 하는 겁니다. 그러니까 기도를 중단시킨 거예요, 강제로. 거기 모인 사람이 천 명 이상인데 깜짝 놀랐죠. 이런 일은 있을 수 없는 거거든요. 아주 무례한 일이니까. 유 시장이 개인적 일정이 바빠 먼저 인사말을 해야 한다는 겁니다. 인사말이 끝나자 중단된 묵주기도를 다시 잇는 어처구니없는 일이 벌어졌습니다.

🌙 **이종우** 이 방송 들으시는 분 중에서 가톨릭 신자가 아닌 분들도 있을 테니까 몇 가지 짚고 넘어가야 할 것 같습니다. 서품식이 뭐죠?

☸ **김근수** 신학교에서 사제 준비를 하고 이제 사제가 되는 예식을 서품식이라고 합니다.

✝ **김용민** 목사 안수.

☸ **김근수** 그렇죠.

🌙 **이종우** 불교에서도 스님이 딱 되는 행사가 있습니까?

☸ **우희종** 네. 수계식이라고 합니다. 불교의 근간을 만든 가장 중요한 행사이기 때문에 굉장히 근엄하게 치러집니다.

☸ **김근수** 그럼 불교는 수계식, 개신교는 안수식, 가톨릭은 서품식이네요. 정말 근엄하고 정중한 예식이죠.

🌙 **이종우** 그렇죠. 어떤 사람이 그 종교에 자기 몸을 완전히 던지겠다고 맹세를 하고 종교계에선 그런 사람으로 인정을 하는 행사잖아요.

☸ **김근수** 네. 서품식이 시작되기 전에 그 미사의 분위기를 고조시키기

위해서 아주 중요한 묵주기도를 천여 명이 소리 내서 하고 있는데 중간에 마이크를 유정복 시장이 빼앗았다는 거 아닙니까. 더욱이 유정복 시장도 성당 다닙니다. 세례명이 바오로예요.

이종우 불교로 치면 신도들이 다 같이 《반야신경》을 외우고 있는데, "마하반야바라밀다심경~" 딱 시작했는데, 마이크 딱 끄고 "잠시만요, 제가 좀 일찍 가 봐야 돼서… 이번에 수계받으신 분들 축하드리고 안녕히 가십시오." 이랬단 거잖아요?

김용민 유사한 일이 개신교 쪽에서도 있었죠. 찬송가 중에 〈주 예수보다 귀한 것은 없네〉라고 있어요. 한번은 조용기 목사가 지방에서 설교를 하게 됐는데 차가 많이 막혀서 제시간에 도착을 못한 거야. 그래서 "여러분, 준비 찬양부터 하겠습니다" 하면서 〈주 예수보다 귀한 것은 없네〉를 부르기 시작한 거야. 근데 막 조용기 목사가 온 거지. 그랬더니 "여러분, 이제 그만하시고 조용기 목사님 모시겠습니다." 이렇게 된 거야.

(모두 웃음)

김용민 주 예수보다 더 귀한 분이 오셨어.

김근수 그래도 조용기 목사님은 당신이 하는 교회에서 그런 거 아닙니까. 사제 서품식에 인천시장이 와서는 버르장머리 없이 마이크를 잡고 개인적인 인사를 하고.

우희종 왜 그런 거예요?

김근수 본인 개인 스케줄이 바빠서 얼른 마이크를 잡고 인사를 해야 된다고.

우희종 지가 뭐라고.

김근수 그러니까 버르장머리 없이 일개 시장이. 더욱이 유정복 인천 시장은 가톨릭 신자 아닙니까. 예절을 아는 사람이 그런 거라 더 괘씸한 거죠. 묵주기도가 어떤 의미인지도 모르지 않을 텐데.

우희종 짝퉁 신도죠.

이종우 근데 인천교구 신부님들은 제재를 안 했대요?

김근수 주교, 신부 200여 명이 서품식 장소에 입장하기 전이었습니다. 이런 상황을 보면 유 시장이 얼마나 가톨릭을 우습게 봤는지 알 수 있죠.

김용민 가톨릭만 우습게 여기겠습니까? 모든 게 다 우스워 보이는 거죠.

우희종 그렇죠.

농성 텐트 철거한 신도들

이종우 아, 그런데 인천교구 하니까 다른 일도 하나 더 얘기하면 좋을 것 같은데요, 주교좌성당주교가 자리 잡고 있는 성당. 주교좌성당이 되면 그 교구의 중심이 된다.에서 난리가 한번 났네요.

김근수 네. 주교좌성당인 답동성당에서 인천 성모병원 홍명옥 노조

지부장이 단식 투쟁을 하고 있습니다. 홍 위원장은 주교 면담도 요청했고요. 그런데 답동성당 신자 30여 명이 몰려와서 커터칼로 농성 텐트를 철거하는 불상사가 벌어졌습니다.

우희종 조계사 신도들이 한상균 위원장한테 한 행동과 비슷하네요.

이종우 다치신 분은 없고요?

김근수 네. 그런데 30여 명이 와서 한두 명 있는 데를 강제로 철거했으니 얼마나 놀랐겠어요. 거기다 단식 중인 분이라 힘도 없고. 근데 그걸 본당 신부가 지켜봤다니 기가 막힐 노릇이죠.

우희종 아, 그냥 지켜봤대요 그걸?

김근수 네.

이종우 진짜 조계사랑 비슷하네.

김근수 참 안타까운 일이죠. 이런 일이 계속 인천에서 벌어지는 거 보면 인천교구가 전체적으로 정신이 나간 거 같습니다.

우희종 그럼 조계종단도 정신이 나간 거네요.

(모두 웃음)

김근수 서품식에서 또 하나 불쾌한 일은, 사회자가 오늘 서품식에 어느 어느 국회의원이 참석했다고 이름을 거명했다는 겁니다. 이건 정말로 인천교구 측이 부끄러워해야 할 일이라고 생각합니다.

이종우 그렇게 할 거면 세속의 박사 학위 수여식이랑 뭔 차이가 있어요?

김근수 그러니까요. 종교 행사에서 그런 모습은 아름다운 모습이 아니거든요.

☝ **우희종** 스스로 자신들의 종교를 정치보다 더 밑에 두는 행위네요.

☝ **김근수** 스스로 비굴하게 처신한 거죠. 있어서는 안 될 일입니다.

☝ **우희종** 낮은 곳을 향해서 정말 열심히들 가요.

(모두 웃음)

☝ **이종우** 종교가 세속보다 위에 있다고는 볼 수 없지만 세속에 알아서 길 필요도 없잖아요.

☝ **김근수** 종교인들이 가난한 사람에게 무릎 꿇으면 얼마나 아름답습니까? 그런데 정치인이나 재벌들에게 무릎 꿇는 건 비참하고 비굴한 일이죠. 간도 쓸개도 없나요?

용주사, 동국대 사태의 공통점

☝ **이종우** 불교 쪽 큰 이슈는 용주사 사태하고 동국대 문제인데요, 동국대부터 업데이트해 보죠.

☝ **우희종** 뭐, 예상했던 수순대로 가고 있습니다. 사퇴하기로 했던 총장이 거꾸로, 단식했던 학생과 문제 제기를 했던 교수, 더 나아가 직원까지 징계하는 쪽으로 지금 진행되고 있습니다.

☝ **김용민** 그러니까 급한 비만 피해 보자 이거였군요. 전형적인 가진 자들, 기득권자들의 위기 대처 방법이에요. 이거 속지 말아야 됩니다.

서품식에서 또 하나 불쾌한 일은,
사회자가 오늘 서품식에 어느 어느 국회의원이
참석했다고 이름을 거명했다는 겁니다.

김근수

● **이종우** 그렇죠.

✛ **김용민** 그 자리에서 옷 벗는 것까지 보고, 단식을 풀든지 농성을 풀든지 해야 된다는 거예요.

● **이종우** 뭐, 멀리 갈 것 없이 무슨 일만 일어나면 일단 대통령이 없어지잖아요. 소나기부터 피하고 보는 거죠. 사태가 어떻게 흘러가는지보다, 여론몰이를 잘해서 여론이 조금 유리해졌다 싶을 때 딱 나타나서는 내가 이렇게 이렇게 했다는 식으로 얘기하잖습니까. 작년 메르스 사태를 비롯해서 이런 일이 얼마나 많았습니까? '위안부' 문제에 대해서도 박근혜 씨는 뭔가 얘기가 없잖아요. 옆에서 계속 변죽만 울릴 뿐이지.

⚘ **우희종** 보통의 일반 사학 비리보다도 더 비열한 것 같습니다. 대한불교 조계종이라는 종단과 관련 있는 학교에서 어떻게 이렇게까지 부끄러운 짓을 할 수 있는가 이런 생각이 들어요. 사실 동국대는 출발부터 좀 문제가 있긴 했습니다. 애초에 동국대 전신을 친일 승려가 만들었고, 그래선지 초기 동국대 총장이나 이사장 다 친일파였습니다. 친일에서 비롯된 비열한 정신이 여전히 살아 있는 것 같습니다.

✤ **김근수** 신학에서는 성인이 타락하는 것이 가장 큰 충격이라고 하거든요. 보통 사람들은 종교인이 추락하는 걸 가장 안타까워하는 것 같습니다.

● **이종우** 자, 용주사에선 신도들이 '용주사 현주지 산문출송 비상대책위원회'를 만들어 가지고 대대적으로 활동을 하고 있다고 하던데요.

🙏 **우희종** 예. 주지 스님 아들이 지금 군 복무 중입니다. 이런 사실이 지적되었을 당시에는 당당하게 과학 조사 받겠다, 왜 자꾸 그러느냐 그랬죠. 신도들은 그럼 이제 문제가 풀리나 보다 생각했을 겁니다. 이분들은 무조건 누구를 어쩌자고 한 게 아니라 그걸 빨리 명확하게 해서 종단 내 문제를 정리하자는 입장이었으니까요. 근데 결국은 약속한 시간이 지나 버렸습니다. 그러면서 호법부에서 종회로, 쉽게 비유하면 검찰에서 국회 같은 곳으로 이 사건이 떠넘겨진 겁니다. 그렇게 되면 이 일은 흐지부지되고, 문제 제기를 한 신도들에게 막강한 압력만 들어오게 됩니다. 이분들이 대항 세력을 만들고 각종 법적인 소송을 하기 위해 용주사 앞에 컨테이너로 자신들의 활동 근거지를 하나 만들었는데, 시에서 끊임없이 '없애라'는 경고장을 보내오고 있어요. 그래서 컨테이너에 겨우 바퀴를 달아서 조금씩 이동하면서 활동하고 있는 상황입니다. 이 얘기를 다시 정리하면, 문제가 심각한 지점에 이르면 갑자기 해결해야겠다는 듯한 제스처를 취해요. 동국대처럼. 그러면 누구나 다 '저렇게 나오니까 대화가 되겠구나, 뭔가 해결이 되겠구나' 생각한단 말이에요. 근데 이후에 더 악랄하게 대응해 오는 겁니다. 이건 뭐, 봉은사의 경우도 마찬가지죠.

🌀 **김근수** 시간을 끌면서 뒤통수를 치는 게 눈에 보이는 것 같습니다.

🙏 **우희종** 예.

직영사찰은 총무원장 돈주머니

✛**김용민** 명진스님이 봉은사에 있다가 그만두셨죠. 신자들은 스님이 계속 있어 줬으면 했던 것 같은데, 누구의 압력으로 밀려나게 된 겁니까?

☯**우희종** 두 집단의 욕심 때문이죠. 하나는 정치권, 소위 '강남 좌파 스님'이라는 발언을 했던 그 당시 한나라당 정치인들의 욕심이고, 또 하나는 총무원장 자신의 욕심이죠. 왜냐하면 봉은사를 자신의 절로 만들고 싶었거든요. 그래서 결국 직영사찰로 만들었죠. 자기 심복을 언제든지 보낼 수 있는 그런 사찰로 만든 거예요.

✛**김용민** 그 전에는 직영이 아니었나요?

☯**우희종** 네. 본사급 주지가 관리하는 절이었죠.

◑**이종우** 잠깐만요, 불교 신자가 아닌 분들도 있을 테니까 직영사찰이 된다는 게 조계종에서 어떤 의미인지, 특히 봉은사가 직영사찰이 되면 조계종에 어떤 이익이 되는지 말씀해 주시면 좋을 것 같아요.

☯**우희종** 아, 예. 알겠습니다. 봉은사는 아시다시피 강남에 있는 전형적인 대형 사찰입니다.

✛**김용민** 엄청나게 큰 절이죠.

☯**우희종** 예. 직영사찰이 되기 전에 봉은사도 본사급 절이었습니다. 보통 본사급 절에서는 명진스님 같은 주지 스님이 회계를 비롯해서 모든 것을 관리합니다. 쉽게 말하면 절 자체에서 모든 것을 알아서

하는 거죠. 물론 투명하냐 안 하냐를 떠나서요. 형태는 그렇습니다. 직영사찰은 총무원장이 직접 관리하는 절입니다. 본사급 절처럼 여기도 주지가 있지만 이름만 있는 겁니다. 실제 관리하는 사람은 총무원장이에요. 왜 직영사찰이 되겠습니까? 돈이 많이 들어오기 때문이죠. 그러니까 한마디로 직영사찰은 총무원이, 더 정확하게는 총무원장이 빨대 꽂는 사찰이 된다고 생각하면 됩니다. 총무원장 돈주머니가 되는 절이죠.

✚ **김용민** 근데 신자들이 반대하면 안 해야 되는 거 아닙니까?

🔄 **우희종** 그건 그렇죠. 하지만 아시다시피 많은 신도가 제 식대로 표현하면 '굴종의 신앙'을 가지고 있습니다. '스님이 말하면 무조건 우리는 껌뻑 죽어야 된다' 이 자세거든요.

✚ **김근수** 가톨릭도 비슷해요. 단어만 다르지 똑같아.

✚ **김용민** 개신교는 더 말할 나위도 없고.

(모두 웃음)

🔄 **우희종** 명진스님이 쫓겨나고 이후 요 근래 원학스님이 총무원장 하명을 받아 주지로 왔죠. 이 스님이 신도들과 상의 없이 자기 멋대로 '종각'이라고 하는 종이 있는 곳을 고치고 차 마시는 데도 고치고 했어요. 이 일로 신도들과 갈등이 생겼습니다. 또 거기에 얼마를 썼는지 누구도 몰라요. 명진스님 이후 재정 상황을 알 수 없습니다. 안 밝히니까. 명진스님 있을 때는 봉은사 수익이 70억에서 더 올라갔다는 사실은 알려져 있습니다만.

김용민 연年에?

우희종 네. 명진스님 이후 주지였던 진화스님도 재정을 투명하게 하면서 오히려 늘렸는데, 원학스님 때 와서는 도로 30에서 50억 사이를 왔다 갔다 하는 정도로 떨어져 버렸어요. 신도 수가 변한 것도 아니니까 신도들이 당연히 이상하게 생각하죠. 재정을 투명하게 공개해 달라 의견을 낼 거 아닙니까? 근데 그런 신도들을 다 잘라 버린 거예요. 이상하다고 문제 제기한 신도들을 싹 몰아냈습니다. 단순히 직위만 없앤 게 아니라 '너 이 절 떠나라' 이렇게까지 돼서 법적 싸움으로까지 막 비화될 상황이었습니다. 딱 이때 자승 총무원장이 원학스님을 해고시켰어요. 그걸 보면서 신도들은 '임기도 남은 사람을 저렇게 가게 하는 거 보니까 뭔가 해결이 되겠다'고 생각한 겁니다. 문제를 일으킨 원학스님 다음에 지금의 주지인 원명스님이 왔는데, 똑같은 상황입니다. 그동안 계속 문제 제기를 해 온 최옥곤 씨봉은사 신도회바로세우기운동본부 공동대표라고 계시는데 이분에 대한 법적 소송 등에 대해서도 침묵하는 등 상황은 별로 바뀌지 않았습니다.

(모두 웃음)

우희종 이번 일로 불교계를 더 자세히 들여다보게 됐는데, 봉은사나 용주사 등 조계종의 여러 권승, 도박승들이 모여서 끼리끼리 잘사는 이유가 뭔지 이제 알겠다는 겁니다. 주요 자리를 놓고 천억 단위 이상의 돈이 왔다 갔다 합니다.

김근수 천억이요?

아시다시피 많은 신도가 제 식대로 표현하면
'굴종의 신앙'을 가지고 있습니다.
'스님이 말하면 무조건 우리는 껌뻑 죽어야 된다' 이 자세거든요.

우희종

🙏 **우희종** 단위가 천억이라는 겁니다. 3천억, 5천억.

🔵 **이종우** 아, 천억이 아니라?

🙏 **우희종** 아, 쫀쫀하게. 불교를 그렇게 쫀쫀하게 보시면 안 돼요.

(모두 웃음)

🙏 **우희종** 그게 다 돈과 관련이 있더라고요. 그래서 이렇게 시끄러워지는 거예요.

✝️ **김용민** 결국 돈 문제네요.

🙏 **우희종** 예. 제가 그걸 알고서는 좀 섬뜩했습니다. 괜히 이거 바로잡자고 노력하다가 한 1억 받은 놈이 와서 칼 찌를 수도 있겠다.

🔵 **이종우** 아, 진짜 종교 떼돈 버네요.

이제 돈 관리는 평신도에게 넘겨라

✝️ **김용민** 돈 버는 걸 쉽게 생각하는데, 그것도 전통이 있어야 돼요. 배타, 물질 축복 이런 기제가 확실하게 있어 줘야 그 종교가 흥하지, 배타성 없고 물질에 대한 욕구도 포기해라 그러면 그 종교 망해요.

🔵 **이종우** "예수천국 불신지옥" "예수 믿으면 건강해지고, 예수 믿으면 돈 많이 벌고, 예수 믿으면 천국에 갈 수 있다."

✝️ **김용민** 그게 바로 우리 조용기 형님의 삼박자 구원론 아닙니까? 사실 이런 논리가 사람들을 교회로 불러 모으는 힘이 되는 거죠. 이런

거 없이 종교가 흥한다면 그 사회는 참 밝은 사회일 겁니다마는, 이때껏 그런 일이 없었기 때문에.

🔵 **이종우** 이 시점에서 김근수 편집장님이 정리 한번 해 주시죠.

🔴 **김근수** 어느 종교나 그 종교를 믿으면 물질적으로 부유해진다는 허황된 꿈을 꾸는 신도들과, 그 신도들한테서 거두어들인 돈을 장악하는 성직자 두 시스템으로 이루어진 것 같습니다. 그러니까 한국 종교의 경우 각 종교인들이 돈을 만지고 장악하고 결제하는 상황이 바뀌지 않는 한 이런 추문은 계속될 거라고 생각합니다.

🔵 **김용민** 예. 뭐랄까요? 악순환이 계속되는 것 같습니다. 종교가 돈을 얘기하고 물질 축복을 얘기하면 교인이 모인다고 말씀드렸잖아요. 교인이 모이면 교회 자산이 늘고 규모가 커집니다. 그러면 또 교인이 몰려들어요. '아, 물질 축복의 상징적 결과물이 우리 교회 아니냐, 우리 교단 아니냐.' 이런 악순환 때문에 실제로 2000년대 초부터 교회들이 금융기관에서 엄청나게 돈을 많이 빌려서 대형교회를 짓습니다. 이렇게 큰 아우라를 만들어 놓아야 교인들이 모인다는 거죠. 금융기관에서는 바로 빌려 줬습니다. 일요일에 현금이 돌잖아요. 현금이 모이면 갚을 수 있는 거니까, 잠재력이 있다고 본 거죠. 까먹을 가능성은 없다고 판단한 거고. 그러다가 2010년대부터 교회들이 엄청난 부채로 휘청거리기 시작합니다. 그렇다 보니까 목사들이 더 물질 축복, 헌금 이런 것들을 강조하게 되죠. 그러면서 종교는 더 타락하게 되고.

🌐 **김근수** 교회와 성당 건물 크게 짓느라고 빚진 교회와 성당이 전국적으로 많습니다. 그 대출금 이자로 먹고사는 은행이 사실 많고요. 이자율이 올라가면 그 돈 갚느라 고통스러운 시간을 보낼 교회, 성당도 많아질 겁니다.

✝️ **김용민** 이제 종교인들이 돈에서 손을 떼야 합니다.

🌐 **김근수** 그렇죠.

✝️ **김용민** 그냥 먹고살 수 있는 정도만 교회로부터 받고, 나머지에서는 손을 떼야 돼요.

🌐 **김근수** 종교에서 돈 관리는 평신도에게 넘기는 시대가 어서 와야 됩니다.

✝️ **김용민** 그래서 이제 제가 만들려고 하는 홍합교회는….

🌿 **우희종** 전복교회.

✝️ **김용민** 아, 전복교회. 전복교회는 목회와 교회 운영을 철저하게 구분 짓는 이원화 시스템을 생각하고 있습니다.

🌿 **우희종** 돈만 관리하시려고요?

(모두 웃음)

교회 세습은 일반 세습과 달라!
- -

🌑 **이종우** 개신교 쪽에서는 특별한 소식 있습니까?

✝️ **김용민** 우리 명성교회 김삼환 목사님. "세습을 안 하겠다" 이렇게 말했습니다. "후임 결정은 청빙위원회 몫이다" 이렇게 얘기한 걸로 봐선 이분이 여론의 눈치를 본 거죠. 사실 그동안은 아들한테 교회를 물려줄 거라는 설이 파다했거든요? 실제로 명성교회가 하남시에 세운 지교회 담임목사로 아들을 앉혔잖아요. 명성교회가 어디 있어요? 명일동에 있잖아요? 하남은 바로 건너편 아닙니까? 건너편 동네 아니야? 하남에서 명일동까지 오기 불편한 분들 그분들을 위해서 기도처를 만들었어요. 교회는 아니고 기도처였는데, 그 기도처를 교회로 만들어 버렸네.

🔵 **이종우** (웃음)

✝️ **김용민** 김삼환이 물러나면 그때는 아들을 본 교회 목사로 데려오지 않겠는가 이런 설이 파다했죠. 교단법에 따르면 불가능한 일예요. 하지만 대형교회가 교단을 압도하지 않습니까? 그냥 뭉개면 그만이야. 임마누엘교회 김국도 목사 봐요. 한 보름인가 20일 어떤 목사를 담임목사로 세웠다가 자른 후에 자기 아들 앉혔잖아요.

(모두 웃음)

✝️ **김용민** 그러고서는 김국도 목사가 되레 큰소리쳐. "어디 목사직 세습이 일반의 세습과 같냐? 다르다." 뭐가 달라. 똑같지.

🔵 **이종우** 용주사 주지도 세습이 될 가능성이 있습니까?

🔄 **우희종** 네. 있겠죠?

🔵 **이종우** (웃음)

✝ **김용민** 이런 대외적인 시선이 많으니까 김삼환이 자기는 세습 안 하겠다 이렇게 밝혔다는데 그건 두고 볼 일이죠. 근데 아들이 똑똑해 보이더라고요. 그렇게 무리수를 두어 가면서까지 자리를 물려받을까? 아무튼 아드님의 양심에 일말의 기대를 거는 편입니다.

🌑 **이종우** 나라도 무리하게 물려받는 사람이 있잖아요. 교회 정도야 뭐.

✝ **김용민** 자기 아들한테 교회 물려준 목사님들 얘기 들어 보면 애환이 있어요. 기껏 교회를 물려줬더니 아들놈으로부터 '너 똑바로 살아라' 이런 설교를 듣게 되지요. 아버지로서는 속으로 피식 웃으며 '너나 똑바로 살아, 이 새끼야' 하는 마음이 든다는 거예요. 이건 좋아요. 그런데 아들이 아버지와 목회 스타일을 차별화하려고 해요. 이 과정에서 자신의 시대가 구태의연한 것으로 치부된단 말이지요. 교회를 일으켜 세워 오늘의 이 규모 이 정량으로 키워 왔는데 무시당하면, 이러면 상심하게 됩니다. 그러다가 부자간에 틀어지는 일까지 생겨요.

🔁 **우희종** 그 점도 기독교 좀 아쉬워요. 지금 우리나라의 통치자는 얼마나 아버지 뜻을 이어받아서 화합을 하는데….

✝ **김용민** 아, 효녀야.

🔁 **우희종** 오늘 들은 기독교는 (불교와 비교하면) 여러 면에서 부족한 점이 많네요.

(모두 웃음)

김국도 목사가 되레 큰소리쳐.
"어디 목사직 세습이 일반의 세습과 같냐? 다르다."
뭐가 달라. 똑같지.

김용민

'빨간펜'이 필요한 설교

🌑 **이종우** 아까 동국대 얘기도 했습니다만, 사립학교도 그런 식으로 물려주고 그 과정에서 자식들끼리 싸우고 자식이랑 부모랑 싸우고 그런 일들이 비일비재하죠.

🌶 **김근수** 가톨릭에서 제도적으로 사제들 결혼을 금지하기 시작한 게 11세기인데, 교회 재산 세습을 막으려고 그런 겁니다.

모두 아.

✝ **김용민** 제가 요즘 캠페인 비슷하게 하는 팟캐스트가 하나 있습니다. 〈빨간펜 목사님〉이라고. 목사님들이 설교 중에 하는 얘기들에서 구라를 찾아내서 바로잡아 주는 건데, 파장이 좀 있었음 좋겠다는 생각이 듭니다.

🌶 **김근수** 목사님 저격수입니까?

✝ **김용민** 저격수는 아니죠.

🌑 **이종우** 그야말로 빨간펜이죠. 첨삭 지도.

🔆 **우희종** 아, 애정 어린.

✝ **김용민** 너무 터무니없는 구라가 많아요. 프랭클린 루즈벨트 얘기를 하나 하면, 이분은 미국 대통령으로서 2차 세계대전 말기, 노르망디 상륙작전의 한 축 아니었습니까? 아이젠하워 장군 그리고 윈스턴 처칠 영국 수상도 주역이었고요. 근데 한국의 수많은 교회 목사님이 설교할 때 무슨 얘기를 하냐면, 이 루즈벨트 대통령이 17시간 동안

문 걸어 잠그고 백악관 집무실에서 기도를 했다는 거야. 기도를 했더니 주님께서 응답하셔 가지고 노르망디 작전이 대성공했다!

김근수 7시간 아니고 17시간이요?

김용민 17시간. 7시간 동안 행불되신 분이 있다는 얘기는 들었습니다만, 이분은 기도를 한 겁니다. 김삼환 목사가 천연덕스럽게 그렇게 설교를 하더라고요. 그래서 내가 궁금해서 알아봤어요. 'Roosevelt' 영문으로 쓰고 한 칸 띄우고 '17hours' 이래 가지고 검색을 했는데 없어. 전혀 안 나와. 뭐 있을 거 아니야? 적어도 실제로 있었던 일이면. 그래서 찬찬히 봤더니 한글 사이트에만 그 내용이 있는 거야. 17시간을 미국에서 따로 표현하나 해서 아는 분한테 물어봤더니 그런 건 없다고 하더라고. '17hours' 아무리 찾아봐도 없다, 고로 거짓말이다 이렇게 할 수는 없는 거 아닙니까? 그래서 제가 루즈벨트 대통령 기념박물관에다가 메일을 보냈습니다.

이종우 영어로요?

김용민 영어 잘하는 분한테 부탁을 해서. 야, 근데 40분 만에 답장이 왔습니다. 답장이 뭐냐? "그런 일 없고요."

(모두 웃음)

김용민 새벽에 루즈벨트 부인이 "노르망디 작전 성공했답니다" 이렇게 전했고, 루즈벨트는 푹 자고 일어나 이튿날 아침에 회의를 했다. 17시간 동안 기도한 적은 없다. 마지막이 압권이었습니다. 뭐라고 했냐면, "루즈벨트 대통령은 독실한 기독교인이 아니다." 쐐기를 박는 "아니다" 이런 말씀을 보내왔습니다.

(모두 웃음)

김용민 상식적으로 생각해도 말이 안 되죠. 전쟁 중에 대통령이 17시간 동안 문 걸어 잠그고 있다? 게다가 그분이 장애가 있었습니다. 몸이 안 좋았어요.

우희종 그렇죠.

이종우 소아마비.

김용민 몸이 안 좋아서 이분이 병으로 세상을 떠난 거 아니겠습니까? 급서를 한 건데. 그게 말이 되냐 이거예요. 그런데 그렇게 천연덕스럽게 "기도의 능력으로 제2차 세계대전이 승전을 하게 되었다" 이렇게 얘기를 하니까 얼마나 기가 막힙니까?

김근수 승전 하니까 생각나는 게 있는데요, 노기남 대주교. 친일파였잖아요? 일본군이 승리하길 비는 시국 강연회도 했었고. 근데 해방이 되고 미국이 서울에 진주했잖아요. 그러니까 이번엔 미군 승전 만세를 불렀다고 하잖습니까.

(모두 웃음)

6장

친일, 누가 누가 잘했나

김활란과 친일 승려들의
눈부신 활약

2016년 1월 26일

이종우 얼마 전에2015년 12월 28일 우리나라와 일본이 일본군 '위안부'와 관련된 협상을 타결했습니다. 타결이 됐다고 주장을 하고 있죠. 근데 이 협상에 문제가 많죠. 특히 앞으로 더는 이 문제에 관해 말할 수 없게 만들어 놓았다는 것에 많은 비판을 받고 있는데요, 협상이 타결된 직후에 각 종교계에서 낸 성명이나 의견 같은 게 있습니까?

김근수 가톨릭에서는 1월 4일에 주교회의 산하 정의평화위원회 위원장 유흥식 주교 이름으로 성명서가 나왔습니다. 주요한 내용은 이렇습니다. "한일 협상 타결은 인간의 기본권을 경제, 외교 논리로 바꿔치기한 것이다. 일본의 진상 규명, 책임 규명을 소홀히 한 것이어서 '위안부' 인권을 다시 한번 짓밟아 버렸다. 일본 정부의 책임이 명시된 사과가 아니기 때문에 진정한 회개나 사과로 볼 수 없다. 그리고 역사와 인권에는 '최종적이다', '불가역적이다' 이런 말을 쓸 수 없다."이렇게 비판했습니다.

조계종이 아니라 '간계종'

◐ **이종우** 개신교 쪽에서는 무슨 성명 나온 거 있나요?

⊕ **김용민** 한기총, 한기총에서 갈라져 나온 한국교회연합, 그리고 대형 교회 목사들을 언론이 하도 씹어 대니까 이런 언론을 견제하기 위해 만든 한국교회언론회, 이 세 곳에서 입장을 내놨습니다. "잘했다. 옳다. 그렇게 가야 한다."

◐ **이종우** 네?

⊕ **김용민** 이번 합의를 "외교적 성과다"이렇게 표현을 했고, "1년 8개월 만에 타협했다. 중요한 성과다"이렇게까지 찬사를 보냈어요. "과거보다 진일보한 것이다"이런 평가도 있고, "'위안부' 문제를 풀어 갈 단초가 됐다"이렇게 얘기하기도 했고.

◐ **이종우** 하. 기가 막히고 코가 막힐 노릇이네요.

⊕ **김용민** 한국 정부의 노고도 격려했고요. 뭐 한 게 있다고 노고를 격려해.

◐ **이종우** 한국 정부의 노고를 왜 목사님들이 격려를 하는지 모르겠네. 불교 쪽에서는?

🔄 **우희종** 조계종단에서 표명한 공식 입장은 아직 없습니다. 침묵하고 있습니다. 눈치 보고 있는 거죠, 뭐.

🌀 **이종우** 왜요?

🔄 **우희종** 속내를 확 드러내서 "우리 종교, 조계종단은 대통령의, 이 정권의 결정에 무조건 승복합니다"고 말하기에는 그렇고. 그러니 복잡한 것이죠. 기자가 '위안부' 협상 문제를 어떻게 생각하느냐고 물으니까, 신년 기자회견 때쯤이면 뭔가 의견이 나오지 않겠느냐. 다만 '위안부' 문제에 대한 종단 의견이 담겨질지 안 담겨질지는 모르겠다는 말까지 했어요. 그래서 왜 그런지 다시 물으니까 "다양한 논의를 수렴하고 있어서다"고 해요. 아니, 무슨 다양한 논의를 수렴하겠다는 거야? 양두구육이라는 말이 있지 않습니까? 그 짓을 하는 거예요.

➕ **김용민** 조계종이 아니라 간을 보는 '간계종'이네요.

🌀 **이종우** (웃음)

➕ **김용민** 힘이 없고 수적으로 미미해서 그렇지, 아니 미미하다는 표현보다는 규모 면에서 파괴력이 없어서 그렇지 한국교회협의회KNCC는 '안 된다' 이런 입장을 분명히 했습니다. "'불가역적', '최종적' 우기지 말라" 이런 내용. 이 정도는 돼 줘야지.

💠 **김근수** 큰일이 생기면 나서서 성명 발표하기 좋아하는 조계종 화쟁위는 아무 말이 없으십니까?

🔄 **우희종** 조용하죠. 국민들한테 아름다운 모습 보여 줄 때는 나서지

만, 종단 차원에서 이런 일에 대해 입장 표명해야 할 때는 조용하신 분들이 많습니다.

➕ **김용민** 광 팔 때.

↩ **우희종** 예. 광 팔 때는 즉시 나타나요.

(모두 웃음)

➕ **김용민** 대한불교청년회대불청에서 '한국 정부, 일본에 외교적 굴복' 이런 내용의 성명을 냈던데, 대한불교청년회도 신도들 모임이죠?

↩ **우희종** 예. 여기서 얘기를 해도 될지 모르겠지만, 솔직히 말하면 대불청도 종단에 등록된 신도 단체로 종단으로부터 돈 지원을 받고 있습니다. 그래서 그동안 목소리를 못 냈습니다. 근데 총무원의 행태가 지나치니까 조금씩 '이래선 안 된다' 이런 의식을 갖기 시작한 것 같습니다. 용주사나 종단 비리 문제에 대해서도 서서히 목소리를 내면서 저희와 함께하고 있는 상황이죠.이 녹음 이후, 조계종단은 종단에 비판적인 언론 매체에 기고하거나 그런 곳과 인터뷰하는 승려와 신도를 징계하겠다는 입장을 발표했다. 그리고 2016년 6월 종단 신도 단체로서 대불청의 권리와 의무를 정지시켰다. 대불청은 만들어진 지 96년 된 단체였다.

🔵 **이종우** 여기서 '저희'라 함은 '바른불교재가모임'을 말씀하시는 거죠?

↩ **우희종** 예. '바른불교재가모임'을 포함한 종단 비판 재가 단체들.

정의 없는 용서는 사람을 두 번 죽이는 일

◐이종우 세 분 모두 이번 '위안부' 협상에 대해선 반대하실 텐데요, 반대하는 종교적 논리를 얘기해 볼 필요도 있을 것 같습니다. '위안부' 문제가 왜 종교적으로 문제가 되는 건가요?

◑김근수 용서나 화해는 피해자에게 제일 먼저 물어봐야 합니다. 가해자는 용서나 화해를 요청하거나 요구하거나 강요할 권리가 없습니다. 그저 가해자는 판결을 기다리는 피고 입장입니다. 그러니까 피해자가 마음을 너그럽게 먹어서 용서해 줄 수는 있어도 가해자가 '용서'라는 단어를 입 밖에 낼 수는 없습니다. 그런데 이번 협정 보면, 피해자 '위안부' 할머님들의 의견은 전혀 듣지 않았잖아요. 그래서 원천 무효라고 보는 겁니다.

◐이종우 용서와 화해는 가톨릭에서 굉장히 많이 강조되는 거잖아요.

◑김근수 용서와 화해는 반드시 정의를 거쳐야 됩니다. 정의로운 판결 없이 용서, 화해를 말하는 건 정말 사람을 두 번 죽이고 속이는 일이죠.

◔김용민 피해자들이 동의 못하는 그런 용서가 어디 있습니까? '위안부' 문제는 법적인 것뿐만 아니라 인간적·도의적 문제, 인류애적 문제까지 다 포괄을 해야 되는 겁니다. 박근혜 대통령도 그런 말 했잖아요? "피해자가 동의할 수 있는 합의여야 한다."

◐이종우 그런 얘기도 했어요?

🔁 **우희종** 그런 얘기 했어요.

✝ **김용민** 끊임없이 얘기했다고. 박근혜가 얘기했던 대원칙이 그거예요. 피해자가 동의를 해야 된다. 그런데 피해자한테 협상 경과 이런 거 보고도 안 했어. 휴일이라고. 빨간 날이라고. 저는 다른 어떤 종교보다도 개신교는 이 문제에 관한 한 정말 할 말이 없어요. 가톨릭도 그랬습니다마는, 당시 개신교 인사들이 얼마나 "'위안부'로 나가라. 그래서 충성하라"고 부추겼는지 모릅니다.

🔵 **김근수** 정의평화위원회가 이 협상을 비판하긴 했지만 저도 그런 점이 아쉬웠습니다. 일제 때 한국 가톨릭이 "일본 군대에 복무하라"고 설득을 했잖습니까. 가톨릭이 이런 것을 먼저 반성한 다음에 한일 협상을 비판해야 되는데, 지난날 과오에 대해선 한번도 언급이 없었다는 겁니다.

불사조 김활란

✝ **김용민** 특히 대표적인 개신교 인사인 김활란 박사이화여대 총장 역임. YWCA 창설. 금란교회 설립, 이 사람이 무슨 얘기를 했느냐? 정말 천인공노할 발언을 했습니다. 그러니까 조선의 어머니들한테 '지금 일본 땅에 있는, 이른바 본토의 어머니들은 자녀들을 전쟁에 내모는, 전쟁터로 내보내서 싸우게 하는 영광을 얻었다.' 전세가 위태로워지니

까 조선에 있는 남자들도 징병을 하려고 했던 거 아니겠어요? 그때 김활란이 뭐라고 설레발쳤냐면, '아, 우리에게도 이제 영광스러운 기회가 왔다. 너무나 영광스럽다. 행복하다. 영광이다.'

🌙 **이종우** 아휴, 진짜….

✝ **김용민** 《신시대》 1942년 12월 호에 실린 내용이에요. "이제야 기다리고 기다리던 징병제라는 커다란 감격이 왔다. … 지금까지 우리는 나라를 위해 귀한 아들을 즐겁게 전장으로 보내는 내지의 어머니…" '내지'는 어디입니까?

🌙 **이종우** 일본.

✝ **김용민** "내지의 어머니들을 늘 물끄러미 바라만 보고 있었다. … 그러나 반도 여성 자신들이 그 어머니, 그 아내가 된 것이다. … 이제 우리도 국민으로서 최대 책임을 다할 기회가 왔고, 그 책임을 다함으로써 진정한 황국신민으로서의 영광을 누리게 된 것이다." 이런 지랄을 하셨고요, 1943년 12월 25일 자 〈매일신보〉, 이게 나중에 〈서울신문〉이 된 거 아닙니까? 여기에서는 '남자에 지지 않게 황국 여성으로서 사명을 완수' 이런 제목의 글에서 "아세아 10억 민중의 운명을 결정할 중대한 결전이 바야흐로 최고조로 달한 이때, 어찌 여성인들 잠자코 구경만 할 수 있겠습니까. … 우리 학교가 앞으로 여자특별연성소 지도원 양성기관으로…" 이화여대를 말하는 것 같습니다.

🌙 **이종우** 그렇죠.

✚ **김용민** "여자특별연성소 지도원 양성기관으로 새로운 출발을 하게 된 것은 당연한 일인 동시에 생도들도 황국 여성으로서 다시없는 특전이라고 감격하고 있습니다." 여성들 보고 전쟁터 나가라고 한 건데 나가서 뭘 하겠습니까? 이유도 없이, 맥락도 없이 그냥 나라를 위해서 끌려 나간 열네 살, 열여섯 살 소녀들이 가서 뭐 했어요? 이 양반이 이런 소녀들을, 또 제자들을 '위안부'로 만들어 버린 거예요.

🌑 **이종우** 그리고 아예 자기가 몸담았던 학교를 그런 기관으로 만들어 버렸죠.

✚ **김용민** 아 근데 해방이 되었으니 얼마나 면구스럽습니까? 〈조선일보〉 사주 방응모도 창피하다 식의 입장 표명을 했는데, 김활란은 뭐라고 변명을 했느냐, 이게 참 압권입니다. "1944년 여름, 나는 그들에게 끌려서 징병 유세를 다녀야 했다. 내가 일본 정부에 의해서 고통을 받은 것은 헤아릴 수도 없는 것이었지만, 이때만큼 나의 심신을 그르쳐 놓은 사건은 없었다. 숨을 턱턱 막는 폭양과 그보다 더 기세등등한 감시와 강요 속에서 나는 살이 떨리고 양심이 질식할 징병 유세를 하지 않을 수 없었다. … 나는 그렇게 질질 끌려다니면서 그때까지 그렇게나 이화를 지켜보겠다고 바둥거리며 남아 있다가 이러한 일마저 하지 않을 수 없게 된 나의 처사를 거의 후회하기까지 했다."

(모두 웃음)

✚ **김용민** "비겁한 변명입니다." 이런 말이 생각나네요.

🌀 **우희종** 전형적인 논리가 등장하네요. 자기가 피해자고….

🌓 **이종우** 김용민 박사가 몇 차례 말씀하셨던 그 논리네요. "우리는 그렇게 해서 교회를 지켰다." 이 논리가 그대로 "나는 그렇게 해서 이대를 지켰다."

🌀 **우희종** 그리고 나는 피해자다.

🌓 **이종우** 네.

✴️ **김근수** 프랑스가 나치 독일에 점령되었다가 해방되었을 때, 드골 대통령은 나치 치하에서 나치에게 충성했던 프랑스 주교들을 전부 감옥에 집어넣으려고 그랬어요. 그중 일부만 해외로 추방하는 선에서 마무리됐는데, 전부 다 반성문 썼습니다.

✝️ **김용민** 프랑스는 이런 거 안 봐줬어요.

🌓 **이종우** 그렇죠. 변명도 안 통해.

✝️ **김용민** 근데 이승만 장로가 대통령 하던 시절에 김활란이 얼마나 설치고 다녔습니까? 3.15부정선거 터지고 전국 대학에서 들고일어나니까 당시 이대 총장으로서 서울에 있는 대학 총장을 모두 소집합니다. 그래 놓고는 "우리가 너무 아이들을 잘못 가르쳤다. 그래서 대통령 각하께 누를 끼치고 있다. 우리 지금 이 박사한테 가서 사과하자." 이 지랄을 떨었습니다. 4.19혁명 이후엔 잠잠하다가 박정희가 등장하니까 또 컴백을 합니다. 당시 미국이 박정희를 얼마나 이상하게 봤어요? '남로당 사건 연루된 사람 아니냐' 이런 의심이 있었을 때죠.

🔊 **이종우** 쫓아가서 변명을 했죠.

➕ **김용민** 활란이 누님이 경직이_{한경직 목사} 형하고 다 데리고 가서 "우리가 보증한다, 박정희. 믿을 만하다" 한 거예요. 이게 또 박정희한테 어필이 됩니다. 그 뒤부터 또 영광스러운 길을 걸으시다가, 60년대 베트남전쟁에 참전할 무렵에 또 이 지랄을 떱니다. "자유의 십자군이다." 참전 군인들이 "십자군"? 정확한 말이에요. 안 그런 참전 용사들도 있겠지마는, 베트남 가서 마을에 있는 여자들 모조리 강간하고 죽이고 불태우고…. 그런 곳이 한두 군데가 아니었어요. 그 사람들한테는 진짜 십자군 아닙니까? 중세 시대의 십자군.

🔊 **이종우** 그렇죠.

➕ **김용민** 김활란이 네이밍 하난 참 잘했어.

🔊 **이종우** 십자군이 했던 짓하고 거의 차이도 없고.

➕ **김용민** 얼마 전에 〈미디어몽구〉가 동영상을 올렸는데, 베트남 곳곳에 '한국군 증오비'가 있다고 합니다.

🔊 **이종우** 아휴.

"가톨릭은 교단 전체가 친일을 해서"

🔊 **이종우** 얘기하던 주제로 돌아가서, 우희종 교수님은 불교 신자로서 이번 협상에 대해 어떻게 생각하시나요?

🔁 **우희종** 아까 김근수 편집장님이 말씀하신 것과 비슷합니다. 편집장님 말씀처럼 용서라는 것은 정의라는 것이 전제될 때 가능하다고 봅니다. 불교 용어로 말하면 정의는 파사현정인데요, 파사현정이 이루어지고 난 다음에 화쟁이니 용서, 화합을 말할 수 있죠. 지금 조계종단에서는 '대단한 대승적 화합'이라고 말하고 싶을지 모르겠습니다.

늘 강조합니다만 정의나 이런 것들은 고통받는 사람 측에서 봐야 한다고 생각합니다. 특히 불교는 '고통'의 문제에 관심이 많은 종교잖아요. 고통받는 당사자를 외면하고 '화쟁이다', '좋은 게 좋은 거다'는 식의 논리로 계속 접근하기 때문에 여전히 종단 차원에서 얘기를 못하고 있는 거죠. 그러나 부처님의 가르침에 준해서 본다면 이번 협상은 당연히 잘못된 거고, 고통받고 있는 피해자분들과 함께 바른 길을 모색하는 선에 종단이 섰어야 한다고 봅니다.

🌐 **김근수** 1995년에 일본 가톨릭 주교회의가 종전 50주년을 맞아 발표한 선언문이 있습니다. '참회의 문건'이라는 건데, 문건 제목처럼 징병, '위안부' 문제에 대해 사과하고, 다시는 이런 일이 있어서는 안 되겠다고 고백을 합니다. 5년 뒤 2000년에 우리 한국 가톨릭도 이 비슷한 문건을 내놓습니다. 자신들의 잘못을 참회하고 회개한다고 발표한 내용입니다. '쇄신과 화해'란 제목의 문건인데, A4 용지 두 장 정도의 짧은 분량입니다. 여기서 일제 때 잘못한 내용은 딱 2.5줄이에요. 3줄도 안 돼요. 뭐라고 그랬냐. "한국 천주교회가 적극적 독

고통받는 당사자를 외면하고
'화쟁이다', '좋은 게 좋은 거다'는 식의 논리로
계속 접근하기 때문에 여전히 종단 차원에서
얘기를 못하고 있는 거죠.

우희종

립운동에 나서지 못한 것, 독립운동에 나선 신자들을 제지하였음에 대해 부끄럽게 생각한다." 이게 전부입니다. 더 재미있는 것은, 9년 뒤인 2009년에 민족문제연구소에서 《친일인명사전》을 발간합니다. 개신교 58명, 불교 54명, 가톨릭 7명이 그 명단에 올랐습니다. 가톨릭 7명 중에서 주교는 1명, 신부 4명, 신자 2명이에요. 민족문제연구소 관계자한테 가톨릭은 왜 이렇게 적으냐 물었더니 이런 답을 했답니다. "가톨릭은 교단 전체가 단체로 친일을 해서…."

(모두 웃음)

🔵 **이종우** 우열을 가릴 수 없다.

🟠 **김근수** "그냥 대표적인 사람만 뽑아 놓은 것이다." 이렇게 했는데, 어이없는 것은 서울대교구가 여기에 대해서 항의를 했다는 겁니다. 정말 기가 막힌 일이죠. 일본 가톨릭 주교회의는 '참회의 문건'으로 참회를 하는 판에. 이게 현재 한국 가톨릭의 실상이에요.

불상까지 전장에 바쳤노라 자랑한 승려

🟢 **우희종** 조계종단의 친일 행적도 결코 다른 종교에 뒤지지 않거든요.

🔵 **이종우** 그렇죠.

🟢 **우희종** 그런데도 참회, 아니 참회 비슷한 입장 표명을 했다는 걸 들어 본 적이 없습니다.

➕ **김용민** 개신교 쪽에서는 그래도 한국기독교장로회1953년 김재준 목사 등 이 중심이 돼 대한예수교장로회에서 분립한 한국의 프로테스탄트 교단. 총회 산하에 한신 대학교 등이 있다. 같은 경우에는 친일 행적에 대해 참회를 했어요. 실제 로 친일 역사가 흑역사로 남거든요. 한신대 뿌리가 조선신학교예요. 평양신학교1901년 평양에서 미국인 선교사 마포삼열[Samuel A Moffett]이 설립한 신학교. 한국장로교회의 첫 신학교는 신사참배를 거부했단 말이죠. 이 일로 폐교가 됐어요. 그래서 일제가 신학교를 또 만들었는데 그 학교가 바로 조선신학교였어요. 그러니까 한신대도 거슬러 올라가 보면 친 일적인 성격이 없지 않죠.

🌑 **이종우** 아, 그것도 재미있네요. 일제가 신학교를 만들었다는 거죠?

➕ **김용민** 일제의 뒷받침을 받으면서 김재준 목사 등이 밀어붙인 거고. 하여간 이런 흑역사를 후대가 모두 털어 버렸어요. 군부 독재 시기 에 민주화운동으로.

🌑 **이종우** 기장한국기독교장로회은 그렇게 털었는데, 다른 장로회 쪽은 어 떤가요?

➕ **김용민** 몇 군데는 아마 했을 겁니다. 근데 뭐 대다수는 당시 역사를 거론하는 것조차 싫어하죠.

🔵 **김근수** 신사참배를 거부한 개신교는 존경스럽지만 가톨릭은 신사참 배를 받아들였고 당연히 가서 했습니다. 노기남 대주교는 창씨개명 도 했고. 요즘 한국 가톨릭에서 6.25 한국전쟁 때 납북되거나 돌아 가신 분들 시복시성가톨릭에서 순교를 하였거나 특별히 덕행이 뛰어났던 사람들이

죽은 후에 복자(福者), 성인(혹은 성녀)으로 추대하는 것을 말한다. 복자로 추대하는 것을 시복(諡福), 성인으로 추대하는 것을 시성(諡聖)이라고 한다. 작업을 각 교구나 수도회별로 하고 있는데, 저 이거에 대해서 하고 싶은 말이 있습니다. 일제 강점기에 한국 가톨릭은 저항 운동을 한번도 해 본 일이 없습니다. 독립선언서에도 3.1운동 때에도 가톨릭 인사는 하나도 없고, 일제 강점기 동안에 순교한 신부, 수녀, 신자도 한 사람도 없습니다. 근데 서울대교구에서 안중근 의사에 대해선 시복시성 작업을 안 하고 있습니다.

이종우 그런데….

김근수 일제 강점기 시절 가톨릭의 친일 행각을 사과하고 청산하지 않고 훌쩍 건너뛰어 가지고 한국전쟁 때 분들을 시성시복 작업을 한다는 게 참 민망한 일이죠. 저는 가톨릭이 먼저 일제 때 친일 행위를 밝히고 친일 인사들의 행적을 고백해야 한다고 봅니다. 왜 한국전쟁 때 납북된 사람들을 지금 부각시키는지 그 의도를 이해할 수가 없어요. 잘못하고 있다고 생각합니다.

이종우 아, 얘기 나온 김에, 안중근 선생의 시복시성은 왜 안 되는 건가요?

김근수 서울대교구에서 아예 추진을 하지 않아요.

이종우 살인을 했기 때문에 안 된다는 거예요?

김근수 일언반구도 없습니다. 아예 언급이 없어요. 노기남 주교를 보호하려고 그러는 건지, 아니면 안중근을 부각시키면 상대적으로 가톨릭의 친일 행위가 더 부끄러워져서 그러는 건지 알 수가 없습니다.

우희종 친일의 맥을 이어서 그런 건지…. 도토리 키 재기일지 모르지만, 역시 불교에는 이웃 종교들이 따라오지를 못하는구나.

(모두 웃음)

우희종 불교 쪽에선 그냥 뭐 딱 한 예만 들어 보겠습니다. 대표적인 친일 승려로 권상로라는 분이 계신데, 이분이 동국대 초대 총장입니다. 이분이 1940년 《신불교》에 쓴 글을 보면, 승려들 (전장으로) 나가라 뭐 이런 건 기본이어서 여기서 언급할 것도 없고요, 전승을 위하여, 싸움에 이기기 위해서 성상까지 내어 바치는 것은 불교가 아니면 없을 일이다라고까지 합니다. 그러면서 그렇게 하지 않는 이웃 종교들이 후지다고 하죠. 그러니까 불상까지 다 전쟁터에 보내 무기를 만드는 데 기여했다고 자랑한 겁니다.

김근수 근데 여기서 가톨릭이 불교를 조금 앞설 수도 있을 것 같습니다.

우희종 아, 그렇습니까, 또?

김근수 저희는 명동성당의 종을 떼어다 바쳤어요.

(모두 웃음)

김근수 이것도 말씀드리지 않을 수가 없는데, 가톨릭에서는 일본군의 승리를 위해서 미사를 2만 9000번 드렸습니다.

이종우 진짜요?

🔴 **김근수** 예. 기록이 있습니다. 2만 9000번 미사를 드렸다. 전국적으로.

🟢 **우희종** 불교는 셀 수 없어요.

(모두 웃음)

친일, 누가 누가 잘했나

🔵 **이종우** 가톨릭은 굉장히 단일한 체제를 갖추고 있잖아요. 그 과정에서 일제의 영향도 많이 받았을 것 같거든요.

🔴 **김근수** 일제 때 교황청에서 일본은 국가로 인정했지만 한국은 인정 안 했습니다. 그래서 일본에 있던 주일 교황청 대사가 주한 교황청 대사도 겸했기 때문에 조선 가톨릭에서는 일본 가톨릭의 명령을 받아서 모든 걸 했습니다. 그러니까 일제 강점기 36년 동안에 저항 운동을 할 수가 없었습니다.

✝️ **김용민** 당시에 히틀러가 그랬듯이 일본에서도 종교기관이 국가 기관에 복속이 됩니다.

🔵 **이종우** 그렇죠.

✝️ **김용민** 불교도 그랬고 가톨릭도 그랬고 당연히 개신교도 그랬습니다.

🔵 **이종우** 그래서 유사종교라는 개념도 나왔었고.

✝️ **김용민** 교단이 너무 많으니까 관리하기 귀찮은 거야. 전두환이 TBC

동양방송하고 DBS동아방송를 KBS로 통폐합했듯이 일제가 교단을 다 통폐합을 했어요. 그게 외우기도 쉽습니다. 1945년 8월 1일에 장로교·성결교·감리교 등을 '조선기독교단'으로 통폐합을 해 버렸어요. 국가 기구가 됐으니까.

이것에 대해 저항도 안 했던 걸 보면, 뭐 일제의 위압 앞에 무릎을 다 꿇었단 얘기고요. 지금도 교우회의에서 상당히 추앙받고 지지를 받는 인사들, 예를 들면 종교교회 양주삼 목사나, 감리교의 아버지고 성결교의 아버지로 불리는 이명직 목사, 장로교의 아버지 홍택기 목사, 이 사람들 모두가 정말 민망하고 부끄럽기 이를 데 없을 겁니다. 친일을 했던 사람들이거든요. 그러니까 거의 다 했다고 해도 과언이 아닌 거예요.

◑이종우 개신교에서는 거의 다 친일을 했다고 봐도 과언이 아니다?

◐김용민 뭐 양주삼 목사 같은 경우에는 "기독교인들은 종교인이기에 앞서서 국민"이라면서 신사참배를 찬성했고, 해방 이후에는 "출옥 교인이나 그렇지 않은 교인이나 고생하기는 마찬가지" 이랬죠. 뭐 합의했나 봐. 이 논리로 밀고 가기로.

◑이종우 이야, 참.

◐김용민 정춘수. 이 사람은 악질입니다. 3.1운동 당시 33인으로 분류가 됐는데 그래서 아직도 수많은 교회에서는 민족지사로 분류를 해요. 이 사람이 이후에 했던 일을 생각해 봐야지. "내선일체에 순응하라" "신사참배 하라" 이랬다고요. 나중에 반민특위에 체포되기도 했

습니다만. 그런 정말 부끄럽기 이를 데 없는 이력이 있고. 이명직. 이 사람은 하드코어입니다.

(모두 웃음)

✚ **김용민** 1938년에 사회주의를 "붉은 용"이라고 표현하면서 "사회주의에 경도되는 것보다 일제에 협력하는 것이 더 낫다" 이랬죠. 당시 사회주의는 미국하고 손잡고 일제, 히틀러와 맞서 싸웠거든요. 당시에 기독교인들 중에도 만주를 비롯한 중국 땅에서 사회주의의 이름을 걸고 광복 투쟁을 벌인 분들이 많고요. 근데 사회주의를 추종하느니 차라리 일제에 부역하는 것이 낫다는 얘기를 노골적으로 하면서 이 노선을 취했단 말이죠.

卍 **우희종** 아. 불교 쪽 분들은 친일 행위에 자긍심이 엄청 컸습니다. 대표적으로 용주사 주지기도 했던 강대련 얘기를 하고 싶은데요, 이분은 뭐 나중엔 비행기 살 돈 마련하느라고 돈도 걷고 별짓을 다 했습니다. 불교 자체를 받들어서 일본에 주고자 했던 사람이죠. 근데 이분 주장이 아주 다양해요. 전쟁 나가자 이런 것뿐 아니라 한국의 중들은 모두 일본 여성, 되도록이면 좋은 가정의 여성과 결혼해서 나라를 위해서 힘쓰자. 이런 재미있는 주장도 했습니다.

◑ **이종우** 참고로 당시엔 일본 불교의 영향을 받아서 기혼승들이 인정이 되는 분위기였죠.

卍 **우희종** 그렇죠.

◑ **이종우** 그래서 그런 얘기가 나왔던 거죠?

☯ **우희종** 예. 그전에는 당연히 사대문 안으론 못 들어왔으니까 기혼이냐 아니냐를 따질 필요가 없었고요. 근데 이분이 '명고축출鳴鼓逐出'이란 것을 당했어요. 스스로 등에 진 북을 둥둥둥 울리면서 '나 나쁜 놈입니다' 이러면서 종로 거리를 걸었단 말이죠. 그럼 부끄러워해야 될 거 아니에요. 근데 이 일 이후로 자신을 '명고산인'이라고 부릅니다. "내가 나라를 위해서 이렇게 노력하고 있는데 저런 지질한 놈들한테 이런 명고축출까지 당했다. 이 얼마나 영예로운 일이냐." 이럽니다.

✚ **김용민** 확신범이네 완전히.

☯ **우희종** 그러니까 당시에 친일 하던 불교계 인사들은 확신과 명예심 이런 것들을 가지고 임한 겁니다. 마음가짐이 그러니 뭘 했는지는 중요한 게 아니죠.

◐ **이종우** 가톨릭, 개신교, 불교가 서로 자기들이 가장 친일파라고 자랑을 했는데도 영 승부가 안 나네요. 일제 이후의 시대로 언제 넘어가 봐야 할 것 같습니다.

(모두 웃음)

✿ **김근수** 잠깐 이어서 하나 얘기하면, 해방되고 우리 남한의 초대 군정장관이 아놀드 장군이었는데, 이 사람이 가톨릭 신자였습니다.

◐ **이종우** 아 그래요?

✿ **김근수** 그래서 이 사람 쪽으로 노기남 주교가 달라붙고, 이승만 쪽으로는 개신교가 붙었죠. 이들이 해방 정국에서 친일 문제를 덮어

버린 겁니다. 그러면서 권력의 핵심으로 들어갔고요.

모두　　아.

🔵 **김근수** 이후에 한국 가톨릭 주교회의가 박정희, 전두환 시대에 어떤 일을 했는지 제가 밝히고 싶습니다. 5.16쿠데타가 나니까 박정희 씨가 '재건국민운동'이라는 운동을 펼쳤어요. 전두환 때 삼청교육대와 비슷한 양상이죠. 재건국민운동본부를 만들었는데, 여기에 서울대교구가 가입했어요. 5.16쿠데타를 지지한 거죠. 전두환이 국보위^{국가}보위비상대책위원회를 만들었을 때는 '천주교중앙협의회'라고 주교회의의 협의회가 자랑스럽게 가입을 했습니다. 그런데 이것에 대해 한국 주교회의는 지금까지 한번도 반성이나 사과를 해 본 적이 없습니다.

🔵 **김용민** 근데 김수환 추기경은 그때 입장이 없었습니까?

🔵 **김근수** 개인적으로는 반대했지만, 주교 모임에서는 싹 찬성을 해 버린 거예요. 근데 이거에 대해서 한번도 반성을 해 본 일이 없어요. 사과도 안 했고. 2000년에 교황 요한 바오로 2세가 로마 가톨릭교회의 잘못을 고백하는 선언을 발표했습니다. 같은 해 한국 가톨릭 주교회의도 사과 선언을 했어요. 그 선언에서도 전두환을 지지한 이 사건에 대한 뚜렷한 언급은 없었어요.

자기반성은 자기완성의 길

💧 **이종우** 종교가 권력에 빌붙어 행한 일들은 해도 해도 끝이 없는 것 같습니다. 다시 '위안부' 문제로 돌아가서, 김근수 편집장님은 혹시 수요집회 가신 적이 있습니까?

🕊 **김근수** 예.

💧 **이종우** 종교단체들도 있던가요?

🕊 **김근수** 개인적으로 참여한 분은 여기저기 눈에 띄긴 했는데, 종교단체 이름이 적힌 피켓은 거의 못 봤습니다.

✝ **김용민** 개신교 쪽에서 꾸준히 활동하는 분으로는 홍순관 선생이 있습니다. 원래 복음성가 가수였어요. 물론 여느 복음성가 가수들하고는 격이 다른 분이라고 생각합니다만, '사회적 복음'을 실천하는 차원에서 현장에서 노래를 많이 하세요. 참 배울 게 많은 좋은 분입니다.

💧 **이종우** 불교 쪽에서는 혹시 없죠?

卍 **우희종** 네. 없습니다.

✝ **김용민** 자승스님이 거기 참석한다면 어떨까요?

卍 **우희종** (크게 웃음) 그건 상상조차 전 못하겠고. 참신한 질문이네요.

🕊 **김근수** 근데 자승스님처럼 정치력이 대단한 분은 본심을 감추고 제스처는 충분히 취할 수 있지 않을까요?

卍 **우희종** 그럴 수도 있죠. 그런데 '다른 가족들' 보호하느라 바빠서 거

기까지 못 오시는 것 같습니다.

◉ **김근수** 수요집회 갔을 때 정말 저희 어머니, 누이, 딸이 고통당하는 것처럼 마음이 아팠습니다. 세월호 가족들 볼 때의 심정과 비슷했습니다.

◐ **이종우** 이 시점에서 엄마부대봉사단 대표 말이 생각나네요. 당신 딸이 '위안부'였어도 일본을 용서했겠느냐 하니까 그랬을 거라고 대답했잖아요.

✛ **김용민** 장애인 자식을 둔 엄마 아빠들은요, 자기 자식을 장애인이라고 얘기하지 않습니다. 마찬가지로 자기 딸의 아픔에 대해서 그렇게 쉽게 얘기할 수 있는 사람은 엄마가 아닌 거예요. 엄마 아니야. 그런 엄마는 세상에 없어.

◐ **이종우** 그렇게 해서라도 뭔가 얻고 싶은 게 있어서 그러는 걸까요?

₪ **우희종** 어버이연합에서도 보이듯이 각종 지원을 받고 있잖아요. 틈만 생기면 국회로 진출할 수 있을 거다 생각하고 있고.

◐ **이종우** 마지막으로 공통 질문 하나 드리겠습니다. 왜 종교계는 이번 '위안부' 협상 문제를 비롯해서 친일 문제에 침묵하는 걸까요?

₪ **우희종** 일단 불교는 가톨릭이나 다른 종교와는 전혀 다른 길을 걸어왔어요. 불교의 흐름이 일제 때 단절되다시피 했거든요. 다시 말해서 조계종단이 출범한 게 60년대예요. 조선 시대가 막을 내리면서 일제 강점기를 경험하고 그러면서 우왕좌왕만 했어요. 사실 종교적인 역사성과 맥이 없어요. 그렇다 보니까 친일 관련된 문제가 자

기들 문제라고 인식도 못하고 있습니다. 조계종단은 보조국사, 호국 뭐 이런 얘기 주르륵 외우지만, 실상은 과거 한국 불교계의 유명 업적이나 스님들과의 연결을 강조하는 신생 종파에 불과할지도 모릅니다.

🌀 **이종우** 법맥을 좌르르 읊으면서 얘기하죠.

🕎 **우희종** 네네네. 근데 사실 지금의 조계종단은 뿌리 없는 종단입니다. 종단 자체가 그렇기 때문에 친일에 대한 역사의식 자체가 성립될 수 없는 건 분명하고요. 그리고 60년대에 조계종단 만들 때 철저하게 정치권력에 의존했습니다. 그렇기 때문에 이번 '위안부' 문제에 대해서도 정부 눈치를 보면서 침묵할 수밖에 없는 겁니다.

🌀 **이종우** 조계종단 얘기할 때 대표적으로 얘기하는 사람이 서산대사, 사명당이잖아요. 호국불교를 보여 주신 분들이고. 이런 분들의 대를 이으려면 제대로 된 애국적인 행위를 해야지 다른 사람들도 '아, 저 사람들이 법맥을 이으려고 나름대로 노력을 하는구나' 그런 생각을 하지 않을까 싶어요.

🕎 **우희종** 한 가지 지적해야 할 게 있는데요, 부처님의 가르침에 호국불교는 존재하지 않습니다. 부처님이 당시에 자신의 동족인 석가족이 외부 세력에 멸망당하는 것도 받아들이는 이야기가 있습니다.

🌀 **이종우** 아, 그래요?

🕎 **우희종** 그런데 일제 강점기 때 친일 행위는 철저히 호국불교의 맥락에 있죠. 다시 말해서, 국가 권력이 유지되는 데 자신들이 기여를 하

고, 그럼으로써 입지를 다졌다면 그건 아까 말씀하신 김활란 씨 사례와 똑같은 거죠. 근데 요즘 조계종단이 호국불교를 긍정적으로 재조명하려고 합니다. 부끄러운 자기 모습을 반성하기는커녕 그 모습을 정통성의 근거로 삼으려 노력하는 추한 행태죠. 저는 그렇게 생각합니다.

◐ 이종우 저도 호국불교란 말에 굉장히 반대하는 글을 썼던 적이 있습니다. 팟캐스트 〈투돼지쇼〉 진행하던 시절에 이런 얘길 한번 했다가 악플에 시달리기도 했고요. 악플이 굉장히 많이 달렸는데, 뭐 텍사스 소 떼처럼 몰려왔죠.

(모두 웃음)

◐ 이종우 김근수 편집장님, 가톨릭은 왜 침묵하고 있죠?

◑ 김근수 가톨릭은 친일 행적이 너무 많아서 두려워 말을 못하는 거죠. 프란치스코 교황이 아르헨티나 주교회의 의장이었을 때, 1976년에서 83년 군부 독재 시절 아르헨티나 가톨릭의 잘못을 네 번이나 사과하면서 이런 말을 했어요. "교회 자료를 다 공개하겠다. 친독재 활동에 가담했던 교회 자료를 다 공개하겠다." 한국 가톨릭도 친일 행적을 한 가톨릭 인사들과 친일 관련 자료 이런 걸 국민에게 다 공개를 해야 맞아요. 근데 두려워서 아직도 공개를 못하고 있는 거예요. 너무 부끄러우니까.

◑ 김용민 2007년 노무현 정부 마지막 해에 KBS가 6월항쟁 20주년 기념으로 5공화국 시절 땡전뉴스⁵공화국 당시 주요 지상파 방송 9시 뉴스에 붙여

저도 호국불교란 말에 굉장히 반대하는 글을 썼던 적이 있습니다.
팟캐스트 〈투돼지쇼〉 진행하던 시절에
이런 얘길 한번 했다가 악플에 시달리기도 했고요.
악플이 굉장히 많이 달렸는데, 뭐 텍사스 소 떼처럼 몰려왔죠.

이종우

진 이름. 시보를 알리는 "땡" 직후 앵커 멘트가 "전두환 대통령은~"으로 시작되었다.를 했던 자신들을 반성적으로 참회하면서 당시 필름을 보여 준 일이 있어요. 저는 이 기획에 상당한 묵시적 의미가 담겨 있었다고 봅니다. 그 다음 해에 새누리당한테 정권이 넘어갈 게 확실시되던 터라 '(앞으로) 이런 비판적 자기 성찰을 하는 기획은 보기 힘들 것이다, 그리고 이런 땡전뉴스 식의 방송이 부활할 것이다'고 시청자에게 암시했다고 판단되거든요.

🌑 **이종우** 아, 마지막 불꽃을 태웠군요.

✝ **김용민** 진짜 자기 얼굴에 침 뱉는 거 아닙니까? 뭐 '전두환이 비행기 타고 오니까 비가 그쳤다', '미국에 당도한 순간부터 단비가 내렸다' 천기를 조절하는 위대한 지도자로 묘사하고. 하여튼 5공 시절 부끄러운 자기들 역사를 KBS가 낱낱이 고백을 했단 말이죠. 이건 뭘까? 자기 과거를 부인하고 부정하고 훼손하려는 것일까? 아니죠. 아니, 세상 어느 조직이 완벽합니까? 어디에나 다 흑역사는 있는 법입니다. 그릇된 역사를 반성하고 그 토대 위에서 성공, 성장을 해 오는 것 아니겠습니까? 자기 과오를 공개하고 고백하는 것이 얼마나 위대한 결단이고 행동입니까? 사람이 만든 조직인 종교, 교단 여기서도 당연히 그래야 합니다. 근데 우리 종교 지도자들을 보면 KBS만큼의 용기도 없고 성찰도 없는 것 같습니다. 왜 그런가 봤더니, 자기들이, 인간이 만든 종교기관인데도 거기에 신적인 권위를 부여하는 거예요.

모두　음.

✚**김용민** '여기는 틀린 역사가 없다. 잘못된 역사가 없다. 행여나 논란은 있을 수 있어도 우리는 정도를 걸어왔다.' 이런 쓸데없는, 아무 의미 없는, 무가치한 독선에 빠져 있는 것이죠. 과거를 왜 인정하지 못하느냐? 인정하는 순간 '우리는 오류가 있는 조직이다' 이렇게 되니까. '성서 무오류설' 이런 게 왜 나오겠어요? 성서도 인간이 만든 책 아닙니까.

☀**이종우** 조계종 무오류설도 뭐 있는 거나 다름없죠.

☯**우희종** (웃음)

✚**김용민** 자승 무오류설.

(모두 웃음)

✚**김용민** 그러니까 우리는 인간이고, 당연히 오류가 있을 수 있다는 점을 자각하고 반성할 줄 아는 그런 자세가 필요하다. 이게 진정 신을 의지하고 신께 순종하는 자들의 본령이라고 생각합니다.

✦**김근수** 저는 종교가 가장 아름다운 순간이 자기반성에 충실할 때라고 생각합니다.

☯**우희종** 네. 동감합니다.

✚**김용민** 교황님이 바로 그런 경우 아닙니까?

☯**우희종** 그렇죠.

✚**김용민** 교회 역사를 직시하면서 잘못된 역사도 있었다고 얘기하는 모습 얼마나 멋있어요? 이건 자기를 부정하는 것이 아니라 자기를

완성하는 거라고 생각을 합니다.

모두 그렇죠.

🌙 **이종우** 그러니까 종교다운 모습이 아니라면, 좀 인간다운 모습이라도 보여 주길 바라면서 오늘 방송 마무리 짓도록 하겠습니다.

모두 감사합니다.

7장

유아독존 내 종교

국회에서 벌어진 굿판, 좌절된 할랄푸드 단지

2016년 3월 4일

이종우 오늘 방송엔 한 분이 더 오셨습니다. 원음방송 원불교에서 만든 방송 매체. 현재 라디오와 텔레비전을 일부 지역에 송출하고 있다.의 김은도 PD님인데요, 안녕하세요?

모두 안녕하세요? 어서 오세요.

김은도 네, 안녕하세요? 은혜 은恩 자에, 길 도道 자, 김은도입니다.

이종우 저는 개인적으로 은칼 PD라고 부릅니다.

김은도 초등학교 때 들었던 별명입니다.

이종우 아, 제 농담 수준이…. (웃음) 일단, 김은도 PD님이라고 부르는 게 편하세요, 아니면 김은도 교무님이라고 부르는 게 편하세요?

김은도 PD가 편합니다.

이종우 교무이신 건 맞죠?

김은도   그렇죠. 네.

이종우 저희 방송이 개불릭이라고, 개신교, 불교, 가톨릭에 대해 주로 얘기하는 방송인데 오늘 처음으로 다른 이웃 종교인 원불교 성직자분을 모셨습니다. 그러면 먼저 원음방송에서 어떤 방송을 담당하고 계신지 말씀해 주시면 좋을 것 같습니다.

김은도   지금은 '종교토론 소수의견'이라는 TV 프로그램을 맡고 있습니다. 조금 왼쪽으로 가 계신 성직자분들 모시고 청년 세대의 이슈와 고민에 대해서 얘기 나누는 프로그램인데요, 연초라 사장님이 일정에 쫓기고 그렇다 보니까 제 기획안을 커트할 만한 시간적 여유가 없으셨죠.

우희종 (웃음)

김은도   그래서 지금 무사히 오늘 13회까지 편집하고 왔습니다.

이종우 그 방송 진행 누가 합니까?

김은도   아, 제가 좋아하는 대한민국 최고의 종교학자 중의 한… 명이 될… 수도 있는 이종우 박사님이….

버럭 한 프란치스코 교황

이종우 네, 제가 진행하는 '소수의견'을 제작하시는 PD님 겸 원불교 교무님이 이 자리에 함께 계십니다. 일단은 최근 종교계 소식을 나누는 시간을 갖도록 하겠습니다. 김근수 편집장님, 교황께서 간만에 화를 내셨다고.

김근수 네. 아마 프란치스코 교황 평생 80년 만에 처음 화내신 것 같아요. 몸이 불편한 사람들을 가까이서 보고 계셨는데, 주위에서 교황의 옷자락을 잡으려고 한 사람이 많지 않았겠어요? 친한 표시로. 근데 움켜잡으려던 것이 그만 잘못돼서 교황을 앞으로 밀치는 형국이 돼 버린 겁니다. 그래서 앞쪽에 있던 휠체어에 앉아 있던 장애인 분이 교황과 부딪혀 좀 다칠 뻔했어요. 그 순간 프란치스코 교황이 버럭 화를 내신 거죠. "밀치지 마세요. 자칫 잘못하면 다칠 뻔했잖소." 그 장면이 카메라에 딱 잡힌 겁니다.

김은도 저는 되게 감동받았는데…. 약자를 위해서 그렇게 화를 낼 수 있는 분.

김근수 당연하죠. 저도 그 말 하고 싶었는데요.

(모두 웃음)

김은도 제가 해 드려야 될 것 같아서….

이종우 예전에 빌리 조엘 내한 콘서트 보러 갔을 때 빌리 조엘이 갑자기 화를 낸 일이 있습니다. 빌리 조엘이 객석 가까운 곳으로 나와서 노래를 부르니까 사람들이 앞으로 확 몰려든 거예요. 손 한번 잡아 보고 악수 한번 하려고. 근데 경호원들이 제지를 한 거죠. 그랬더니 빌리 조엘이 경호원들한테 화를 냈어요. 아니 내 팬들인데 왜 너희들이 갑자기 막느냐. 그러면서 다 한번씩 손 잡아 주고 악수도 하고. 어떻게 보면 교황 같은 전문 종교인이라면 당연히 약자를 먼저 생각해야 하는 거 아닌가 싶네요. 이런 건 불교라고 예외는 아닐 것 같은데요.

↩ **우희종** 그럼요. 근데 조계종단은 늘 약자의 등에 빨대 꽂고 돈만 보면서 살다 보니까 그런 생각이 별로 없습니다.

(모두 웃음)

야매 목사의 활약

◐ **이종우** 또 약자의 등에 칼 꽂은 사건이 뭐 있었나요?

↩ **우희종** 예. 요즘 뭐 일반 매체에서도 언급되고 있습니다만, 사설에까지 등장하고. 동국대부속고등학교 얘기입니다. 사회 수업 시간에 드라마 〈송곳〉을 보여 준 교사를 전보하고, 또 동료 교사들한테 세월호 1주기 집회에 함께 가자고 메일을 보냈다고 그냥 전보하고. 그래서 지금 조계사, 동국대 앞에서 학부모, 교사들이 계속 항의하고 있고요, 또 전교조 교사분들은 서명 운동을 펼치고 있습니다. 8000명 이상 서명했다고 합니다. 이런 거 보면 현 조계종단이 얼마나 통치 권력에 아부하려고 하는지를 알 수 있습니다. 아주 상징적인 사건이죠.

◐ **이종우** 동대부고면 동국대랑 재단 이사진이 같을 텐데, 이번 일에

대해 뭐라고 반응을 한 게 있나요?

🔃 **우희종** 뭐 늘 하는 게 그거죠. '절차상 하자 없다.' '형식에 다 맞췄다.' 하지만 국가가 책임을 다하지 못한 세월호 사건에 대해선 당연히 교사와 자라나는 세대들이 공유하고 그것을 통해 어떻게 우리 사회를 제대로 바로잡을 것인가를 함께 고민해야 하는 거 아닌가요? 그런 의식을 가진 선생님을 전보를 한다는 건 진짜 비상식적이죠.

🌑 **이종우** 거기다가 조계종 같은 경우에는 스스로가 남방불교를 소승이라고 폄하할 정도로 대승을 지향하잖아요.

🔃 **우희종** 저희 바른불교재가모임 출범할 때, 이곳의 김용민 선생도 오셔서 퍽 좋은 얘기 해 주셨고 정봉주 전 의원도 와서 조계종단이 세월호 사건을 위해 과연 뭘 했느냐 했었습니다. 이 말에 조계종단이 발끈했습니다. "우리 세월호 때 무지 일을 많이 했다" 그러면서 "왜 우리보고 일을 안 했다고 그러냐" 했는데, 이런 조계종단이 세월호 얘기했다고 선생님을 전보한다는 게 말이 됩니까? 이 사람들이 얼마나 이율배반적인지 보여 준 또 하나의 방증이라고 봅니다. 한편 좋은 일을 했어도 그런 일을 했다는 생각마저 없어야 한다고 강조하는 게 불교의 가르침인데, 해남 미황사의 금강스님은 자신의 페이스북에 이런 내용의 글을 남겼다. 자신은 세월호 참사 때 열심히 봉사했는데 종단이 아무 일도 안 했다는 정봉주 씨 말을 듣고는 서운해서 밤잠을 설쳤다는 게 주 내용이었다.

🌑 **이종우** 김용민 박사님, 사랑의교회 오정현 목사 얘기가 다시 나오던

데 무슨 일인가요?

✛ **김용민** 얼마 전에 오정현 목사가 사실상 재판에 회부가 됐습니다. 목사 자격이 없는데 목사를 사칭하고 다닌 것 아니냐 이게 주 내용이에요. '당신 목사 아니니까 목사 그만둬' 이런 판결이 나지는 않았지만, 그가 목사라고 주장했던 근거들, 이 근거들에 대해서 법원이 인정은 하지 않았어요. '이 사람이 목사고 아니고의 문제는 법원이 판단할 문제가 아니다.' 하지만 판결을 안 했을 뿐이지 법원이 가린 진실은 쉽게 말하면 이거예요. '오정현 씨는 목사 자격이 없다.'

김은도 자체적으로 부활을 하신 거군요.

(모두 웃음)

✛ **김용민** 뭐 그렇게까지는 아니고. 일단 목사가 되려면 합동 교단에서는 이렇습니다. 우선, 전도사가 되겠죠? 그 다음 강도사가 됩니다. 강도사를 기장 같은 데서는 '준목'이라고 하죠. 오정현 씨가 강도사로 미국에서 활동했다는데, 이게 목사 후보생으로서가 아닌 평신도로서 잠깐 설교를 한 정도입니다. 그러니까 쉽게 얘기하면 이런 거죠. 비유가 적절한지는 모르겠습니다마는, 아무개 대학교를 나와야 하는데 아무개 대학교 사회교육원을 나오고 그 대학을 나왔다 이렇게 얘기하는 거죠. 여하간 목회자 코스가 아닌 다른 코스로 활동한 이력을 안고 목사가 됐으니 이거는 구라다, 가라다, 이런 얘기입니다.

◐ **이종우** 뭐 그런 경우 많죠. 대학교에서도 학위가 없는데 갑자기 교수가 되는 사람도 있고.

✞ **김용민** 근데 옛날에는 진짜 그런 일이 많았어요. 박사 학위가 없는데 어디서 그렇게 잘 만들어 와 가지고. 옛날에는 전산 시스템도 없었고 확인, 인증 이런 것도 쉽지 않았으니까. 특히 뭐 전란을 겪으면 수많은 가짜들이 막 나옵니다. 전쟁 중에 학교가 파괴되어 없어졌다.

卍 **우희종** 그렇죠.

☾ **이종우** 그럼 앞으로 오정현 목사는 어떻게 되는 건가요?

✞ **김용민** 어떻게 되기는요, 전혀 영향이 없죠. 교단에서 나서서 '우리가 공정하고 원칙에 맞게 판단해 줄게. 오정현, 당신 왜 구라 쳤어?' 하고 목사직을 박탈한다든지 이래야 하는데 아니, 뭐 전병욱도 주님의 사랑으로 덮어 준 예장 합'똥' 아닙니까? 사랑의교회, 그 큰 교회의 오정현을 어떻게 날려?

☾ **이종우** 참. 사랑이 넘치는 개신교네요.

✞ **김용민** 근데 이런 하해와도 같은 사랑의 수혜자인 오정현 목사는 최근에 반대파 장로들을 출교를 하다시피 했어.

卍 **우희종** 멋있네요.

✞ **김용민** 멋있죠? 아주 기승전결이 있지 않습니까?

卍 **우희종** (완벽한) 한 편의 드라마.

✞ **김용민** (웃음)

卍 **우희종** 종단도 비슷합니다. 목 좋은 본사 주지가 되려고 투표권자들을 돈으로 매수하고 그러거든요.

✝ **김용민** 아, 목 좋은 주지. 본사 주지. 이게 바로 사랑의교회 담임목사죠.

卍 **우희종** 예. 투표권자들을 돈으로 매수한 스님을 사법부로 보내면, 사법부에서는 '돈 선거의 증거는 다 있다. 그러나 이건 특정 종교 내의 일이기 때문에 그쪽에서 징계할 일이지 우리가 할 일은 아니다' 이렇게 해서 결국 거의 무죄로 나와요. 이 사람들이 '나 무죄 받았다'고 떠들고 다니면, 종단에서 종단법에 의거해서 그걸 처벌해야 되잖아요? 근데 처벌 안 해요. 이해해요. 자기들 꼬붕이니까. 목 좋은 곳에 자기 사람을 심어 놓은 거니까.

✝ **김용민** (웃음) 노회개신교단은 중앙본부 조직으로 총회를 두고 있고, 총회 산하에 지역 단위로 소총회를 두고 있다. 이 소총회를 장로교단에서는 노회, 감리교단에서는 연회라 한다.도 마찬가집니다. 노회에서 장로의 힘이 세긴 해도, 그래 봐야 담임목사의 힘 아래에 있죠. 그리고 노회가 공공성을 띠는 국가 기관 같아서 아주 추상같고 법률에 의해 움직이는 그런 법치주의 시스템을 갖추고 있지도 않잖아요? 다 아시는 얘기잖아요.

🐘 **김근수** 이제는 종교나 학문의 세계에서나 정치에서나 옳고 그름을 사람들이 그다지 중요하다고 여기지 않는 것 같아요. 누가 힘을 쥐었느냐, 누가 더 유리한가 이런 걸 주로 보지. 옳고 그름은 따지지 않는 그런 세태가 된 것 같습니다.

✝ **김용민** 법원에서 판단해 주지 않으니까. 이거 완전 면죄를 받는 거예요.

◐ **이종우** 저희의 옳고 그름은 청취자분들이 판단을 하실 것 같고요, 감리교신학대학교 재학생이 학교 상황이 더 안 좋아지고 있다고 댓글을 달아 주셨습니다. 이사장이 자신을 지지하는 교수에게 특혜를 주고 학교법인 명의의 건물 임대료를 불투명하게 관리하는 등의 문제가 불거졌다. 총학생회와 교수들이 이사장의 퇴진을 요구했다. 이사진에서는 총학생회와 교수들을 고소했으나, 무혐의 처분을 받았다. 결국 이사장은 퇴진했지만, 2016년 8월 현재까지 총장이 선출되지 않는 등 혼란은 계속되고 있다. 참 걱정입니다.

◑ **우희종** 걱정이죠. 거기 동국대하고 상황이 똑같아요.

◐ **이종우** 교무님, 원광대는 뭐 별일 없습니까?

김은도 아, 네. 아직까진 별일 없을 겁니다.

◐ **이종우** 서강대와 가톨릭대는 괜찮습니까 현재까지?

◑ **김근수** 거기는 뭐 정보를 틀어막는 동네라 외부인들이 알 방법이 없습니다.

김은도 저희도 마찬가지죠. 있긴 할 텐데 오픈이 안 되니까.

기도로 시작된 나라에서 굿판이라니!

◐ **이종우** 얼마 전 일인데요. 2월 초에 〈국민일보〉에서 대대적으로 보도를 했습니다. 국회 안에서 굿판을 벌인 일입니다. 방송 전에 김근수 편집장님과 이 일에 대해 잠깐 얘기를 나누었는데요, 다시 말씀

해 주시면 좋을 것 같습니다.

🔵 **김근수** 이전에 국회 안에서 가톨릭이나 불교나 개신교 의식이 있었다면 이번에 굿한 것을 나무랄 일은 아니라고 생각합니다. 종교의 형평성이 있기 때문에. 개신교에서는 국가 원수를 위한 조찬기도회를 수십 년간 해 왔잖습니까. 사실 이게 더 큰 거 아닙니까? 이번 굿이 나라에 얼마나 해를 줬는지는 모르지만 뭐라고 하기 전에 각 종교가 먼저 국회나 청와대에서 자신들이 어떤 종교 행위를 했는가를 돌아보는 게 순서가 아닌가 싶습니다.

🔵 **이종우** 〈국민일보〉 기사 보니까, 새누리당 종교위원장이 주선했고, 국회의원회관 소회의실에서 한 시간 가까이 재수굿을 벌였습니다. 굿은 한국역술인협회에서 했네요. 이에 대해 한국교회언론회에서 구한말 명성왕후가 굿에 빠져 국가 재정을 고갈시키고 국법 질서를 문란케 해서 결국 국가를 일본에 내주지 않았느냐면서 대한민국 제헌국회는 하나님께 감사 기도를 드리는 것으로 시작했다고 강조했네요.

🔵 **김용민** 얼마나 웃겨요. 지금 어떻게 국회에서 종교 행위를 할 수 있느냐, 이 얘기를 하면서, 여기가 어떤 국회인데, 기도로 시작한 국회인데… 이런 말을 하는 거잖아요. 지금 이 나라가 개신교가 국교인 나라입니까? 다른 종교는 사교邪教입니까?

🔵 **우희종** 그렇죠.

🔵 **이종우** 이 일을 가장 세게 보도한 곳이 〈국민일보〉거든요. 이 사실

도 좀 놓치지 말아야 할 포인트 같습니다.

✚ **김용민** 말도 안 되는 거지. 이런 이중 잣대가 어디 있어? '여기가 개신교 국가인데 어찌 이런 미신들이 틈을 타 들어오느냐'는 논리 아니고서는 성립되기 어려운 주장 아니에요? 근데 흥미롭게도 1950년대 이승만 정권도 이런 이중 잣대를 들이댔어요. 그래서 당시 개신교도 국회의원들, 그리고 요직에 있었던 개신교도 정부 관료들이 민족 종교들 혹은 신흥 종교들을 다 미신으로 몰아세워서 쫓아내고 수사하고 그리고 여러 가지로 압박하고 그랬어요. 그래서 잔뜩 쪼그라들었죠.

☽ **이종우** 미국 대통령은 취임식 때 성경에 손 얹고 선서하잖아요. 그런 나라에서도 실질적으로는 종교의 자유를 굉장히 중요시하는데 말이죠.

✚ **김용민** 전통이니까 그러는 거지. 그랬다고 해서 기독교 정신으로만 국가 운영을 하나요? 그런 생각 때문에 미국을 하나님 나라로 오해하는 덜 떨어진 인간들이 많습니다. 근데 미국 사회는 욕망에 따라 추동되는 이익 공동체잖아요. 미국이 하는 일엔 전혀 문제의식을 갖지 않고, 미국이 하는 건 다 옳다고 믿고 신성시하고. 이게 바로 한국 보수 개신교의 민낯입니다.

☽ **이종우** 그렇죠. "메리 크리스마스"라는 말만 해도 특정 종교 지향적인 말이라고 생각해서 요즘에는 "해피 할러데이" 이렇게 얘기하는 경우도 많다고 합니다.

이번에 굿한 것을 나무랄 일은 아니라고 생각합니다.
종교의 형평성이 있기 때문에.
개신교에서는 국가 원수를 위한 조찬기도회를 수십 년간
해 왔잖습니까. 사실 이게 더 큰 거 아닙니까?

김근수

🐝 **김근수** 지난번 성탄절에는 세월호 가족들 생각해서 "쏘리 크리스마스"라고 했습니다.

모두 아, 그렇죠.

종교 의식은 종교기관에서

🌀 **이종우** 굿판에 대해서 다른 분들은 어떻게 생각하세요?

🐝 **우희종** 저는 뭐 이 굿판뿐만 아니라 종교 조찬 모임 이런 거 다 없애야 된다고 생각해요. 미국이야 기독교라는 건국이념을 깔고 했으니까 대통령이 목사님들하고 조찬 모임을 하든 말든 이해가 되지만, 우리나라에서 그런 모임은 사실 표 모으기거든요. 인맥 만들기. 그런 짓 좀 안 했으면 좋겠습니다.

🌀 **이종우** 쇠고기 수입 관련해서 한창 촛불집회 할 때 이명박 대통령이 사회 원로들에게 의견을 구한다면서 만났던 사람들이 누군지 기억 나세요?

✝ **김용민** 조용기도 만났고 김장환 목사도 만났고 그랬죠.

🌀 **이종우** 그때, 과연 그 종교계 어르신들이 이 촛불정국에 대해서 답을 줄 수 있을까? 그런 생각이 들었어요.

🐝 **우희종** 아니, 정말 그런 의도로 만났다고 생각하셨다는 거예요?

🌀 **이종우** 아니요. 에이, 그럴 리가 있겠습니까? 진행자니까 한번씩 꼬

아 주려고 그러는 건데, 요새 뭐 힘든 일 있으세요?

우희종 아니요. (크게 웃음)

김용민 아, 근데 또 한 가지. 대통령이 의견을 구한다고 하더라도 종교단체 종교인들이 그렇게 쉽게 청와대에 들어가는 게 과연 온당한가. 팅기는 맛도 있어야지. 그런데 대통령이 날 만나자고 하니 나는 정말 대단한 사람인가 보다 하며 들어가는 거 봐요. 한편으로 저는 그런 생각도 들었어요. 사회의 원로가 그렇게 없나. 그 양반들이 원로로 표징되니.

우희종 그러니까 그런 자리 자체가 '저 사람들 조용히 좀 시켜 주세요. 나를 지지해 주세요' 이런 거지, 의견은 무슨. 종교 지도자들 불러 놓고 '당신네 신도들 좀 조용히 시켜' 이거거든요.

김근수 저는 저번에도 말씀드렸지만 '종교 지도자'라는 말이 굉장히 언짢아요. 저는 그런 사람들한테서 지도를 받아 본 일이 없어요. 그런 사람들은 종교 '지배층'이지 지도자가 아닙니다.

이종우 종교의 지도자는 그 종교의 교리이고 말씀이고 그 종교에서 신앙하는 신이죠.

김용민 아니, 지도받을 사람이 없어서 조용기한테 지도를 받습니까? (모두 웃음)

이종우 김은도 PD님은 어떻게 생각하세요? 국회 안에서 굿을 한 것에 대해서.

김은도 저도 비슷한 생각입니다. 하나 더 말씀드리면, 다시 무속신앙도 인정하기 시작했구나 하는 생각도 들었습니다. 그래서 무속의 위상이 다시 올라가면 좋지 않을까? 필요한 부분이 분명히 있거든요.

💧 **이종우** 예. 그런 부분도 있긴 있죠.

김은도 네.

➕ **김용민** 저는 기본적으로 국회에서 이런 무속 행위 하는 것 반대합니다. 마찬가지로 종교 행사도 반대합니다. 국회보다 큰 교회도 많은데 왜 거기서는 안 하시고. 저는 종교 예식, 종교 의례 이거는 종교 행사장에서 해야 한다.

김은도 네. 그게 가장 맞죠.

➕ **김용민** 그렇다고 해서 종교인이면 그냥 종교기관 안에만 머물라는 얘기는 아닙니다. 사회적으로 정의를 드러내고 윤리를 드러내는 그런 현장에는 종교의 이름으로 깃발을 들고 상징물을 들고나올 수 있다고 봐요. 그런 차원에서 예배를 하고 종교 의식을 하는 거라면 모를까 다른 종교, 이웃 종교의 인사들이 봤을 때 불쾌감, 여러 가지로 불편함을 줄 수 있는 일이라면 하지 말아야 한다고 봅니다. 이거는 싸가지의 문제 아닌가.

💧 **김근수** 저는 종교 의식을 할 경우 형평성이 중요하다고 생각해요. 그 장소가 국회 안이든 청와대 안이든 또는 거리든 간에. 예를 들어 A, B 종교가 하는 걸 놔두거나 허용한다면 C, D가 해도 똑같이 봐야 되지 않느냐. 예를 들어 지금 가톨릭 서울대교구가 소유하고 있는 병원에 성당은 있는데, 거기에 개신교를 위한 교회를 만들어 놓

았느냐? 또, 이슬람 기도실을 만들어 놓았느냐? 그걸 좀 보고 싶어요. 그렇게 좀 열어 놓는 자세가 훨씬 중요하다.

◐이종우 아, 얘기 나온 김에 이것도 한번 짚어 볼 필요가 있을 것 같습니다. 그동안 국장이 꽤 있었잖아요. 이 국장의 현장에 우리나라 4대 종교 종교인이 가서 각 종교의 의례를 치른단 말입니다. 이에 대해서는 어떻게들 생각하세요? 지금 딱 네 분이 계신데, 먼저 김은도 PD님께 여쭤 볼게요. 예를 들어서 대순진리회 사람들이나 천도교 분들이 반발하지는 않을까요?

김은도 저는 4대 종교라고 하는 정확한 기준을 잘 모르겠습니다. '이거를 누가 정했을까' 생각한 적이 있는데요. 아마도 결국에는 신도 수를 가지고 하지 않았을까 싶습니다. 그렇게 따지면 '표'를 보는 걸 텐데…. 여하튼 원불교랑 대순진리회 중 누가 더 많을까 궁금하기는 합니다.

◐우희종 원불교가 훨씬 더 많지 않나요?

김은도 잘 모르겠습니다.

(모두 웃음)

◐이종우 서로 많다고 주장하고 있습니다.

김은도 저는 그쪽이 더 많다는 생각이 드는데, 그 기준을 잘 모르겠어서….

◐김근수 저는 대통령이 돌아가시면 기도에 참여했던 종단뿐만 아니라 그동안 소외됐던 종단 분들도 초청하는 게 옳다고 생각해요. 살

아 있는 전직 대통령들이나 박근혜 씨는 너무 죄가 많아서 지금 이 4대 종단 기도 가지고는 아마 지옥 가는 것을 면하기 어렵지 않을까 싶습니다. 그래서 모든 종교가 다 나와야 되지 않느냐.

우희종 저는 그렇게 생각합니다. 군이 4대 종단이건 무슨 종교건 올 필요 없이 평소 그분이 가지고 있던 종교 그쪽에서만 오면 되지, 왜 줄줄이 나올까? 굉장히 형식적인 것 같고, 또 정치와 종교를 분리한다고 말하면서 꼭 그렇게까지 할 필요가 있을까? 어떻게 보면 마치 중세 때 국가 권력인 왕한테 교황 등이 주르르 가 있는 모양새 같아 보이기도 하고요. 어쨌든 폄하하는 게 아니라 대통령은 세속의 지도자고, 그와 각 종교가 대등한 위치에 있다고 생각한다면 군이 다 갈 필요는 없지 않을까. 평소 그분이 가졌던 신앙 쪽에서 국장을 주관한다고 해서 다른 종교 쪽 분들이 서운해 하고 조잔하게 굴 것 같지는 않거든요.

성지에 웬 전두환 장승?

이종우 정교 분리 말씀하시니까 〈가톨릭프레스〉에 실린 재미있는 기사가 하나 생각나는데요. 해미성지에 전두환 장승이랑 이승만 장승이 있어요?

김근수 예, 있습니다.

🔵 **이종우** 이게 어떻게 된 겁니까?

🔵 **김근수** 그러니까 한국 가톨릭의 대표적인 성지가 해미성지조선 후기 가톨릭 박해기에 처형된 해미의 순교자들을 기리기 위해 조성된 순례지. 충청남도 서산시 해미면 읍내리에 있다.인데, 충남 서산시에서 시설물을 설치하고 관리합니다. 부동산은 가톨릭 대전교구 소유고요. 근데 자연재해 때문에 오래된 소나무들이 좀 피해를 입었답니다. 이 소나무들로 장승을 만든 모양인데, 거기에 우리나라 10명 대통령의 이름을 쓰고 임기 때 내걸었던 표어도 써 놨답니다. 이승만은 '민주주의', 전두환은 '정의사회' 이렇게 써 놨나 봐요. 그래서 저희가 이럴 순 없다. 이승만은 민주주의하고 반대잖아요. 전두환은 정의사회하고 반대고. 어떻게 이렇게 반대되는 표현만 골라 놨나 한 거죠.

🔵 **우희종** 반어적 표현은 아니고요?

김은도 그런 것 같은데요? 그분으로 인해서 민주주의가.

🔵 **김용민** 민주주의가 너무 부족했다. 정의사회가 너무 부족했다.

🔵 **김근수** 그렇죠.

🔵 **우희종** 민주주의를 알게 됐다.

🔵 **김근수** 그런 해석도 좋지만, 일단 종교 시설 안에 대통령 이름이 쓰인 장승이 있으면 사람들이 적개심을 품지 공경심을 갖겠어요?

🔵 **이종우** 그러게요. 왜 해미성지에 대통령 장승이 있는 거죠?

🔵 **김근수** 그러니까 내가 그걸 묻고 싶은 거예요. 그래서 대전교구 측에선 대체 뭐 하고 있는 거냐 그 이야기를 썼습니다.

🌀 **우희종** 뭐 하고 있다고 그래요?

🌓 **김근수** 글쎄 아직 답이 없네요.

🌑 **이종우** 이승만, 전두환 외 다른 대통령에 대해선 뭐라고 썼던가요? 노태우는 뭐 '보통 사람의 시대' 그렇게 썼나요?

🌓 **김근수** 글쎄, 뭐라고 그렇게 하나씩 쓴 모양입니다. 다녀온 분들이 어찌 이럴 수 있느냐면서 제보를 해 와서 저희가 취재를 한 건데요. 서산시는 '그게 뭐가 어때서' 하고 발뺌하는 태도를 보이고, 대전교구에서는 아직까지 꿀 먹은 벙어리처럼 말이 없습니다.

✝️ **김용민** 근데 장승은 죽은 사람을 대상으로 하는 거 아닙니까? 근데 왜 살아 있는 사람을….

🌓 **김근수** 살았는데 죽은 사람 취급하는 것 같아요.

(모두 웃음)

🌀 **우희종** 무엇보다도 저는 성지라는 곳에 정치인인 대통령을 세웠다는 게 황당하다고 생각해요. 정말 고난받고 핍박받는 사람들이나 고뇌하는 사람들의 모습이라면 모를까 무슨 정치인들을 주르르 늘어놓고 그게 뭡니까? 꼴 보기 싫게. 대전교구 대답하세요.

🌓 **김근수** 기사 댓글 보니까 톱 들고 들어가겠다고 한 분도 있어요. 장승을 잘라 버리고 싶다고요.

(모두 웃음)

자꾸 희생양을 개발하는 개신교

●**이종우** 정교 분리하고 약간은 관계가 있을 것 같은데, 익산에 할랄 푸드이슬람 율법이 허락한 음식. 육류의 경우 도축 과정이 잔인하다는 비판을 받고 있다. 기도문을 외우면서 살아 있는 상태에서 목의 동맥을 끊기 때문이다. 이에 이슬람 측에서는 기절을 시키고 도축하는 것도 인정하는 등 노력을 하고 있다. 전 세계 이슬람 신자가 16억 명에 이르고, 한국에서도 점차 늘어나 정부는 할랄푸드를 경제적으로 중요한 시장으로 여기고 할랄푸드 단지를 조성하려고 했다. **단지가 들어선다는 얘기가 있다가 보류가 됐죠?**

김은도 네.

●**이종우** 근데 이 할랄푸드를 반대하는 논리가 좀 그렇거든요. '대한 민국을 사랑하는 시민들의 모임'이란 단체에서 "정부는 대한민국을 이슬람화하여 위험에 빠뜨리는 이슬람 할랄푸드 추진 계획을 즉각 중단하라"는 피켓을 들고나왔고, 인천 주는교회 모 목사께서는 "(익 산 지진이) 이슬람 테러 세력의 확산을 우려하는 대부분의 국민들과 하나님의 뜻을 계속 외면하고 정부가 할랄푸드 단지를 강행할 경우 어떤 재앙이 내려질 수 있는지를 보여 주신 마지막 경고라는 생각 도 든다." 이렇게도 얘기했죠. 이슬람이 몰려온다. 테러가 몰려온다. 이런 얘기들도 있습니다.

✛**김용민** 저는 종교적 맥락에서 반대한다 이건 구라라고 보고요. 전혀 신경 쓸 게 없다고 봅니다. 다만 이 차원에서는 유의미하다고 보는

데, 동물보호단체들이 '할랄 도축이 너무나 잔인하다. 동물권을 침해하는 정도가 아니라 거의 말살하는 거다' 이렇게 얘기하고 있거든요. 실제로 도축을 할 때는 기절을 시킨 다음에 하는데 산 채로 잔인하게 죽이는 일들이 허다하니까. 이건 개선해야지요.

우희종 그런 것도 하나의 전통이 된 문화이니까요.

김용민 예. 이런 부분들은 개선되지 않으면 반대하는 것이 마땅하다고 보는데, 무슨 종교적인 이유로 반대한다? 이건 정말 말도 안 되는 얘깁니다.

이종우 익산에선 원불교가 가장 교세가 크잖아요.

김은도 그렇죠.

이종우 근데 왜 익산에서 할랄푸드 얘기가 나온 건지 혹시 아시나요?

김은도 원광대학교에서 '식품 클러스트'라는 사업을 준비하고 있었는데 투자금 유치가 잘 안돼서 지연되고 있었던 것 같습니다. 근데 때마침 할랄푸드 관련된 것들이 들어오게 된 거죠. 제가 알기로는 지역 경제 활성화 차원에서 많은 분이 좋아했어요. 익산이 제 고향이고 집도 거기 있거든요. 근데 아까 김용민 선생님 말씀처럼 사실 도축 과정이 너무 끔찍합니다. 그 문제에 대해서는 저도 동감을 하고 있고, 글쎄요, 종교적으로 무슬림이 몰려온다? 테러? 이거는 좀 무리한 얘기 아닌가 싶습니다. 근데 지진 났을 때는 살짝 무섭긴 하더라고요.

✝ **김용민** 그런 얘기하는 사람들은 중동 기름 쓰지 말아야 돼.

🌙 **이종우** 그렇죠.

✝ **김용민** 중동을 먹여 살리는 게 기름인데, 그걸 왜 소비를 해 가지고 이슬람을 키워 줘?

김은도 그러네요.

🌙 **이종우** 아, 미국 기름만 써야죠. 텍사스 중질유. 아니면 북해산 브렌트유만 쓰던가.

✝ **김용민** 글쎄 말이야.

🌙 **이종우** 근데 아까 김은도 PD님이 할랄푸드가 경제적인 이유로 굉장히 환영을 받았다고 했는데, 왜 그런 건가요?

김은도 아무래도 우리나라에서 할랄 음식을 제대로 공급해 주는 데가 많지가 않아서 그런 거 같습니다. 남산 쪽에 이슬람 사원 있지 않습니까? 지금은 그 근처에서나 주로 먹을 수 있잖아요. 할랄푸드 단지가 조성되면 우리나라에 들어와 있는 많은 무슬림에게 공급할 수 있고 더 나아가 수출도 생각할 수 있으니까요. LG 폰도 이슬람 성지 '메카' 방향을 어디에서나 알려 주는 나침반과 기도 시간을 알려 주는 기능을 내장해서 많이 수출이 됐었잖아요?

🌙 **이종우** 예, 그렇죠.

김은도 그런 목적으로 할랄푸드 단지를 유치하려던 건데 지역을 잘못 고른 거죠. 왜냐하면 익산은 단위 면적당 교회의 수가 전국에서 정말 많은 곳이거든요.

🔵 **이종우** 아, 그래요?

김은도 네. 그래서 익산에서 원불교를 추방하고 싶어 하는 사명감 높으신 분들도 계시죠.

🔵 **이종우** 장난 아니구나.

김은도 그런 곳에 할랄푸드 단지를 조성하려고 하니까 반대가 극심하지 않았을까?

🌀 **김근수** 사랑하는 개신교 성도 형제, 자매들에게 부탁하고 싶은 게 있는데, 개신교가 자꾸 희생양을 개발하는 경향이 있어요. 공산주의, 유대인, 동성애자, 이슬람…. 그건 그리스도교인이 할 일이 아니에요. 예를 들면, 이슬람을 테러리스트하고 동일시하는 거 아주 나쁜 짓이에요. 사실 종교 역사를 보면 우리 그리스도교도 할 말이 없죠. 프란치스코 교황이 이런 말 했습니다. "'이슬람' 하면 즉각 '테러리스트'라고 여기는 일반화는 아주 나쁜 것이다." 대부분의 이슬람교도는 평화를 사랑합니다. 지금 한국에만 15만 명이 있는데, 이분들하고 평화롭게 지낼 방법을 연구하고 기도를 하고 그랬으면 좋겠어요.

🔵 **이종우** 세계적으로 신도 수가 가장 많은 게 이슬람이거든요.

🌀 **김근수** 예. 이슬람하고 가톨릭이 비슷하게 많습니다.

🔵 **이종우** 사실 할랄푸드가 이슬람 확산과는 상관이 없잖아요? 그냥 먹을거리 문젠데.

🌀 **김근수** 그렇게 일반화하는 게 너무 어이없죠. 예를 들면, 만일 거꾸

로 '개신교가 몰려온다. 테러리스트가 몰려온다'고 사람들이 말한다면 개신교 성도들이 얼마나 불쾌하겠어요. 그러면 안 되죠.

🌀 **이종우** 와인 공장이라도 어디서 하나 세우면, '가톨릭이 몰려온다' 그러지 않을지.

(모두 웃음)

상식이 잘 작동하도록 하는 게 종교의 역할

🌀 **이종우** 종교 간의 오해를 종교가 만들어 내는 상황이 참 안타깝습니다. 저희가 방송에서 늘 얘기하는 게 종교가 다른 종교 욕하기 전에 자기 스스로를 먼저 돌아봐야 한다는 것이었잖아요? 전체 개신교를 폄하할 수는 없지만 최근에 한 목사가 자식을 때려서 죽이는 사건이 있었습니다.

✝ **김용민** 그 목사가 서울신학대학교 겸임교수라고 하죠? 서울신학대학교는 기성기독교대한성결교회 교단에 소속된 학교죠. 그 교단에 속한 충무교회 시무장로가 우리 황우여 장관님.

☯ **우희종** 아, 그렇군요.

✝ **김용민** 저희 할머니, 할아버지가 다녔던 교회 교단도 기성이었어요. 기성은 기본적으로 복음주의해방신학과는 결을 달리하나 사회적 책임을 중시하는 진전된 입장을 갖춘 보수적 신학 노선에 기초한 좋은, 건강한 교단이라고

생각합니다. 근데 이 목사가 "딸이 부활할 거라고 생각했다"고 했는데 그건 구라죠. 개구라예요. 독일에서 신학 공부한 사람이란 말이죠. 사실 진짜 사이비 목사는 그럴 수 있어요. 사이비 목사는 자기 딸 죽여 놓고 "얘가 부활할 거라고 생각했다" 그런 얘기를 할 수 있는데, 적어도 독일에서 신학 공부를 하고 온 사람이독일은 루터와 칼뱅 등을 사사하는 나라로, 신비 체험 등을 경원시한다., 더욱이 사이비 교단도 아니고 기성 교단 목사가 그런다는 건 진짜 말이 안 되는 거거든요.

우희종 그분은 어느 부분을 공부하신 분이에요?

김근수 아마 신약성서겠죠. 저도 신약성서를 공부했는데 이 일로 저도 기운이 떨어졌어요. 내 죄는 아니지만 내 죄 같고. 아, 정말 신학을 전공한 사람들이 정말 크게 반성해야 될 일이다.

김용민 '죽일 의도는 없었다' 이 말은 면피용. 핑계를 대고 있지.

우희종 너무 뻔한 거죠.

김용민 법정에서 좀 감안되기를 바란 차원에서 했던 얘기 같고. 오랫동안 준비해 온 논리 같습니다. 제가 봤을 때.

이종우 부활을 기다렸다면 거기에다가 방부 처리나 방향 처리를 하지 말았어야 되는 거죠. 부활한다면 부패할 틈이 어디 있습니까?

김용민 제가 봤을 때 이 사건은 '그런 사람이 있을 수 있는 참 험악한 세상이다'라고 봐야지, 목사가 어떻게? 이렇게 몰아가는 건 아닌 것 같습니다. 목사는 사람 아닙니까?

이종우 저도 그 얘기 하고 싶었습니다. 특정 종교의 성직자가 어떤 범죄를 저질렀다고 해서 그 종교를 싸잡아 욕하는 거는 그 종교에 대한 다른 형태의 테러라는 생각이 들어요.

김근수 저는 괴테의 말이 생각납니다. "인류가 많은 면에서 발전했지만 인간 개인의 품질은 발전하지 않았다." 인간으로서 우리 개개인의 품질이 발전하지 않았다고 생각하니 마음이 아프고, 정말로 한국의 여러 종교의 신학자, 종교인, 학자들이 너무 수준이 떨어지고 자격이 많이 모자란다는 점에 대해서 우리가 깊이 반성해야 될 거라고 생각합니다.

김은도 죄송합니다.

(모두 웃음)

우희종 편집장님 말씀처럼 지식은 계속 발전해서 사회생활 양식이나 편의 사항은 많이 변했지만 기본적인 우리의 품성이나 삶의 본질은 변하지 않았거든요? 그런 의미에서 보면 우리가 발전했다고 생각하는 것은 외형적인 면일지 모르죠. 과연 인간이 그렇게 몇백 년 사이에 확 변했을까? 저는 오히려 그렇기를 바라는 게 욕심이라고 봅니다. 그런 맥락에서 볼 때 할랄푸드에 대해 말도 안 되는 논리로 반대하는 의견이 생겼을 때 우리 사회가 그에 대응하거나 반박하는 것 전혀 없이 그냥 그럭저럭하게 넘어가는 게 가장 큰 문제라고 생각합니다. 사실 어느 사회나 비이성적이고 광기 있는 사람들은 있거든요.

이종우 어떻게 보면 네 분의 공통적인 말씀은 상식을 제대로 지킬 수 있는 사회가 만들어져야 된다는 얘기인 것 같아요. 비상식적인 것에 대해 그게 왜 비상식적인지 사회 전반적으로 얘기를 해 줘야 되는데, 특정 종교가 이슈화되거나 그 종교에 이목과 시선을 끄는 자극적인 내용만 쏟아지면 제2, 제3의 그런 사건들은 계속 일어나지 않을까 그런 생각이 듭니다. 비정상적인 것을 비정상적이라고 얘기하고 정상적인 것으로 바꾸어야 한다고 얘기해야 하는 게 종교라는 생각이 드는데, 종교도 참 문제가 많으니.

🙏 **우희종** 전 좀 이런 점을 생각해 볼 필요가 있다고 보는데요, 우리 사회는 구조의 측면에서 봐야 할 문제를 개인의 문제로 희석시키고, 또 개인의 문제로 봐야 할 것은 오히려 특정 집단의 문제로 확산시켜서 희석시키는 것 같습니다. 구조와 개인이라는 이 두 개가 다 작동해서 건강한 사회의 기본적인 틀 자체를 형성하지 못하고 계속 부유하고 있는 것 아닌가 하는 생각이 듭니다.

🕉 **김근수** 저는 종교로만 좁혀 보면, 우리 종교가 깨달음이니, 초월이니, 희망의 나라니, 여러 가지 많은 추상적인 좋은 얘기를 하는데, 그거 다 제쳐 놓고 상식이나 지키라고 말하고 싶습니다. 종교가 우선 상식부터 지키는 훈련을 해야 되지 않나 그렇게 생각합니다.

🙏 **우희종** 네.

🌙 **이종우** 종교 교리 대부분이 상식이잖아요?

🕉 **김근수** 그렇죠.

🌙 **이종우** '서로 사랑해라.' '사람 죽이지 마라.' '남의 것 훔치지 마라.'

특정 종교의 성직자가 어떤 범죄를 저질렀다고 해서
그 종교를 싸잡아 욕하는 거는 그 종교에 대한
다른 형태의 테러라는 생각이 들어요.

이종우

다 상식적인 얘기죠. 이것들이 더 잘 작동하도록 하는 게 종교의 본래 모습이 아닌가 싶습니다.

성직자, 평신도 경계 사라져야

🔁 **우희종** 근데 아이러니하게도 종교를 가진 사람일수록 굉장히 이기적입니다. "구원받았습니까?" "구원의 기쁨을 느껴 보세요." 이러면서 전도하고, "깨달아서 당신의 생사 문제를 해결하십시오." 이런 말로 유혹도 한단 말이죠. 이런 말을 자세히 들여다보면 출발점은 '너 잘되게 하려고 그러는 거다'거든요. 하지만 기본적으로 제대로 된 종교라면, 그걸로 시작했더라도 어느 시점에서는 정말 이웃과 함께하고, 그들의 고통을 함께 느끼는 신앙의 확산이자 도약이 일어나야 됩니다. 근데 그런 변화하는 지점을 오히려 성직자들이 막아 놓는다는 거죠. 자신들의 교단이나 집단의 이익을 위해서. 그래서 어느 종교건 간에 더 이기적인 집단으로 남아 버리는 것 같습니다. 성직자들이나 종교 지배자, 지도자 이놈들이 이 모양이면 우리가 하는 수밖에 없어요. 그래서 저는 저번에도 말씀드렸지만 평신도 연대나 자각 운동이 필요하다고 봅니다. 기존의 개불릭 틀 안에서는 이젠 기대할 게 없는 것 같습니다.

🌓 **이종우** 평신도이자 성직자이신 김은도 PD께서는 이 말에 대해 어

떻게 생각하세요? 근데 평신도이자 성직자이기는 힘들죠? 한번 성직자가 되면 평신도 시절을 잊게 되는 것 같은데…. 저희는 평신도들로서 성직자들을 엄청 까고 있는데 어떠십니까?

김은도 감사하죠. 원불교에서는 성직자와 평신도가 출가 교육자와 재가 교육자로 나뉘어 있습니다. 초기 공동체에서는 출가와 재가를 넘나드는 일이 상당히 많았고요. 공동체 생활을 같이하면 출가가 되는 거였고, 개인 가정사를 돌봐야 되는 일이 생겨 다시 환속을 하면 재가가 되는 거였습니다. 그렇게 보면 저는 지금 저의 개인 집에서 출퇴근을 하고 있고 공동체 생활은 따로 하지 않기 때문에 재가 교육자라고 할 수 있습니다.

저도 27개월 된 아주 예쁜, 저를 닮아서 참 예쁜 딸이 있는데 아까 그런 사건들 얘길 들으면 참 생각이 많아집니다. '나는 과연 이 아이한테 그러지 않을 수 있을까?' 자꾸 반문을 하게 되더라고요. 나는 성직자이니 절대 안 그럴 것이다? 저는 그렇게 생각은 하지 않아요.

이종우 예, 알겠습니다.

우희종 성직자, 평신도 얘기 나왔으니까 한마디 보태면, 지금의 종단은 전문 성직자와 일반 재가자로 나뉘어 있는데 저는 이제는 그 경계가 허물어져야 된다고 봐요.

김은도 그렇죠.

우희종 왜냐하면 종교적인 가르침의 구현의 장은 실제 우리 삶의 현장이거든요. 소위 세속의 자리예요. 세속의 자리를 떠난 종교는 꽝장히 관념화되고 죽은 종교라고 봐야 합니다. 전문 성직자, 일반 재가자로 나누기보다는 양쪽을 넘나들 수 있게 하는 게 좋다고 생각하는데, 불교 쪽에서는 태고종이 좀 그래요.

이종우 일본 불교도 굉장히 그런 성격이 강하죠.

우희종 예, 그런 성격이 있죠. 그런 측면에서 보면 원불교는 굉장히 큰 장점이 있는 것 같습니다. 종교계에 구체적인 대안적 모델을 제시해 줄 수 있지 않을까 개인적으로는 그렇게도 생각하고 있습니다.

김근수 저는 불교, 개신교, 가톨릭이 성직자 위주의 종교 역사를 가졌고, 그 역사는 실패했다고 생각합니다. 이제는 다른 형태의 삶이 필요하고, 특히 21세기에는 성직자, 평신도의 경계가 많이 흐려질 거라 생각합니다.

8장

용주사 공양간에서 벌어진 일

수십억이 오가는 주지 선거
그리고 〈일사각오〉

2016년 3월 26일

🌙 **이종우** 자, 또 한자리에 모였습니다. 오늘은 먼저 불교계 소식부터 들어 볼까요.

卍 **우희종** 네.

🌙 **이종우** 팔상전으로 유명한 속리산 법주사 주지 선거에 돈이 보통 오간 게 아니라는 소문이 있던데 어떻게 된 건가요?

卍 **우희종** 뭐 관례에 따라…. 억 단위도 한 자리가 아니라 두 자리까지 지금 거론되고 있습니다.

🌙 **이종우** 그럼 몇십억대가 거래가 되고 있는 건가요?

卍 **우희종** 네. 하여튼 수억은 기본으로 얘기되고 있죠. 한쪽에서만.

수십억이 오가는 주지 선거

🔵 **이종우** 이것에 대해서 종단 쪽에서 특별히 나온 얘기는 없죠? 그렇구나 하고 사회적으로 고발만 된 상태고.

🟤 **우희종** 고발을 해도 별로…. 돈 선거 증거가 완전히 드러나도 검사나 판사들이 '증거를 보니까 돈 선거 맞다. 그러나 이거는 종교계 문제니 자체에서 해결해야지, 이걸 일반법으로 해결할 수 없다.' 이런식으로 해서 다 무죄가 됩니다. 그렇기 때문에 이번 법주사 돈 선거도 늘 하던 대로 또 해요. 만일 누가 고발한다 해도 무죄로 될 것이 거의 분명하죠.

🔵 **이종우** 그러니까 이전 방송들에서 경찰 공권력이 고소·고발을 받아도 '이건 종교계 내부의 일이니 우리가 뭐라고 할 수가 없다'는 입장을 계속 취한다고 말씀해 주셨는데, 계속 그럴 것이다?

🟤 **우희종** 그렇죠. 판례라는 것은 전례에 준해서 내려지다 보니까 그런 경우가 벌써 반복되고 있죠.

🔵 **이종우** 그러면 이 근본적인 반복을, 악행의 반복을 없애려면 어떤 것이 필요할까요?

🟤 **우희종** 일단 뭐 늘 우리가 이야기하고 추진하는 겁니다만, 사찰 재정이 투명해져야 되죠. 지금 현 교육원장 스님의 표현대로 하면 이 종단에서 음으로 양으로 도는 돈이 1조 5000억이거든요.

🟢 **김용민** 이야, 세상에.

卍 **우희종** 그 돈이 투명하게 돌아가는 경우가 없어요. 국가 지원금, 신도들의 보시금, 사찰 문화재 관람료 등 여러 돈이 그냥 개인 주머니로 들어가는 거죠. 이런 거 생각하면 사법부나 검찰이 생각을 바꿔야 된다고 생각합니다. 왜냐하면 국가 지원금이 다 세금이거든요. 사찰 문화재 관람료를 법으로 정해서 걷는다고 하니까 난리 났잖아요. 그게 개인 돈입니까, 공금이지? 주지 선거에 나선 스님들이 돈 들고 출가했습니까? 달랑 뭐 하나 달고 출가하신 분들이….

◐ **이종우** 저기, 비구니분들을 무시하시는 겁니까?

卍 **우희종** 비구니분들은 그렇게 부정부패가 심하진 않아요.

◐ **이종우** 아.

卍 **우희종** 다 버리고 빈손으로 출가한 스님들이 몇십억 단위의 돈을 마음대로 굴린다면 사회적으로라도 검토해야 될 문제라고 봅니다. 막대한 국민 세금과도 관련돼 있는데 단지 종단의 일이다 이러면서 관리를 안 한다는 건 참 큰 문제죠. 앞으로 이건 사회적 차원에서 혹은 불교 신자뿐만 아니라 우리 종교계의 문제로서 분명히 검토되어야 할 문제라고 생각합니다.

◐ **이종우** 은처隱妻나 은자隱子 등 알게 모르게 거느리고 있는 가족들이나 아니면 부모님을 위해서 또는 자기 부를 축적하기 위해서 돈을 빼돌리는 경우도 많을 것 같은데….

卍 **우희종** 돈 많은 중들 중에서 부모님 모시기 때문에 그렇게 했다는 놈은 한 놈도 없어요.

(모두 웃음)

공양간에서 벌어진 일

🌀 **이종우** 은처, 은자 얘기 나온 김에 관심이 가는 소식 하나 더. 누가 폭행을 당했네요?

🪷 **우희종** 아, 네네.

🌀 **이종우** 그것도 공양간에서.

🪷 **우희종** 스님이 스님을 팼죠.

🌸 **김근수** 아, 설마요. 그거 그냥 드라마 찍을 때 나온 거 아닙니까?

🌀 **이종우** 뭐 〈달마야 놀자 3〉 나왔답니까?

🪷 **우희종** 간단히 말씀드리면, 자승 총무원장 상좌이자 호법국장인 탄종스님이 결국은 정식 기소가 됐습니다. 이전에 말씀드린, 은처 문제로 떠들썩하게 했던 용주사 주지 스님이 사실 돈 선거로 된 거거든요. 돈 선거로 주지 됐는데 숨겨 놓은 가족들까지 있으니 신도들이 항의를 했죠. 이 사건을 제대로 규명해야 할 호법국장인 탄종스님이 도리어 이 신도들을 쉽게 말해 탄압합니다. 주지 스님 전위부대마냥 앞장섰죠. 왜냐하면 본인도 총무원의 강력한 지지 속에 주지가 됐거든요. 어떻게 보면 한 패밀리라고 생각한 거예요, 그분들은. 근데 다 이런 스님들만 있는 건 아니잖아요. 자승 총무원장의 부정

부패 부분을 지적한 용주사 스님을 탄종스님이 공양간에서 패 버렸어요. 8주 진단이 나왔습니다.

➕ **김용민** 옥상에서 떨어져서 다치면 한 5주 가는 걸로 아는데, 8주면 도대체 어떻게 팬 겁니까?

🌙 **이종우** 여러 군데 부러졌다는 얘긴데….

🌀 **우희종** 근데 검찰이 200만 원 약식기소 해 버렸어요.

➕ **김용민** 벌금만 내면 되는 약식기소?

🌀 **우희종** 예. 그랬더니 판사가 '이거 안 된다. 이게 어떻게 그렇게 되냐?' 해서 정식 기소가 됐습니다.

🌙 **이종우** 그러면 여차하면 상좌승은 진짜 빵에 갈 수도 있겠네요?

🌀 **우희종** 뭐 빵 갔다 와도 괜찮아요. 지금 종단의 중요한 보직에 있는 분들 빵 갔다 와서도 출세하신 분들 많습니다.

🌙 **이종우** 근데 공양간이라면 밥 먹는 곳 아닙니까?

🌀 **우희종** 네.

🌙 **이종우** 밥 먹을 때는 개도 안 건드리는데 스님이 스님을 팬 거네요.

🌀 **우희종** 그렇죠.

🌙 **이종우** 모르시는 분들도 있을 것 같은데, 상좌라는 게 뭡니까?

🌀 **우희종** 출가하면 스님들은 자기 은사 스님을 모십니다. 쉽게 말하면 은사 스님은 부모님과 같은 거고, 상좌는 아들과 같은 겁니다. 탄종스님은 자승 총무원장의 아들뻘인 셈이죠. 근데 아들뻘인 이 스님이 팬 스님이 작은아버지뻘이에요. 그러니까 아버지뻘을 팬 겁니다. 자

승 총무원장 아들이 자신의 작은아버지뻘을 팬 거예요. 왜 부정부패에 대해서 얘기하고 다니느냐 하면서. 밥 먹지 마라 이러면서 폭행한 것이죠.

🌀 **이종우** 쉽게 말해 조카뻘 되는 사람이 깐 거네요.

卍 **우희종** 근데 그 스님이 자승 총무원장의 비리를 구체적으로 지적한 것도 아니에요. 쉽게 말하면 '형이 밀어 줘서, 앞장세워서 용주사를 탈취한 주지 스님의 문제가 이러이러하다'고 한 그 수준인데, '왜 큰형님의 높은 뜻을 훼손하느냐?' 하는 맥락에서 두들겨 팬 거죠.

🌀 **이종우** 이야, 그러면 총무원장이 용주사 사태가 자신이 원하는 대로 흘러가게끔 계속 압력을 넣고 있었다는 얘기네요?

卍 **우희종** 넣고 있는 게 아니고, (용주사를) 빼앗아 버린 거죠. 가족이 있는 스님을 앞세워서 돈 선거로 탈취한 겁니다. 본사가 전국에 25개인데요, 이 중에서 자승 총무원장 권력으로 장악되지 않은 곳은 3개 정도뿐이에요. 이 3곳도 장악하려고 지금 집적거리고 있다는 소문이 들리고 있습니다.

🌀 **이종우** 아이고. 어쩌려고 그러는지 모르겠어요.

卍 **우희종** 천하 통일 해서 평생 대대로 잘살려고 그러는 거겠죠. (웃음)

🌀 **이종우** 죽으면 또 다른 데로 가서 육도윤회를 하는 거지 뭘 그렇게 뒷세대에게 물려주려 그러는지. 불교에서 그렇게 안 가르치잖아요?

卍 **우희종** 이분들은 불교 믿는 분 아니에요.

(모두 웃음)

우희종 겉만 스님이고, 돈 보고 오신 분들이지요. 불교를 그렇게 욕되게 말씀하시면 안 됩니다.

이종우 아, 예. 알겠습니다.

김용민 목사들 중에도 예수 안 믿는 사람 얼마나 많은지 몰라요.

김근수 저는 이번 스님 폭행 사건을 보고 때린 스님뿐만이 아니고 이 스님을 상좌로 둔 자승스님의 태도가 이해가 안 돼요. 성서에 보면 예수의 제자들이 손을 씻지 않고 밥 먹으니까 사람들이 제자에게 묻지 않고 예수에게 묻거든요? 당신, 제자를 어떻게 가르쳤길래 이렇게 하느냐고 스승에게 따져요. 제자의 잘못은 스승이 책임지는 풍토가 있기 때문에 예수에게 묻거든요? 그럼 이런 사건이 벌어졌으면 자승스님이 대국민 사과를 하거나 불자들에게 '내가 잘못 가르쳤다. 이건 내 책임이다.' 이렇게 얘기를 해야 되는데 어떻게 뻔뻔하게 가만히 있어요?

이종우 제가 예상하기에 자승스님은 이렇게 얘기하지 않을지. '그거는 기독교 전통이니까 기독교에서나 그렇게 하시고.'

우희종 제 생각은 조금 다릅니다. 자승 총무원장은 '왜 나한테 묻냐? 부처님한테 따져라.' 이러지 않을까? 수준이 그 정도일 것 같습니다, 그분은.

(모두 웃음)

"더러운 돈은 필요 없다"

○ **이종우** 자, 이번에는 가톨릭 쪽 근황을 들어 보지요. 방금 결국에는 이놈의 돈 때문에 난리가 난 불교 쪽 얘기를 했는데요, 교황께서는 "하느님 백성에게 더러운 돈은 필요 없다"고 하시면서 지금까지 계속 견지해 온 자본주의에 대한 비판을 이어 가셨는데요.

○ **김근수** 그렇습니다. 그동안 교황은 신자유주의의 잘못을 아주 심하게 비판했습니다. 그런데 이제 신자유주의가 가톨릭교회로까지 들어와서 나쁜 영향을 주고 있는 사례를 하나 끄집어냈습니다. 더러운 헌금은 받지 말고 되돌려주라고. 그러니까 이제 때 묻은 돈, 코 묻은 돈, 부정부패에 연루된 돈을, 헌금이면 묻지 않고 무조건 받았던 것을 받지 말라고 하신 겁니다. '이제 신도들은 부정한 돈을 벌지 말라. 그런 돈은 갖고 오지도 말라. 와도 돌려줘라'고 아주 치명타를 날렸습니다.

○ **우희종** 멋쟁이네.

○ **이종우** 사실 개불릭 세 종교가 모두 가난함을 지향해야 되는 거잖아요. 가난이 미덕인 종교죠. 그러자면 돈하고 최대한 거리를 둬야지 좀 건전하게 되지 않느냐 하는 것을 프란치스코 교황이 다시 한번 확인시켜 주셨네요.

○ **김근수** 그렇습니다. 가난을 유지하려면, 불의에 가담하면 안 됩니다. 불의에 가담한 사람은 아무리 가난하려고 노력을 해도 가난하게

될 수가 없습니다. 왜냐하면 불의에 개입된 돈을 받았기 때문에. 그런데 불의에 개입된 돈을 거부하지 않고 받아 버리면 신도들이 이렇게 생각합니다. '이렇게 더러운 돈을 갖다 줘도 받는 걸 보면 내가 더럽게 돈 버는 것을 교회에서 눈감아 주겠구나' 이렇게 오해할 수가 있습니다. 이런 신자들은 불러다가 '가져가시오. 이런 돈은 헌금으로 가져오지 말고 이렇게 나쁘게 버는 것도 중단해야 합니다'고 가톨릭교회가, 성직자들이 먼저 가르쳐야 합니다. 예를 들어 목사, 신부님이 설교할 때 '헌금을 많이 하시오' 이렇게 말하지 말고, 일단 먼저 '불의한 돈을 벌지 마시오. 이 나쁜 돈을 가져오지 마시오. 가져오면 돌려보냅니다. 우리 교회는 더러운 돈을 받지 않습니다' 하고 돌려보내야 됩니다. 그렇게 하려면 추기경이나 주교, 사제들이, 본인들이 불의한 세력으로부터 얻는 경제적 혜택을 거부해야 됩니다.

예를 들면, 이번에 서소문공원을 역사공원으로 만들고 있지 않습니까? 근데 가톨릭 중심의 역사 관광지로 만들려고 한단 말입니다. 거기에 국민 세금 460억 정도가 들어갑니다. 가톨릭 돈이 아닌데, 그 공원을 거의 가톨릭이 독차지할 수 있게 정부에서 배려했거든요? 이건 선거용이에요. 그러면 염수정 추기경이 '그게 무슨 말씀이오. 우리 가톨릭만 관련 있는 곳이 아니고 천도교하고도 역사가 있는 공원이고, 또 우리 조선 민족과 관계가 있는 곳이니 가톨릭 단독으로 쓰게 하면 안 되죠' 하고 사양하는 게 맞습니다. '국민의 피 같은 세금을 가톨릭 서울대교구에 유리하게 씁니까? 이러면 안 되죠' 하고 거절해야 돼요. 근데 그렇게 안 했단 말입니다. 염수정 추기경의 태도는 교황님의 그 말씀과 전면으로 배치됩니다. 저는 염 추기경과 교황님이 서로 다른 종교를 믿지 않나 생각합니다.

(모두 웃음)

✚ **김용민** 갑자기 생각이 나는데, 어느 교회에 예배를 드리러 갔습니다. 제가 뭐 아무것도 아닐 때였는데, 지금 얘기 나눈 거랑 주제가 비슷했어요. 교인들이 부정하게 버는 돈, 이 돈을 헌금으로 내는 것이 타당하냐 이런 이야기. 이를테면, 포주로 돈을 벌거나 유흥업소 이런 데서 벌었는데 거기서 벌어들인 수익의 얼마를 십일조로 내는 게 과연 타당하냐. 그때 목사님이 흔쾌하게 정의를 내리더라고. '바울 시대에 제사에 쓰인 음식은 부정했다. 그런데 그 음식을 먹어도 마음속에 거리낌이 없다면 먹어도 된다.' '거리낌이 없다면, 돈을 내는 데 거리낌이 없다면 얼마든지 헌금으로 내도 된다. 안 내면 도리어 더 큰 논란에 휘말릴 수 있다.' 예배 끝나고 나올 때 목사님하고 손잡고 인사하지 않습니까? 그때 제가 그랬어요. "목사님은 이 시대의 진정한 삯꾼 목사세속적 복락에 관심 많은 목회자를 지칭하는 말입니다."

(모두 웃음)

🐾 **우희종** 그런 논리를 펼친다는 게 참. 거리낌이 없으면 남 등쳐 먹어도 좋다는 얘긴데. 교황님 말씀 들으면서 마음이 정화되는 것을 느껴요. 요즘 같은 시대에. 총무원장이라면 그랬을 겁니다. '돈의 시시

비비를 따지지 마라. 세상이 생긴 이래 시시비비 따지는 건 쫀쫀한 애들이나 하는 거니라. 도인은 시시비비를 안 따지느니라.' 그러면서 꿀꺽꿀꺽 먹었을 거예요.

🌀**이종우** 아, 이놈의 돈이 참 여러 가지로 사람 마음 아프게 만드네요.

✝**김용민** 돈에 시험당하고 싶지 않고 번뇌를 경험하기 싫으면 벙커1교회처럼 하면 됩니다. 저번에 말씀드린 것처럼 벙커1교회에서는 회비 정도만 걷지 헌금은 안 걷어요. 교회에 돈이 없어. 돈에 얽매이지 않으니까 교회에 근심거리가 확 줄어요.

卍**우희종** 그렇죠. 저도 마음공부모임을 10년 넘게 하고 있는데, 돈을 안 걷어요. 그렇다 보니까 뭔가에 묶이지 않고 서로 편해요.

권력자들과 삽질하는 추기경

🌀**이종우** 얼마 전에 3.1절이 지났습니다. 간만에 명동성당에서 소위 진보적인 미사가 한번 있었네요.

☸**김근수** 예. 명동성당은 이렇게 사제들이 요구하면 빌려 줍니다. 한상균 위원장을 비롯한 사회적 약자들이 요청하면 안 빌려 주지만.

🌀**이종우** 아, 그럼 김인국 신부가 빌려 달라고 해서 빌려 준 건가요?

☸**김근수** 아마 자기 동네 사람들끼리 하는 건 다 빌려 줄 겁니다.

🌀**이종우** 그 미사 얘기 한번 해 주시죠.

🌀 **김근수** 예. 1976년 3.1절에 반정부 선언인 3.1민주구국선언이 있었습니다. 당시 명동성당에서 개최된 3.1절 57주년 기념 미사에서 박정희 유신 독재를 비판하는 선언문을 발표한 사건입니다. 긴급 조치 철폐, 언론 자유 보장, 사법권 독립, 부정부패 척결 등을 주장했습니다. 당시 법원은 긴급조치9호위반 혐의로 관련자 18명 모두에게 징역과 자격 정지 2-5년의 유죄 판결을 내렸습니다. 함세웅 신부, 문정현 신부, 신현봉 신부가 구속됐습니다. 이번 미사를 맡은 김인국 천주교정의구현전국사제단 대표 신부는 이런 이야기를 했습니다. "나라를 망치고 사람을 못살게 괴롭히는 오늘날 압제와 독재에 저항하겠다는 다짐의 자리이다." 설교를 맡은 서울대교구 이강서 신부는 이런 말씀을 하셨습니다. "2012년 부정 선거 의혹으로 당선된 유신 독재의 딸 박근혜와 그 정권이 집권한 지금은 압제와 독재에 맞선 3.1절 의미가 더욱 크다."

🌀 **이종우** 아, 진짜 뒤도 안 돌아보고 얘기하셨네요.

🌀 **김근수** 그럼요. "개성공단 폐쇄 결정과 한반도 사드 배치 논의에서 보는 것처럼 지금의 시국은 안전핀을 제거한 폭탄을 손에 쥔 그런 형국이다. 민족의 평화통일을 향한 공존의 노력은 폐기되고, 대결과 응징으로 치닫는 이 상황이 우려스럽다." 이렇게도 말씀하셨습니다. 또 제 페친이기도 한데요, 서울대교구 이영우 신부님은 성명서에서 세 가지를 요구했습니다. 첫째, 친일 청산과 평화통일. 둘째, 민주주의와 인권 보장. 셋째, 총선 승리를 위한 야권 연대. 그러면서 아주

과감하게 이렇게 얘기했습니다. "대한민국은 지금 친일매국세력의 식민사관이 아무 거리낌 없이 방방곡곡을 오염시키고 있는 불행한 현실과 마주하고 있다. 민주주의에 기초하지 않는 일체의 정치와 통치는 부당한 지배이니 다 같이 나서서 물리치자."

◑ 이종우 간만에 명동성당에서 이런 옳은 얘기가 나오니까 참 반갑네요.

◐ 김근수 예.

◑ 이종우 아까 얘기했던 서소문공원 조성 사업 착공식 때 크리스탈 염
염수정 추기경이 삽질하는 것을 사진으로 본 적이 있는데.

◐ 김근수 저도 봤습니다. 진짜 삽질을 하더군요.

(모두 웃음)

◑ 이종우 프란치스코 교황 모습과 대비가 되면서 마음이 좀 안 좋더군요.

◐ 김근수 그렇죠. 가톨릭의 두 가지 서로 다른 모습을 동시에 보니까 마음이 더 씁쓸하고 슬픕니다.

◑ 우희종 저는 그래도 '역시 가톨릭이다'는 생각이 듭니다. 비록 소수더라도 그런 목소리를 낼 수 있는 신부님들과 신도들이 있다는 게. 조계종단에는 없어요. 그런 스님들이. 참 마음이 아프고, 부럽네요.

◐ 김근수 아니, 낡은 조계종단을 넘어서는 '우'리들의 '희'망의 '종'단인 '우희종'이라고 있는데.

◑ 우희종 그건 뭐 조계종인 저랑 종단이 달라 가지고.

(모두 웃음)

◍ **이종우** 어떻게 보면, 정의구현전국사제단이 가톨릭뿐 아니라 다른 종교의 전문 종교인들이 어떠한 모습을 취해야 하는지를 보여 주는 좋은 사례가 되지 않나 그런 생각이 듭니다. 그리고 명동성당이 민주화운동의 성지였던 이전 모습을 다시 찾아갈 수 있도록 하루빨리 크리스탈 염이 은퇴하기를 내심 기대해 봅니다.

↩ **우희종** 〈가톨릭프레스〉가 널리 널리 공유될수록 가능합니다.

◍ **김근수** 정말 그건 맞습니다.

종교 언론계에서도 주류는 주류

◍ **이종우** 김용민 박사님, 3.1절에 텔레비전 보다가 깜짝 놀랐습니다. 앙코르 방송이긴 한데, 〈일사각오〉라는 다큐멘터리 드라마 주인공이 주기철 목사더라고요?

◍ **김용민** 네네.

◍ **이종우** 이게 제가 알기로는 성탄절에 한번 방영이 됐던 건데, 반응이 좋아서 아예 〈일사각오〉라는 영화로 만들기로 했다고 들었습니다. 지금도 제작 중인지 다 만들어졌는지는 모르겠는데, 주기철 목사 전문가로서 어떻게 생각하십니까?

◍ **김용민** 주기철 목사님 훌륭한 분이고요, 사실 신앙인의 귀감이 되는 분입니다. 목에 칼을 들이대고 "네가 가지고 있는 생각 버릴래 안

버릴래?" 할 때 안 버릴 사람이 몇이나 있을까요. 그런 점에서 본다면 정말 위대한 분이라는 생각은 드는데, 근데 왜 KBS가 그 일을 하죠? 이전에도 말씀드린 것처럼 전 그분은 기독교 카테고리 안에서나 훌륭한 분이라고 생각합니다.

이종우 이거를 CBS나 아니면 극동방송 같은 데서 했다면….

김용민 그런 데서 하면 모르겠지만. 한국 역사에서 보면 주기철 목사님이 싸운 대상이 일제였다는 것 말고는 뭐가 없는데, 평가가 너무 과하지 않나라는 생각이 들어요. 다시 한번 전제하고 말씀드리지만 주기철 목사님 참 좋은 분이시죠. 하지만 일제가 신사참배 그거 안 하셔도 됩니다라고 했으면 아무 문제없이….

이종우 조용히 종교 생활.

김용민 '노 프라블럼no problem' 하면서 해방을 맞았을 가능성이 대단히 큽니다. 저번에도 말씀드렸지만 독립운동 자금 보내는 걸 차단시킨 분이니까. '아니, 하나님 전에 들어온 돈은 하나님 거지 어째서 이걸 이상한 데 갖다 쓰냐?'라는 식이었어요. 철저하게 성과 속을 나눴던 분이라 일제가 성의 영역으로 들어오지 않았다면, 그러니까 '우상숭배 하라' 이렇게만 하지 않았으면 그냥 넘어갔을 분.

우희종 민족을 짓밟건 뭐 하건.

김용민 오산학교 나왔고 조만식 선생한테서 사사를 했기 때문에 민족의식이 전무했다고는 말할 수 없겠지만 3.1운동 이후에 일제가 엄청나게 억압하고 탄압하니까 그 이후부터는 완전히 피안의 세계로 이사를 가셨어요. 이후에 독립운동 역사에 의미 있는 족적을 남긴 것도 없고. 하여간 '종교 안으로만 매몰되셨던 분이다.' 이런 평가가 가능합니다.

이종우 제가 이거에 대해서 KBS 모 PD한테 물어봤습니다. 공영방송이잖아요? KBS가. 신사참배 거부가 자기의 종교적인 신념에 의한 거지 독립운동의 의미로 한 것은 아니지 않느냐 그리고 이렇게 공영방송에서 특정 종교에 관한 이야기를 해도 되느냐고 했더니, 그런 답을 하더라고요. 예전에 이태석 신부 다룬 〈울지 마 톤즈〉가 굉장히 성공을 했잖아요. 그거 보면서 '이거 팔리겠다' 한 거죠. 개신교 쪽에서도 찾았더니 주기철 목사가 있더라는 거예요. 근데 주기철 목사의 경우 방금 말씀하신 것처럼 그냥 종교적 신념에 따라 신사참배를 거부한 거라면 사실 이런 방송은 종교 편향적인 거거든요.

김근수 정부나 공영방송에서는 납득할 수 있는, 허락할 수 있는 한계를 정해 놓고 방송을 하지 않나 하는 생각이 듭니다. 예를 들어, 이태석 신부는 사회복지를 향상시키고 인류애를 실천했으니까 좀 띄워 줄 수 있지만, 사회 정의에 앞장선 로메로 대주교가난한 사람들을 보호하고 악의 세력에 맞서 싸운 엘살바도르 대주교. 1980년 3월 24일 오후 미사 설교 중 군인의 총에 맞아 숨졌다.는 얘기 안 해 버리거든요? 마더 테레사는 띄워 주고, 로메로 대주교는 모른 체하는 거죠. 이렇게 종교를 둘로 분리해 유도할 수 있는 방법은 있어요. 가톨릭 내부에서도 그렇거든요. 로메로 대주교 시복식 했을 때 평화방송이나 〈가톨릭신문〉에서는 거의 보도 안 했습니다. 왜? 자기들하고 노선이 다르니까. 그러나 이태석 신부나 마더 테레사는 교회 안에서 박수 받죠, 인기 얻죠, 돈 모으죠, 사람 모으죠.

🔁 **우희종** 대외 포장용으로 딱이죠.

🔵 **김근수** 예. 딱 좋죠.

➕ **김용민** 이번 명동성당 미사도 보도 잘 안 했을 거 아녜요?

🔵 **김근수** 안 하죠.

🌑 **이종우** JTBC에서만 보여 준 것 같더라고요.

➕ **김용민** 개신교 언론들도 주류 쪽에 선 언론들은 그렇습니다. 1984년에 박형규 목사님이 민주화운동 하다가 잡혀 들어간 일이 있었어요. 이때부터 한국기독교장로회 서울제일교회 교인들이 목사님 잡아간 서울중부경찰서 앞에서 무려 7년간 예배를 봤습니다.

(모두 탄성)

➕ **김용민** 1984년 12월부터 91년 11월까지 그 앞에서 예배를 본 거죠. 당시 한 외국인 신학자가 한국의 기독교를 연구하러 왔는데, 여의도순복음교회 있다 그곳에 와서 보고는 '여기 진정 하나님이 계신다' 한 거죠. 또 '이 중부경찰서 앞 임시 예배 처소는 세상에서 가장 큰 교회다. 왜냐, 거기여의도순복음교회는 지붕에 가로막혀 있지만 여기는 바로 하늘하고 직통하지 않느냐?' 이런 얘기도 합니다. 얼마나 기념비적인 일입니까? 근데 이런 거 개신교 주류 언론에선 안 다뤄요. 또 하나 말씀드리면, 1973년에 남산에서 부활절 연합 예배가 있

었어요. 박형규 목사가 주도했고. 이때 교인들이 많이 모였는데, 청년들이 나서서 유신에 항거하는 유인물 뿌리고 데모를 했단 말이죠. 데모라기보다는 선전전을 했죠. 그래서 이때부터 진보 개신교계를 조지는 작업들이 본격화됐죠. 종교인이니까 그냥 잡아들일 순 없으니까 횡령을 했다든지 이런 식의 부도덕한 범죄를 저지른 것으로 뒤집어씌워서 잡아넣었다고. 근데 이런 중요한 사건_{남산부활절사건}도 안 다뤄요.

🪷 **우희종** 불교 쪽도 별반 다르지 않습니다. 지금 종단의 부정부패를 지적하는 언론을 '해종 언론'이라고 규정해서 각종 탄압을 하고 있습니다. 그 때문에 이번에 조계종 언론탄압공동대책위원회가 출범했습니다. 국회에서 출범식을 가졌는데, 그때 웬 스님하고 지방에서 올라왔다는 신도라는 분이 오셔서 하는 얘기가 '불교 언론이면 불교를 찬양해야지, 왜 비난하느냐?' 이럽니다. 포교를 하는 게 불교 언론의 역할이다 이런 식의 논지를 막 펴고. 이 일을 주류 언론이 어떻게 보도하는지 봤더니 본질은 얘기 안 하고, 회의 진행이 원만치 않았다는 둥, 사람이 없었다는 둥 이런 식으로 쓰더라고요. 참, 주류라는 것, 종교 집단 내에서 권력에 아부하는 세력이라는 것이 얼마나 비종교적인가? 얼마나 인간의 탈을 쓴 흉측한 귀신들인가? 이런 생각을 해 봤습니다.

가재는 게 편

🌀 **이종우** 김용민 박사님, 전병욱 목사가 웬 사과문을 올렸다고….

✝️ **김용민** 전병욱 목사를 그동안 교단에서, 더 정확하게 말하자면, 그 교단 내의 노회에서 받아 주지 않았어요. 그렇게 몇 년 지나면 무임 목사라고 해서 목사직을 상실하게 됩니다. 그러니 어떻게든 빨리 노회에 다시 가입을 해야 돼요. 그래서 노회 간부 되는 분 아드님을 부목사로 갖다 쓴다든지 하는 등 여러 가지 방법을 동원했죠. 스님들이 스스로 이발을 못 하시듯이 목사님들은 거의 다 목사님 편이란 말이죠. 결국 노회에서 받아들인 겁니다. 전병욱 목사가 뭐 조금 잘못이 있었는데 단 한 건이다, 더는 다른 일은 없었다. 어느 정도 사과하는 걸로 수습하자. 그래서 전병욱이 교단 신문에다가 사과문을 낸 거고.

🌀 **이종우** 뭐에 대한 사과를 했다는 겁니까?

✝️ **김용민** 삼일교회 그만둘 당시에 내걸었던 그 사과, 그 사과의 연장선이죠.

🌀 **이종우** 아, 여기 나오네요. "한 자매와 커피를 마시던 중 부적절하게 농담을 주고받게 되었고 이후에 상황에서도 단호하게 대처하지 못한 점"에 대해서 사과를 했네요.

✝️ **김용민** 커피 마시다 농담한 정도는 아니죠.

🌀 **이종우** 그렇죠.

✝ **김용민** 이건 진짜 사실을 다 감추는 거고, 본질을 또 망각하는 거죠. 피해자들이 있는데….

☸ **김근수** 저는 그래서 종교계가 정화되려면 종교 언론이 잘해야 된다고 생각합니다. 우희종 교수님이 지난 공청회에서 이런 말씀을 하셨어요. "조계종과 출가자들은 교계 언론에 홍보지 역할을 요구하는 것 같다. 종교 언론은 홍보지가 아니라 언론 매체라는 것을 알아야 한다." 꼭 불교만 이런 상황에 처한 것은 아닙니다. 가톨릭도 비슷합니다. 예를 들면, 우리 〈가톨릭프레스〉가 비판적인 이야기를 하고 그러면 교회에 대한 사랑이 부족하다느니, 비판을 위한 비판을 한다느니, 뭐 좋은 사례는 안 보느냐 갖가지 이야기가 나옵니다. 그런데 언론 매체는 자기들이 할 일을 해야 되죠. 종교 언론이 제대로 서지 않으면 종교가 맑아지기는 사실 어렵다고 생각합니다. 오히려 종교계가 종교 언론이 올바른 길을 가도록 채찍질하고 감시하고 도와주는 역할을 하는 게 중요하다고 생각합니다.

✝ **김용민** 아, 개신교도 정확하게 그렇게 얘기합니다. 뭐 한 자 틀림없이. 아니, 왜 교회의 선한 모습을 까느냐, 복음에 먹칠을 하는 것이다, 전도가 안 된다 이런 식으로 얘기를 하는데, 아니 사람 사는 세상에서 절대로 정결하고 절대로 정의롭고 그런 사람이 어디 있어요?

卍 **우희종** 그렇죠.

✝ **김용민** 사람들은 조직 내에서 문제가 발생했을 때 어떤 프로세스로

해결해 나가는지 이걸 주목한다고요. 그런데 아무 일도 없었던 듯이 완전무결하다? 그건 진짜….

卍우희종 뻥이죠.

✝김용민 뻥인 거죠. 거짓말인 거지.

卍우희종 그런 얘기를 들으니까 딱 생각나는 게, 요즘 종단 일을 들여다보면서 느낀 게 자승 총무원장은 의외로 인간적일 수도 있다는 생각을 해 봅니다.

(모두 웃음)

卍우희종 지금 말씀하신 것처럼 100퍼센트 옳을 수 없는 게 현실이잖아요. 그런데 각종 부정부패의 원흉으로 수장으로 있는 총무원장께서 많은 지적을 당하지 않겠습니까? 그러면 이분은 가끔 가다 침묵을 해요. 그냥, 조용히 있어요. 또 경우에 따라서는 '내가 잘 몰라서 그래' 이런 식으로 쇼맨십도 발휘하고. 그런데 종단 내에서 항상 옳은 집단이 하나 있어요. 화쟁위라고.

(모두 웃음)

卍우희종 거기는 절대 잘못이 없어요. 대단한 화쟁위 스님입니다.

✝김용민 제가 하는 팟캐스트에서 경제 분야 해설해 주는 기자분이 엊그제 그래요. 대기업들 비판한 기사를 쓰면 전혀 문제 안 삼다가 오너 이름이 들어가면 (홍보 쪽 분들이) "저희 기업을 쓰레기라고 얘기하셔도 좋은데 오너 이름만은 좀 빼 주세요." 이런다는 거예요.

卍우희종 많이들 그렇죠.

왜 교회의 선한 모습을 까느냐, 복음에 먹칠을 하는 것이다,
전도가 안 된다 이런 식으로 얘기를 하는데,
아니 사람 사는 세상에서 절대로 정결하고 절대로 정의롭고
그런 사람이 어디 있어요?

김용민

✚ **김용민** 절대 오너는 건드리지 마라 이런 얘기죠.

🕮 **김근수** 최근에 가톨릭에 관한 영화 두 편이 나왔습니다. 〈프란치스코〉하고 〈스포트라이트〉라는 영화인데, 〈스포트라이트〉는 사제 성추행을 다룬 영화입니다.

🌙 **이종우** 아카데미상 작품상도 받았죠.

🕮 **김근수** 〈스포트라이트〉는 미국 보스턴에서 일어난 많은 사제들의 성추행 문제에 관한 언론의 보도 행태를 다뤘습니다. 그런데 놀라운 것은 바티칸의 태도입니다. 바티칸이 이 영화는 교회를 반대한 영화가 결코 아니라면서 칭찬했어요. 왜? 사제들의 비리 문제를 정확하게 얘기했으니까. 이렇게 나와야 교회 언론이 크고 사회 언론도 용기를 얻을 것 같습니다. 이런 것을 한국 가톨릭이나 개신교, 불교 언론들이, 또 종교 지배층들이 눈여겨봤으면 좋겠습니다.

🌙 **이종우** 지금 세 분 말씀을 정리하면, 종교인이라고 해서 항상 정결할 수는 없으니 차라리 그런 모습을 솔직하게 밝히고 종단에서는 거기에 대해서 정죄할 것은 정죄하고 용서할 것은 용서하는 모습을 보여 줘야 한다, 그 과정에서 종교계 언론은 와치독watchdog, 감시견 역할을 해야 한다, 그래야 종교가 종교다운 모습을 제대로 보일 것 같다, 이런 말씀인 것 같습니다.

✚ **김용민** 언론 얘기가 나와서 그러는데, 기억해야 될 사건이 또 있습니다. 전 나중에 알았어요. 나름대로 개신교 언론 쪽에 몸담기도 하고 관심도 많은데 이런 일을 근자에 알았단 말이죠. 노회찬 정의당

전 대표, 이분의 아내 되시는 분이 김지선 선생 아닙니까? 노회찬 아내라고만 말할 수 없을 정도로 이분의 사회 활동 이력은 정말 대단합니다. 이분 자체가 한국 여성 노동운동사예요. 1978년 3월 26일 부활절 새벽이에요. 여의도 5.16광장여의도공원에 무려 50만 인파가 모입니다. 예배 드리러 온 거죠. 김지선 선생을 비롯한 여성 노동자들이 작전을 짜요. 이 행사가 당시 CBS를 통해서 생중계됐거든요? 그런데 동일방직 여성 노동자들을 침탈한 사건, 그러니까 회사에 매수된 남성 노동자들이 이 여성 노동자들에게 똥물을 뿌리면서 막 내쫓는 테러를 범했던 그 사건이 보도도 안 되고 처벌도 안 되고 이러니까 이분들이 화가 난 거죠. 세상에 알려야겠다 싶어서 50만이 모인 부활절 예배 현장을 급습합니다. 언제 급습하느냐? 기도할 때. 기도할 때 다 눈 감잖아요. 그때 여성 노동자 6명이 단상에 뛰어올라가서 CBS 마이크를 잡고는 "노동 3권 보장하라" "노동자는 기계가 아니다" "동일방직 문제 해결하라" "우리는 똥물을 먹고살 수 없다" 이렇게 외칩니다.

모두 네.

🔆 **김용민** 이분들이 언론을 통해서가 아니라 급습의 형식을 빌려 말할 수밖에 없었던 이유를 생각해 봐야겠다. 그런 점에서 민주화운동 역사에서뿐만 아니라 언론사 측면에서도 이런 사건은 기억돼야 하는 게 아니겠는가.

🔆 **우희종** 그러네요.

⊕ **김용민** 개신교가 이용당한 거 아니에요? 한마디로. 거룩하게, 정의롭게.

⟳ **우희종** 그렇죠.

⊕ **김용민** 이것도 자랑으로 삼을 일이 아닌가 그런 생각이 듭니다.

⟳ **우희종** 당시에 테러방지법이 없었다는 것이 참 아쉽고.

(모두 웃음)

9장

종교계 대목 '선거철'

선거철에 활약한 종교 지배자들과
조찬기도회의 탄생

2016년 4월 5일

💬 **이종우** 많은 야권 지지자들의 아쉬움을 뒤로하면서 필리버스터 정국이 끝났습니다. 이제 본격적인 선거 국면으로 들어섰는데요, 종교와 선거에 대한 얘기를 안 하고 넘어갈 순 없을 것 같습니다. 한때 피선거권자였지만 이제는 선거권자로 돌아오신 김용민 박사님?

🔁 **우희종** (웃음) 감회가 깊을 텐데.

✝ **김용민** 이제는 정치를 떠난 상황이지만, 그렇다고 해서 '아, 나는 그때 기억 때문에 다시는 정치 안 할 거야' 이거는 아니에요. 누구나 다 정치를 해야 된다고 생각하고, 저도 기회가 된다면 언제든 다시 하겠습니다마는, 현재 이 나라 정당정치 문화가 그런 참정권을 보장해 주는 건 아니에요.

💬 **이종우** 그렇죠.

✛ **김용민** 저는 사실 참정권을 제약할 바에는 정당을 없애는 게 어떨까 이런 생각을 합니다. 참정권이 우선이니까요.

모두 그렇죠.

✛ **김용민** 정당이 왜 문제냐면 그 당에서 줄 서야 되고 공천받아야 되고 당선되면 또 그 직을 유지하기 위해 끊임없이 기득권과 결탁해야 되고…. 그게 뭐냐 하면요, 지역구에 갔더니 챙겨 드려야 될 분이 많아. 남몰래 뿌려야 될 돈도 많아야 될 것 같고요. 저는 돈을 뿌리지는 않았습니다만, 뿌렸다면 그냥 한방에 갔겠지. 그렇지 않겠어요?

◑ **이종우** 저 인간은 방송에서 욕도 뿌리고 막말도 뿌리고 돈까지 뿌렸다. (웃음)

✛ **김용민** 뿌릴 돈도 없지마는, 돈을 바라는 분들이 너무 많이 계시더라고. 양심 있는 분들은 그렇지 않았습니다만 일부, 지역구 안에서 이른바 방귀 좀 뀐다는 분들은 선거 때를 대목으로 여겨서 그때 주머니를 열어 두시더라고. 나는 먼지 터는 줄 알았어. 주머니를 열어 두길래.

(모두 웃음)

◑ **이종우** 기회가 되면 언제든 정치 다시 하겠다는 말씀에 공감이 가는 게 제가 곧 해직 교수가 되지 않습니까? '내가 해직된 이유가 뭘까?' 누워서 이 생각 저 생각을 해 봤는데 결국엔 이게 사립학교법과 대한민국 고등교육의 전반적인 문화가 바뀌지 않는 한 그 근본적인 원인을 캐내 풀어 버릴 수가 없겠다는 생각이 들더라고요. '아, 진짜

정치해야겠다' 그 생각을 처음으로 했어요. 제가 정치의 정 자도 되게 멀리하는 사람인데. 컴퓨터 켜고 새누리당에 입당 원서를 내볼까 했는데 죽어도 그건 못하겠고. 예. 이런 인식 과정을 밝히는 이유는 정치가 먼 데 있지 않다, 내가 뭔가 억울하고 안 좋은 일을 당했을 때 그걸 바꿀 수 있는 건 직접 정치에 참여하는 거다, 그런 말씀을 드리고 싶어서요.

✚ **김용민** 맞아요.

☯ **우희종** 맞습니다.

✚ **김용민** 노동운동 쪽 하다가 이대로는 안 되겠다 해서 생긴 게 민주노동당 아닙니까? '정치를 해야 된다. 외곽에서 아무리 떠들어 봐야 세상이 바뀌지 않는다.' 이런 의미에서 정치를 하겠다 그러면 저는 박수 칩니다.

☯ **우희종** 환영할 말이죠. 바로 그런 지점에서 정치를 시작해야 되고.

◑ **이종우** 아, 저는 근데 아직까지는 공부가 좋기 때문에.

☯ **우희종** 아직 인생 쓴맛을 덜 봤군요.

교회에 얼굴 안 들이밀면 아웃

◑ **이종우** 근데 김용민 박사님, 한때 국회의원 후보였으니까 좀 아실 것 같은데, 국회의원이나 시의원이 되려면 종교계에 아부 좀 해야

되지 않나요?

✚ **김용민** 제 경우 사실은 '개신교인이고 또 목사 아들이고 하니까 개신교 쪽은 내 표밭일 것이다' 이런 생각을 했는데 정반대였어요.

☯ **우희종** (웃음)

✚ **김용민** 덕분에, 안티 세력을 겪으면서 느꼈죠.

☯ **우희종** 아, 그럼 스스로를 주류라고 생각해 오셨다는 거예요?

✚ **김용민** 아, 주류라기보다는 '배타하는 이들은 없겠지' 했던 건데. 사실 선거권자들 속으로 저 사람이 교인이냐 아니냐 이거 많이 따지거든요.

☯ **우희종** 그렇죠. 특히 개신교요.

✚ **김용민** 전통적으로 그랬는데, 교인이지만 '저 새끼는 가짜다, 쓰레기다.'

◐ **이종우** 야매다.

☯ **우희종** 사탄이다.

✚ **김용민** 그렇지. 이런 최초의 사례를 내가 만들어 낸 거야. 나 스스로가. 교인이라도 저 새끼는 잘못 믿는 거다. 그래서 느꼈는데, 선거 때 종교계가 뭣도 없으면서 줄 세우는 거 이거 진짜 대단하다.

☯ **우희종** 그렇죠.

✚ **김용민** 이전엔 후보자들이 교회 돌아다니는 거 보면 참 꼴불견으로 생각했거든요? 근데 안 돌아다니면 그 교회가 안티로 돌아서는 거예요.

💧 **이종우** 잠깐만, 하나 좀 여쭤 볼게요. 당시 상대 후보였던 이노근 씨는 교회 다녔어요?

✝️ **김용민** 교회 다닐 것 같아요? 그런 막말 개소리를 떠들고 다니는 양반이?

☯️ **우희종** 그렇기 때문에 교회 다니는 줄 알았지 저는.

(모두 웃음)

✝️ **김용민** 아닌 걸로 알고 있습니다.

💧 **이종우** 그럼에도 불구하고 개신교 신자들이 김용민 박사에게, 당시 김용민 후보에게 목사 아들 돼지임에도 불구하고 표를 안 줬군요.

✝️ **김용민** 아니, 그건 모르지. 표를 줬는지 안 줬는지는 모르지만, 당시 〈국민일보〉를 포함해서 주류 기독교계 놈들이 나 떨어뜨리기 위해서 부단히 애를 썼죠. 진보적 믿음을 가진 분들은 수가 그렇게 많지 않아서 그렇지 많이 지지하고 성원해 주셨어요. 특히 교회 개혁 운동 하시는 분들은 '이 운동에 참여했던 사람이 국회 들어가면 얼마나 좋겠냐' 이러면서 잔뜩 기대해 주셨고요. 하여간 참 죄송하게 됐어요.

자승 총무원장이 출마하면 저는 최소한 원내대표까지는 간다고 봅니다. 아, 이분 정치력 있어요. 정치인의 중요한 미덕 가운데 하나가 뭐냐 하면 약점을 어떻게 관리하느냐 혹은 자기에게 굉장히 불리한 국면이 조성됐을 때 어떻게 돌파하느냐 이거거든요. 이때 정치인으로서 능력이 감별됩니다.

🔁 **우희종** 그렇죠, 그렇죠.

✚ **김용민** 그럴 땐 무조건 침묵으로 들어가야 돼.

🔁 **우희종** 모르쇠. 기억 안 납니다.

♨ **김근수** 그럼 염수정 추기경님도 정치 할 수 있겠네. 무조건 침묵하잖아요. 그 기술은 아주 세계 최고.

🌑 **이종우** 아까 김용민 박사님이 교회에 가서 인사라도 하지 않으면 싹다 안티로 돌아선다는 말씀을 하셨잖아요? 저도 한 가지 들은 얘기가 있는데, 강동구에 출사표를 던진 모 후보께서 그런 말씀을 하셨다고 그래요. 강동구에 굉장히 큰 교회 하나 있잖아요?

✚ **김용민** 강동구에 있는 큰 교회라면 명일동에 있는 명성교회밖에 없어요.

🌑 **이종우** 그렇죠. 거기에 안 가면 자기는 안 된다.

✚ **김용민** 그렇지. 예전에 이부영 의원하고 김충환 의원이 출마를 했는데 부영이 형이 거기 출석 안 해서 떨어졌잖아. 한마디로 그렇게 정리될 수 있습니다, 거기는.

미사 시간에 "인사 한번 하시죠"

🌑 **이종우** 선거가 있을 때 가톨릭에서는 특별하게 움직이는 게 있습니까?

🕊️**김근수** 선거와 가톨릭 관계는 이렇게 구체적으로 말씀드리고 싶습니다. 공식적으로, 노골적으로 어떤 특정 후보를 지지하거나 반대하거나 하지는 않습니다. 그런데 선거철이 다가오면 정권이 가톨릭 측에 좋은 인상을 주기 위해서 숙원 사업을 좀 많이 허락해 줍니다. 특히 선거 6개월 전에 아주 집중적으로 이런 일이 진행되죠. 그때는 정말로 음으로 양으로 주고받고 서로 토론하고 의견을 나누는 것이 관례입니다. 정권 측에서는 가톨릭 지도부에게서 호감을 얻으려고 노력을 많이 하지요. 그리고 개별 후보자들은 자기 지역의 성당에 찍히면 안 됩니다. 가톨릭 신도들이 선거 때에 통일적으로 움직인다고 착각해선지, 여러 성당 다니면서 미사 예물을 바치거나 성당 신부들과 악수를 하거나 또는 미사 시간에 등장하려고 애를 쓰는 등 가톨릭을 이용하려는 후보자들의 노력은 아주 눈물겹습니다.

🕊️**이종우** 얼마 전에 유정복 인천시장도 한 건 하셨잖아요.

🕊️**김근수** 네. 지금 19대 국회에서 성당, 교회를 다니는 국회의원이 300명 중에 절반을 넘습니다. 그런데 그 사람들이 예수의 정신으로 정치를 한다고는 생각하지 않습니다. 그 사람들은 국회의원 되는 데에만 종교가 필요했지 국회의원 된 다음에는 종교가 필요 없습니다. 종교를 이용한 겁니다. 이런 사람들한테 이용당하기를 바라는 성당들도 있고 이용당할 수도 있습니다. 정말로 조심해야 합니다. 성당다닌다고 해서 (정계에 입문하려고 하는) 누구를 미사 시간에 소개하거나, 국회의원 입후보한 사람이 미사 예물을 넣는 데 이름을 부르

거나, 또 사제나 이런 사람들이 국회의원 후보들을 유리하게 소개하거나 이러는 거 전부 잘못된 겁니다.

🌑 **이종우** 법적으로도 그렇게 나오네요. 공직선거법 제85조 3항에 따르면 이렇습니다. "누구든지 교육적·종교적 또는 직업적인 기관·단체 등의 조직 내에서의 직무상 행위를 이용하여 그 구성원에 대하여 선거운동을 하거나 하게 하거나, 계열화나 하도급 등 거래상 특수한 지위를 이용하여 기업조직·기업체 또는 그 구성원에 대하여 선거운동을 하거나 하게 할 수 없다." 위반한 한 사례로 인천 한 목사가 예배 시간에 신도들한테 '이단인 ○○당에 투표하지 말고 ○○당에 투표하라'고 한 일이 있습니다. 이걸 방송으로도 하고, 주보에도 실어서 선거법 위반으로 걸렸네요.

🌑 **김근수** 그동안 성당 여기저기서 그런 일은 있었습니다. 미사를 하던 신부가 예를 들면 가톨릭 다니는 입후보자를 앞으로 나오라고 해서 "인사 한번 하시죠" 그래서 인사하고.

🌑 **이종우** 아, 그런 일이 있었어요?

🌑 **김근수** 저 홍길동 누구입니다 하고 들어가게 했습니다. 그게 짧은 행동이지만 거기에는 여러 뉘앙스가 담겨 있겠죠. 이런 것도 해서는 안 된다고 생각합니다.

🌑 **이종우** 만약에 그런 일이 있을 때 누가 벌떡 일어나서 "주임신부님, 어떻게 그러실 수가 있습니까? 이것은 선거법 위반이고 성스러운 성당 안에서 이런 일이 있어야 되겠습니까?" 하면 어떻게 될까요?

🌀 **김근수** 그렇게 하는 게 마땅한데, 우리 착한 가톨릭 신자들 중에는 마치 신부가 신인 줄 착각하는 사람도 많잖아요? 그래서 그런 행동은 관행이다, 또 이 정도는 봐줄 수 있지 않느냐 하면서 넘어가는 경우가 많습니다. 근데 그렇게 하다 보니까 이게 관행이 된 거예요. 예를 들어, 어느 종교 행사에서 "오늘 국회의원 누가 나오셨습니다. 박수 치세요." "오늘 어느 당의 누가 나오셨네요. 박수 치시죠." 이런 것도 나쁜 거거든요. 이런 게 너무 관례적으로 행해지니까 못마땅한 거예요. 미사 때도 앞자리에 앉게 하고. 그런 종교적 특혜는 있을 수 없습니다.

이명박 선거 도운 스님들

🌀 **이종우** 불교 쪽에서는 국회의원 선거를 비롯한 선거 때에 봉은사 앞에서 인사하거나 그런 사람 없습니까?

🌀 **우희종** 그건 초보적인 수준이고. 지금 편집장님이 말씀하신 게 그대로 불교계에도 적용되고요, 여기서 한 걸음 더 나아갑니다. 스님들이 앞장서서 뜁니다. 심지어 자승 총무원장은 이명박 대통령이 당선되는 데 도움을 줬죠. 일제 강점기 때 승려들이 천왕을 찬양하고 그런 모임도 갖고 글도 발표했는데 그때나 지금이나 달라진 게 없다고 봅니다. 이명박 장로가 대통령 후보로 나왔을 때 불교계에 소위

이명박 장로가 대통령 후보로 나왔을 때 불교계에
소위 권력 있는 승려들이 모여서 선거를 돕는 모임을 가졌고
실행하기도 했습니다. 명부가 있어요.

우희종

권력 있는 승려들이 모여서 선거를 돕는 모임을 가졌고 실행하기도 했습니다. 명부가 있어요. 이런 거 보면 그래도 가톨릭은 양반이구나 싶습니다. 선거 때면 정치권에 가까운 스님들이 직접 후보를 데려와요. 그 지역 모든 사찰에 들러서 인사 시키고, 악수도 시켜요. 그때 뭐가 오가는지는 모릅니다. 소개도 그냥 합니까? 어쩌구저쩌구 길어요. 가톨릭 얘기 들으니까 그 정도 수준만 돼도 버틸 만하겠다, 그런 생각이 듭니다.

◑ 이종우 근데 이런 기사가 있네요. 3월 2일 자 기사인데, 김종인 대표가 자승 총무원장을 만난 자리에서 (대선 승리를 위해서) 총선 전에 야권 통합이 이뤄져야 하지 않겠느냐고 내비치니까 자승 총무원장이 "(대표님의) 지혜로움으로 잘 통합해 보기를 바랍니다"고 격려했네요. 이건 또 뭡니까?

⤵ 우희종 당연히 그렇게 말하겠죠. 뭐라고 그러겠어요? 어느 놈이 되건 좋게 얘기해 놔야 '나 그 얘기 했잖아' 그러면서 달라붙을 수 있죠.

◑ 이종우 음.

⤵ 우희종 정치권은 종교인의 표를 이용하려고 하고, 힘 있는 종교인들은 자신의 보직을 유지하기 위해서 정치권을 이용하려고 하고. 어차피 주요 보직에 있는 사람들이 정치적인 건 분명하거든요? 그러니까 그 자리까지 올라간 거고. 낮은 곳에 임하기보다 높은 곳을 향해서 나아가는 분들이 정치권과 유착되는 건 필연적인 것 같아요. 그

런 행태를 얼마나 노골적으로, 공공연하게 하느냐 아니냐의 문제일 뿐이고요. 선거법이나 그런 제재 제도가 있어도 종교적인 어떤 특정 상황에서 그런 일이 벌어지다 보니까 별로 나아지는 게 없습니다. 굉장히 심각한 문제입니다.

🌓 **이종우** 김종인 대표가 아예 자승스님을 만나러 조계사로 간 거군요?

🉑 **우희종** 그럼요. 모든 정치인은 '쪼르륵' 갑니다.

굿한다고 뭐라 하더니 기도회 연 개신교

🌐 **김근수** 우희종 교수님한테 하나 궁금한 게 있는데요, 혹시 불교계를 겨냥한 선거 공약을 내거는 정당도 있습니까?

🉑 **우희종** 실제로 공약집에 들어가진 않습니다만 거래는 일어납니다. 정당 쪽에서 '불교계에서 원하는 게 뭐냐?' 물어오면, 딱 짜서 보내요. 그럼 자기네가 이런 거 추진하겠다면서 답이 와요. 각 정당에 있는 종교별 담당자와 총무원장의 종책특보가 주로 그런 역할을 합니다. 이 사람들 통해서 뒷거래가 일어나는 거죠.

🌐 **김근수** 가톨릭에서는 이런 일은 없습니다. 공식적으로, 노골적으로 서류에 등장하는 일은 없습니다. 불교계가 정말 그렇다면 정말 불교계는 앞서가는 교단입니다.

🔁 **우희종** (웃음)

💬 **이종우** 개신교는 어떻습니까? 은근히 공약을 요구한다든지. 일종의 미끼를 주는 거죠. '우리가 너네 원하는 거 들어줄 테니까 가지고 와라.' 이런 게 있습니까?

✝ **김용민** 뭐 지금은 동성애 반대, 이슬람 특혜 금지…. 근데 저는 그거는 구실일 뿐이라고 봅니다. 그자들의 진정한 목적, 욕망은 '우리 인정해 줘.' '우리 무시하지 마.' '우리한테 특별한 예우를 해 줘.' '우리가 연락했을 때, 우리가 전화했을 때 바로바로 받아 주고 바로바로 반영해 줘.' 이익단체로서 자신들의 위상을 과시하는 거죠. '우리 폼 좀 나게 해 달라.' 저는 이거 이상도 이하도 아니라고 봅니다.

💬 **이종우** 이전 방송에서 국회에서 굿하는 게 문제면 조찬기도회도 문제 아니냐 얘기를 했는데요, 지난 2월에 국회의원회관 대회의실에서 '3당 대표 초청 국회 기도회'가 열렸네요. 여기에 김무성, 박영선, 한 명은 여당 대표고 한 명은 유명한 야당 국회의원인데요, 두 사람도 참석을 했다고 합니다. 근데 주최자 중 한 명이 전광훈 목사대한민국바로세우기국민운동본부 대표네요.

✝ **김용민** 전광훈 목사는 전부터도 떴다방이었습니다. 2004년 총선 때부터 한국기독당을 만들어 후보들을 출마시켰습니다. 정당 득표율이 3퍼센트만 되면 비례대표 의석 하나는 얻을 수 있잖아요. 근데 1석 가지고 뭘 하겠습니까? 무소속하고 똑같은 건데. 개신교계 교인들이 860만 명대지만 자기네 말로는 1200만 운운하잖아요. 가톨릭

하고 합쳐야 그 정도 나옵니다. 근데 가톨릭을 평소에 인정하느냐? 안 한단 말이지.

☯ **우희종** 이단으로 막 몰아가고.

✝ **김용민** 글쎄 말이야. 그런데 어디서 1200만이 나온 건지…. 여하간 1200만이 한 표씩 던진다? 그럼 국회 의석 한 3분의 1은 차지하죠. 그러니까 교인들이 다 투표할 수 있도록 하면 이거 된다. 그래서 사실은 그 정도 교인 수, 그 규모를 믿고 기독교 은행도 만들려고 했던 거 아니에요?

☯ **이종우** 그렇죠.

✝ **김용민** 교인들 헌금을 기독교 은행에 맡기면 엄청난 자본력을 보유할 수 있는 거고. 그렇게 되면 한국 사회에서 여러 가지 경제, 사회적 주도권을 쥘 수 있다고 판단을 한 거예요. 착각도 이런 착각이 어디 있습니까? 어떤 표현 쓸까 말까 고민하다가 이만한 게 없을 것 같아서 '개좆같은 착각.'

(모두 웃음)

✝ **김용민** 아니, 860만, 1200만 이 사람들이 신자로서의 정체성이 뚜렷합니까? 개중에는 엄마가 나가라고 해서 어쩔 수 없이 나가는 경우도 있고, 실망해서 교회를 떠난 '안 나가' 교인까지 계산하면 한 150만 된다고 합니다. 이 '안 나가' 교인이 점점 늘어나고 있어요. 그리고 이름만 올려놓은 교인들도 상당하고요. 거품이 많다고요. 진짜 열성적인 신자, 매주 수요일, 금요일, 일요일 가서 아멘 아멘 하는 그

런 분들이 과연 전광훈 따위가 깃발을 들었을 때 거기 와서 기독당을 지지한다 그러겠어요? 그건 아닌 거지. 근데 참 한심한 게 뭐냐하면 그런 전광훈이 불렀다고 가서는 '동성애는 절대 안 된다' 이런 말을 한 사람이 있다는 거야. 정말 팔불출인 거지, 팔불출.

🌀 **이종우** 정확한 기도회 제목은 "나라와 교회를 바로 세우기 위한 3당 대표 초청 국회 기도회"네요.

✝ **김용민** 자기나 바로 세우라고 그러지. 뭐 남 걱정을 해.

선거철을 대목으로 여기는 종교인들

🌀 **이종우** 무당이 굿했다고 그렇게 난리를 치더니. 자기네들은 이러는 게 되게 웃기네요.

✝ **김용민** 자기들은 고등 종교고, 다른 종교는 미토콘드리아 같은 열등한 종교다 이런 얘기야.

☸ **우희종** 더욱이 그런 모임에서 한 발언 내용이 너무 충격적이었습니다. 전 그분들 낙선운동을 해야 된다고 생각합니다. 어떻게 그런 식의 발언을 할 수 있는지…. 청중들 입맛에 맞게 얘기를 한 건지 아니면 정말 자기가 그렇게 생각해선지 그저 놀랍더라고요.

✝ **김용민** 아니, 박영선 의원의 경우 "제가 배운 그리스도의 정신, 기독교의 정신은 첫 번째는 개혁이었고, 두 번째는 사랑이었다"고 해 놓

고는 동성애자를 경멸하는 그런 말을 했단 말이죠.

🔵 **이종우** "차별금지법, 동성애법, 인권 관련 법, 이거 저희 다 반대합니다. 누가 이거를 찬성하겠습니까? (…) 특히 이 동성애법은 이것은 자연의 섭리와 하나님의 섭리에 어긋나는 법입니다. 그래서 이런 법에 더불어민주당은 이 자리에 계신 한기총의 모든 목사님과 기독교 성도들과 정말로 뜻을 같이합니다"고도 얘기했죠. 그전엔 필리버스터 하면서 즙을 짜내고. '반박반박'이네요. 반은 박영선, 반은 박근혜.

🟠 **김용민** (웃음) 이분은 성소수자가 성다수자면요, "아, 저도 동성애자입니다." 이럴 분이에요.

(모두 웃음)

🟢 **우희종** 사실 예수님이 원수를 사랑하라고 한 말은 단순히 개인적 원수를 사랑하라는 말이 아니라 예수님이 우리에게 보여 준 가치와 정반대되는 것들마저 포용해서 그것들이 제대로 된 길을 갈 수 있도록 하라는, '세속적 가치나 세속적인 사람들의 고정관념마저 품어서 그들을 바른 길로 이끌라'는 메시지라고 저는 이해하거든요. 단순히 '내 원수인 저놈을 용서해야지' 그런 수준이라기보다는 '세상 사람들이 다 멸시하고 침 뱉는 사람마저, 그런 가치마저, 보듬어 안고 부처님이나 예수님이 지향하는 세상을 향해서 나아가라'는 메시지로 봅니다. 근데 박영선 의원 말은 '여러분과 똑같이 성적소수자, 이슬람에 침 뱉습니다'고 한 거잖아요. 참 흉측한 말이네요.

⊕ **김용민** 근데 사실 박영선 의원의 고민이 이해도 되는데, 지금 카톡이 엄청난 억측과 모략과 비방의 온상이에요. 더불어민주당이 동성애를 옹호한다, 지지한다, 그래서 교육감들도 동성애 비판하면 다 잡아가려고 한다, 우리 아이들을 다 동성애자로 만들려고 한다, 이런 말이 떠돈단 말이죠. 사실 제1 야당에게 선거는 목숨이 달려 있는 사안이잖아요. 그러니까 이런 억측만이라도 해소하기 위해 조금 오버액션하는 것은 이해해 주겠지 하는 마음으로 그랬을 거라고 생각을 해요. 하지만 전광훈 앞에 가서 그렇게 했다는 건 진짜 부끄러운 일이에요.

⊕ **우희종** 전 그런 모습 보면서 정말 우리 사회에 진정한 정치인이 없다는 생각을 했습니다. 단순히 눈앞의 작은 이익과 표만 쫓아다니는 정치 야바위꾼, 정치 장사치들이 횡행하다 보니까 진정한 정치가 실종되고 우리 사회가 개선이 안 되는 것 같아요.

⊕ **김근수** 저는 정치인들이 종교를 이용하고 싶은 마음은 항상 있다고 생각하고, 호시탐탐 노리고 있다고 생각합니다. 이런 현실에서 중요한 것은 종교인들이 먼저 정치에 이용당하고 싶은 욕심을 버려야 한다는 것입니다. 선거 때만 되면 '대목이다', '후보자는 우리 먹잇감이다' 하면서 은근히 즐기고 그 종교계의 숙원 사업을, 현안을 어떻게 하면 선거 전에 처리할까 하고 노리는 그 종교 지배층의 뻔뻔한 미소가 저는 굉장히 불쾌합니다.

⊕ **김용민** 그래서 '빤스'2005년 대구의 한 집회에서 전광훈 목사가 "여신도가 나를

위해 속옷을 내리면 내 신자고 그렇지 않으면 내 교인이 아니다"고 말해 큰 물의를 빚었다. 이후로 '빤스 목사'라는 별칭을 얻었다. 얼굴 보시면 아시겠지마는 '아 내가 김무성이하고 박영선이를 불렀어' 그 득의만만한 표정 안 보입니까? 난 단번에 보이던데. 그런 사람한테 휘말린다는 건, 제가 봤을 땐 너무 없어 보인다.

🌑 **이종우** 아까 우희종 교수님 말씀처럼 당장 눈앞의 한 표가 아쉬우니까 한 표에 눈이 멀어서 열심히 쫓아다닌 결과가 아니었나라는 생각이 들고요, 제발 국회 내에서는, 공공기관에서는 좀 종교 중립적인 모습을 보여 줘야 되지 않나 그런 생각도 듭니다. 전광훈 목사 얘기를 하니까 기독당 얘기를 안 할 수가 없는데요, 기독당 플래카드에 "핵 위협엔 핵 보유가 답" 이렇게 쓰여 있던 게 생각나네요. 이에는 이, 눈에는 눈. 김근수 편집장님, 독일에도 기민당이 있지 않습니까? 독일뿐 아니라 세계적으로 특정 종교를 기반으로 한 정당이 꽤 있는 것 같은데….

🌑 **김근수** 예. 유럽이나 남미처럼 그리스도교 신도가 많은 나라에서는 정치적 이유로 당명에 종교와 관련된 말을 넣기도 합니다. 실제로 그리스도교의 가르침을 정치에서 어떻게 풀어낼 거냐 하는 좋은 마음으로 넣는 경우가 아주 많습니다. 그렇게 하려고 노력도 많이 하고요. 어떤 나라 가면 '그리스도교'라는 말이 붙은 정당이 서너 개씩 됩니다.

모두 아.

김근수 하지만 어느 당명에 그리스도교라는 이름이 붙었다고 해서 정말로 그리스도교 정신을 포함하고 있다고 믿어선 안 된다고 생각합니다. 그런지 아닌지 따져 봐야죠. 예수님은 '원수도 사랑하라' 그랬는데 어떻게 핵을 보유하는 게 기독교의 주장입니까? 그건 아마 가짜 같습니다.

이종우 헬무트 콜 전 총리도 기민당 출신인데, 기민당이 기독교적인 것을 바탕으로 활동하고, 종교의 잣대를 많이 들이대는 편입니까?

김근수 예. 그렇습니다. '그리스도교'라는 이름이 붙은 정당에 투표할 때 유권자들이 주로 지켜보는 것은 낙태 허용 문제, 피임 문제, 군비 문제, 그리고 세계적으로 여기저기에서 일어나는 분쟁에 군대를 파견하는 문제 그런 거에 관한 정당의 태도입니다.

이종우 그러니까 뭐 동성애나 이슬람에 대한 태도 같은 거를 보는 건 아니군요?

김근수 이슬람 문제나 동성애 문제에는 전 세계에서 한국 개신교만 관심을 갖는 것 같습니다. 다른 나라는 별로 관심이 없습니다.

이종우 예전에 김길수라는 대통령 후보가 있었잖아요?

김용민 국태민안. '국태민안호국당'이고, '불심으로! 대동단결!'.

우희종 아, 예.

이종우 불교계에도 이렇게 정당이 있었네요. 우희종 교수님, 종교가 당을 만들어서 원내에 진출하는 것에 대해서 어떻게 생각하세요?

우희종 일본에 있는 공명당이라는 정당은 그래도 꽤 바람직하게 돌아가는 것 같습니다. 근데 한국 문화 풍토에서 불교 정당이 과연 어떤 의미를 가질까요? 당연히 저는 부정적입니다. 저번에도 말씀드린 것처럼 '호국불교'라는 개념 자체만 해도 굉장히 정권 지향적이거든요. 진정한 불교의 가르침하고는 거리가 아주 멀어요. 불교 정당 얘기가 왜 나오느냐면, 재력 있고 유명한 사찰이 영남권에 많습니다. 박정희 전 대통령 영정을 거의 신처럼 모시는 사찰도 있고요. 그런 문화다 보니까 이 사람들이 착각을 하는 거예요. 한번 띄워 보자 그런 식으로.

🙏 **김근수** 종교 입장에서 보면, 자기 종교의 주류 정당을 통해서 이익을 관철하는 것보다 차라리 모든 정당을 뜯어먹는 게 편합니다. 특별한 정당을 지지할 필요 없이 모든 정당과 거래하는 게 편합니다.

조찬기도회에 울려 퍼진 박정희 찬가

✝ **김용민** 교회와 정치 세력의 아주 아름다운 조화, 협력, 상생. 이 구조가 바로 독일이라고 생각하는데, 때맞춰서 제가 이 내용을 박사 학위 논문에 담았는데요.

모두 오.

✝ **김용민** 독일은 루터와 칼뱅의 나라 아니겠습니까? 교회와 사회의 관계에 대해서 고민을 많이 했던 나라입니다. 대대로. 독일에 개신

교협의회가 있습니다. 여기서는 국민적 관심이 집중된 현안에 대해서 백서를 작성해 시민사회단체, 정당 이런 데다 발표를 해요. 뭐 한국의 교회들도 사회적인 관심 사안이 있을 때마다 성명, 논평을 발표하지만 여기서는 백서를 만든단 말이죠. 근데 백서가 단순히 성명문 한 장 이렇게 돼 있는 게 아니에요. 목사, 신학자, 윤리학자, 인문사회학자들이 다 모여서 함께 이 현안에 대한 현상을 분석하고 윤리적인 판단을 하고 신학적인 해석을 하고 그렇게 해서 해법과 대안까지 담아 발표합니다. 그러면 이것을 기독민주당, 기독사회당 여기서 받습니다. 받고 고민을 하고, 답을 제시하고, 때로는 입법화합니다. 이렇게 해서 교회는 사회적 입장 표명을 하고, 의회는 이것을 존중해서 입법화하고. 아, 이러니까 얼마나 멋있어요. 이런 흐름이. 여기처럼 우리 교회 앞의 도로 좀 갈아 주시고, 증축 허가 좀 내 주시고, 이런 식으로만 하지 않는단 말이에요. 한국에서 교회와 정치의 관계가 그렇게 형성되다 보니까 특혜라고 생각하는 거죠, 사람들이. 부당한 야합이라고도 보고요.

🌀 **이종우** 한국에선 기독교 정당이 선거철만 되면 나왔던 것 같은데….

✝ **김용민** 2004년부터 시작됐다고 아까 말씀드렸는데, 뭐 처음 나왔을 때는 참패를 했죠. 그때 주도했던 사람이 김준곤 목사라고 돌아가셨죠. CCC한국대학생선교회 창립한 양반인데, 이 양반이 사실은 대한민국 땅에 국가 조찬기도회를 만든 분이에요. 처음부터 박정희가 참석한 건 아니고 몇 년 지나서 참석을 했는데, 여기서 온갖 헛소리, 뻘소리

들이 넘쳐 났습니다. 박정희를 띄우기 위해서 유신 이후에는 '유신은 실로 세계 정신사적 새 물결'이라는 표현까지 썼어요.

🌱**우희종** 멋있네요.

✝**김용민** 저게 죽을 사死 자인 거니까.

(모두 웃음)

☸**김근수** 그렇습니까? 3월 3일에 48회 국가 조찬기도회가 열렸는데, 무려 3000명이 참석했다고 합니다. 여기에 박근혜 씨도 나왔나 봐요. 소강석 목사가 한 설교가 아주 비웃음을 사고 있습니다. "세계의 몇몇 유명 여성 정치인들 있잖아요. (박근혜 대통령은) 완전 차별화가 되셨어요. 그들도 다 나름대로 성공한 정치인이지만, 그러나 대부분은 육중한 몸매를 자랑하고 튼튼한 거구를 자랑하는 분들이지 않습니까. 그러나 우리 대통령님께서는 여성으로서의 미와 덕 그리고 모성애적인 따뜻한 미소까지 갖고 계십니다"라고 외국 여성 정치인 비하 발언을 했습니다. 소강석 목사는 "우리 민족은 하나님이 금하시는 동성애 문제 가지고 더 이상 갈등하지 말아야 한다"며 성소수자 혐오 발언도 했어요. 또 "하나님은 이승만 박사를 통하여 자유 대한민국을 건국해 주셨습니다. (…) 어떤 방법과 경로를 통해서든지 대한민국의 건국과 정체성을 왜곡하는 역사교과서 내용은 반드시 수정되어야 될 줄로 믿습니다"고 말했습니다. 현행 헌법에서 분명히 밝힌, 3.1운동으로 세워진 대한민국 임시정부의 법통을 무시하고, 이승만 건국설을 주장한 것이지요.

💧 **이종우** 소강석 목사가 주기철 다큐멘터리 만드는 거에 대해서도 한마디 하더라고요?

✝️ **김용민** 후원했어요. 돈을 쳤어. "테러방지법 빨리 통과시켰어야 했다.""개성공단 중단은 평화를 위한 그랜드 디자인이다." 이제 뭐 소강석 씨는 특별히 더 언급할 가치가 없죠. 이 양반보다 더 심각해지면 전광훈이 된다.

(모두 웃음)

☸️ **우희종** 등급이 그렇게 되는군요?

✝️ **김용민** 예. 레벨은 한 단계 떨어지죠.

☸️ **우희종** 충분히 납득이 되네요.

🔯 **김근수** 그 소강석 목사가 이번 조찬기도회에서 한 얘기를 보고 놀라서 제 페이스북 담벼락에다가 "소강석 목사, 그것은 설교가 아니라 종교적 매매춘 행위다. 개신교는 이제 국가 조찬기도회를 그만두라" 했더니 누가 그걸 따 가서 〈베리타스〉라는 개신교 인터넷 언론에 보도가 됐더라고요.

☸️ **우희종** 그래도 명예훼손으로 잘 안 걸리시네요?

(모두 웃음)

✝️ **김용민** 조찬기도회 얘기를 좀 하자면, 1966년부터 시작이 됐어요. 1회 때 기도 내용 중 하나가 '하나님의 나라가 속히 임하시길 빈다'가 아니라 "박정희 대통령이 이룩하려는 나라가 속히 임하시길 빈다"예요. 이거는 뭐냐? '하나님 나라 = 박정희가 이룩하려는 나라'예요.

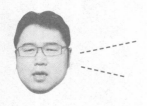

조찬기도회 1회 때 기도 내용 중 하나가
'하나님의 나라가 속히 임하시길 빈다'가 아니라
"박정희 대통령이 이룩하려는 나라가 속히 임하시길 빈다"예요.

김용민

이게 바로 우리 김근수 편집장님이 말씀하신 '종교적 매매춘' 행위야 이거는. 그리고 2회 때는 "우리나라의 군사혁명이 성공한 이유는 하나님이 혁명을 성공시킨 것이다."

🜋 **우희종** 지지한 거다.

✝ **김용민** 이야, 5.16을 하나님이 시켰다는 거야. 그리고 앞서 말씀드린 대로 "10월 유신은 하나님의 축복을 받아서 기어이 성공시켜야 하겠다. (…) 외람되지만 각하 치하에서 일어나고 있는 전군 신자화 운동이 종교계에서는 이미 세계적 자랑이 되고 있는데, 그것이 만일 전 민족 신자화 운동으로까지 확대될 수만 있다면 10월 유신은 실로 세계 정신사적 새 물결을 만들고 신명기 28장에 약속된 성서적 축복을 받을 것이다." 박정희 때 전군 신자화 운동을 벌였는데, 그랬더니 군인들이 말을 더 잘 들어.

🜋 **우희종** 어, 내 표야 다.

✝ **김용민** 또 일사불란해지고. 자기의 통치 기반이 탄탄해지니까 전군 신자화 운동을 벌이자 이렇게 했던 것이죠. 군에 교회가 점점 늘어나니까 군의 사고 비율이 줄어들더라. 이런 통계를 보고받고 박정희가 전군 신자화 운동을 벌였다는 얘기도 있습니다. 전군 신자화 운동 하니까 김준곤이 전군 신자화 운동만 하지 말고 전 국민 신자화 운동도 하시면 어떻겠냐? 얼마나 좋겠냐? 전 국민이 신자가 되면 여기는 하나님 나라가 되는 거고, 세계 정신사적 새 물결이 일어나게 되는 거다.

이종우 와, 개새끼들. 진짜. 아니, 예전에 통일교 문선명 씨가 통일교를 국교로 인정해 주면 나라 빚 다 갚아 주겠다고 제안했다는 뜬소문이 있었잖습니까? 그때 아주 난리가 났었거든요. 전 민족 신자화하고 뭐 차이가 있냐고요.

우희종 그분이 머리를 잘못 썼네. 그때 '당신들'의 빚을 다 갚아 주겠다고 했으면 그냥 받아 줬을 텐데. 나라 빚을 갚겠다고 했으니….
(모두 웃음)

정계에 진입하려고 고군분투하는 개신교

김용민 동성애자에 대한 차별이 없어야 된다는 입장을 가지신 정치인이 총선 때 출마를 했는데 교회 때문에 스트레스 받으시더라고요. 그래서 제가 그랬습니다. 그런 거 걱정 안 해도 된다. 동성애, 이슬람교 반대? 이거 다 허울뿐이다. 그냥 하는 얘기다. 걱정이 되면 그 교회 교인으로 등록하고 '목사님의 사역을 위해 제가 도와드릴 게 뭐가 있을까요?' 이러면서 '목사님 당신이 국회에 파송됐어야 할 사람이다' 이런 인식 심어 주면 스트레스 받을 일 없어질 거다.

우희종 갑자기 궁금한데, 5.18에 대해서는 조찬기도회에서 뭐라고 했나요?

김용민 전두환이 광주학살을 저지르고 얼마 뒤 '전두환 국보위 상임

위원장을 위한 기도회'를 열었죠. 이때 한경직 등 23명의 개신교 종교 지도자가 참석했는데, "구석구석 악을 제거해 주셔서 감사합니다"가 주 내용이었어요.

김근수 저는 개인적으로 김대중 대통령을 좋아했지만 거의 유일하게 못마땅한 게 하나 있었습니다. 전두환 사면한 거. 저는 개인적으로 신학자이고, 또 사형제를 폐지하자는 운동에 참여하고 이해도 하지만, 그래도 한 가지 예외는 두고 싶습니다. 전두환은 사형시켰어야 했다.

우희종 저는 사형에는 반대하기 때문에. 단, 사형은 시키지 않되 국가, 국민의 세금으로 먹일 수는 없다. 매일 최소한의 중노동을 시켜서 자기 먹을 것을 벌게 하고, 일하지 않으면 먹지 못하게 하는 식으로 평생 살게 해야 된다.

이종우 《백장청규》당·송 시대를 거치면서 성문화해 놓은 선종(禪宗)의 각종 규범. 원나라 때 수정되어 전국 선원에서 시행된다. 기존의 탁발을 '하루 일하지 않으면 하루 먹지 마라'로 바꾼 것이 대표적인 예다.입니까? (웃음)

우희종 예. 저는 사형은 절대 반대입니다. 그러나 국민의 세금을 낭비해서는 안 됩니다.

이종우 근데 김용민 박사님, 기독당이 성공할 거라고 보십니까?

김용민 성공하긴 뭘 성공을 해. 17대 때는 완패를 했고, 18대2008년 때 이야 이때 대박이었습니다. 2.59퍼센트의 득표율을 기록했어요.

이종우 이야, 그럼 1석 얻을 뻔했네요.

✛ **김용민** 거의 목전까지. 19대 총선 때는 기독교 정당이 세 개_{기독사랑}
실천당, 한국기독당, 기독자유민주당</sub>나 나옵니다. 교단이 100개가 넘으니까
정당이 3개인 게 이상한 일은 아닌데, (웃음) 여하간 18대 때 2.59퍼
센트 나온 거 보고 조금만 더 노력하면 이거 3퍼센트 넘어간다 해서
서로 '성공 가능성'을 엿본 거죠.

◑ **이종우** 세 군데가 1퍼센트씩 나눠 먹었나요 혹시?

✛ **김용민** 개참패를 했지. 다 합쳐서 1.45퍼센트. 지난번보다도 표를 못
얻은 거야. 자, 이제 20대 총선에서는 결과가 어떠할지. 이제 사람들
모으고, 돈 모으고, 조직 구성하고….

⚐ **우희종** 그게 나중에 흐지부지 끝난다 해도 '나 옛날에 이랬어' 할 수
있으니 본인들로서는 나쁠 게 없겠네요.

✛ **김용민** 음 그렇죠. 이력으로 남으니까. 어느 어느 당 총재였다 이런
거 스펙이 될 수 있으니까.

"훌륭한 신자는 정치에 관심을 많이 가지는 사람이다"

◑ **이종우** 우희종 교수님, 혹시 '종자연'이라고 아시나요? 종교자유정
책연구원.

⚐ **우희종** 네네.

◑ **이종우** 이게 불교 쪽하고 관련이 있습니까 혹시?

우희종 시작은 불교에서 했지만 지금은 전혀 다릅니다. 목사님도 참가하고 있고. 다 합류하고 있어요.

이종우 이 종자연에서 낙천 대상자, 정교 분리·종교 중립 위반 예비 후보자 명단을 발표했네요.

우희종 네, 맞습니다.

이종우 10명을 발표했는데, 누구냐? 김을동, 김진표, 박성중_{전 서초구} _{청장}, 안상수, 이석현, 이윤석, 이재오, 이혜훈, 주대준, 황우여네요. 이 발표에 대해 〈뉴스파워〉라는 인터넷 신문에서는 이해할 수 없다는 반응을 보였고요. 종자연 발표는 어떻게 보면 종교계의 선거 개입이라고도 볼 수 있을 것 같은데 어떻게 생각해야 될까요?

우희종 잠깐 수정이 필요한데요, 종자연은 종교계라고 보아서는 안될 것 같습니다. 종교와 정치의 유착을 감시하는 일종의 시민단체에 가깝습니다. 저는 신도들이 모이고, 또 깨어 있는 종교 성직자들이다 모여서 그런 낙천, 낙선운동을 하는 것은 참 바람직하다고 봅니다. 사실 정치처럼 민생에 직접적으로 영향을 주는 게 없거든요? 직접적인 당사자들로서 당연히 참여해야 돼요. 종교의 이름으로 사회를 더욱 분열시키는 정치가들은 막아야 된다고 봅니다.

김근수 저는 크게 이렇게 말씀드리고 싶습니다. 선거를 앞두고 종교가 해서는 안 될 일, 또 해야 될 일을 좀 나누고 싶은데, 프란치스코 교황이 이런 말을 했습니다. "훌륭한 정치인이 많이 나와야 된다. 그리고 훌륭한 신자는 정치에 관심을 많이 가지는 사람이다." 이런 큰

틀에서 말하고 싶고, 선거를 앞두고 종교가 해서는 안 될 행동이 있습니다. 후보자와 권력의 힘을 빌려서, 선거를 이용해서 종교의 숙원 사업을 해결하는 이거는 해서는 안 되겠다. 어떻게 보면 거래 행위잖아요?

🔹 **우희종** 어? 불교 얘기를 어떻게 아셨지?

🔸 **김근수** 아니, 가톨릭.

✝ **김용민** (웃음)

🔸 **김근수** 해야 될 일. 개별 후보자에 대한 분석, 해석은 기본이고, 정당에 관한 해설도 해야 된다고 봅니다. 예를 들어, 친일파들이 주로 어느 정당에 있는가? 상대적으로 악마에 가까운 정당의 순서를 매길 때 1번은 누구 2번은 누구냐? 상대적으로 예수의 정신에 좀 더 가까운 정당은 어디냐? 이렇게 분별력 있게 해설하는 건 꼭 종교가 해야 되지 않느냐. 몇 번 찍어라, 몇 번은 찍지 말라 이렇게 구체적인 지침을 내리지 않아도 어느 정당이 친일파에 가깝다, 어느 정당이 독재 정당에 가깝다, 해설해 주면 다 알아들을 거란 얘깁니다.

예를 들면, 테러방지법이 실제로는 국정원 강화법 아닙니까? 그러면 테러방지법을 찬성하는 정당은 찍지 말라거나 테러방지법에 찬성하는 사람은 예수의 정신과 반대되는 사람이라고 한번만 얘기해도 우리 현명한 신도들은 충분히 다 이해할 수 있다고 봅니다. 그런 의미에서 후보자 개개인의 윤리적, 정치적 언행도 이야기해야 되지만 후보자가 속한 정당에 관한 상대적인 분별도 꼭 해야 되지 않느냐. 그게 우리 종교가 해야 될 일이라고 저는 생각합니다.

🔵 **김용민** 저도 같은 생각입니다. 종교가 사회 현실, 특히 선거 국면에도 개입해 목소리를 내야 한다고 봅니다. 시대정신이 무엇이고, '지금 우리가 봤을 때 필요한 후보자는 이런 사람이고, 더 나아가서 저놈은 안 된다', 또 '저놈이 국회 들어와서 설치면 이 나라 운명이 매우 어두워진다'고 얘기할 수 있다고 봅니다. 나아가서 낙선운동, 당선운동 할 수 있다고 봅니다. 다만 그게 어디에 기초해서 진행되어야 하느냐? '내 이익과 무관하냐?'는 점을 기준으로 해서 감별해야된다는 거죠. 우리 교회 나오니까, 같은 종교 사람이니까, 지도자하고 친하니까, 정치 성향이 같아서 이런 이유는 아니어야 된다는 거예요. 그것은 세속의 논리로부터 자유로운 종교의 역할을 스스로 망각한 것이기 때문에, 또 하나의 오염원만 될 뿐이란 거죠.

저는 한국의 개신교는 사회에서 어떤 역할을 할지에 대한 고민이 별로 없다고 봅니다. 미국의 근본주의적 시각이 무분별하게 들어오면서 세상일에 왜 신경 쓰니? 그냥 우리 예수 믿고 구원받고 현세에서 복이나 누리자 이런 식으로만 역할이 규정되니까, 제한되니까 세상일에 대해서는 막 생각하는 거예요. 정교 분리가 교회의 오랜 전통이라고 하는데 무슨 정교 분리야? 서울시청 앞에서 인공기 불태우면서 집회하는데. 또 때마다 떴다방 식으로 기독당이 나오고, 정치인들 불러다 놓고 세 과시하고. 타락이죠 타락. 정치, 사회적 자기 역할에 대한 기본적인 인식이 없는 이런 사람들한테 자꾸 개신교의 대표성이 부여되는 현실이 안타깝고 착잡합니다.

우희종 네. 열심히 신앙생활을 했으면 됐지 내가 왜 그런 세속의 더러운 일에 관여하느냐. 이건 잘못된 종교관이라고 봅니다. 사실 정치와 종교의 가장 큰 관심은 인간의 삶인 것 같습니다. 그 지점에서 서로 정확히 만난 후, 종교와 정치가 어떻게 삶을 위해서 펼쳐져야 하는가 하는 고민이 있어야 되는데, 단순히 정치라는 틀 안에, 종교라는 틀 안에 갇혀 있는 분들이 많습니다. 앎과 삶이 분열된 신앙관을 가지고서 정치 혐오라는 말을 쉽게 하는 종교인 참 많이 봅니다. 더 통합된 종교 의식이 우리 사회에 필요합니다.

김근수 선거를 앞두고 정치와 종교의 관계를 묻는 오늘 토론을 보더라도 역시 종교가 자기 쇄신을 해야 된다, 종교가 회개해야 된다는 걸 다시 한번 느낍니다. 저는 종교라는 것은 어둠 속에 빛을 주고, 이 답답하고 어두운 막힌 공간에 산소를 주고, 흙탕물 같은 이 세상에 맑은 물을 주는 거라고 봅니다. 종교 자체가 하수구가 되어 버리면 이 어려운 세상은 더 어려워집니다. 무엇보다 먼저 종교 지배층들이 회개하고 자기 쇄신해야 한다. 예를 들면 이번 48회 국가 조찬 기도회에 모인 3000명. 저는 현재 한국 개신교에서 가장 먼저 회개해야 될 사람들이 이들이라고 생각합니다. 이 사람들이야말로 정말 회개해야 될 사람들 아닙니까? 또, 선거를 앞두고 종교단체나 정치단체나 정당이나 입후보자들을 어떻게 하면 뜯어먹을까 하고 호시탐탐 노리는 종교인이 있으면 정말로 회개해야 됩니다.

🔁 **우희종** 저는 '역사상 종교가 제대로 된 구실을 사회에서 한 적이 있는가?'라는 질문을 던져 보면 약간 회의적이거든요. 유사 이래 종교가 행해 온 것들을 돌아보면서 과연 정말 우리가 할 수 있는 게 뭐고, 무엇이 또 필요한지 이제라도 돌아봐야 할 때가 아닐까 싶습니다.

🔵 **이종우** 네. 건전한 종교와 종교인들이 정치에 건전한 관심을 가지는 것은 반드시 필요하다고 생각합니다. 그런데 눈앞의 이익에 몰두하는 순간 떴다방 소리를 듣는 신세를 면할 수 없지 않나라는 생각이 듭니다. 유권자라면 그리고 내 자식들에게 좋은 세상을 물려주고 싶다면, 내 후손들에게 좋은 세상을 물려주고 싶다면, 자기 종교가 얘기하는 방향으로, 올바른 방향으로 정치가 잘되고 있는지 항상 감시하고, 내 신앙은 잘 유지되고 있는지도 계속 반성하고 그래야 한다고 생각합니다. 오늘 방송은 여기서 마치도록 하겠습니다.

10장

프란치스코도 반대한 '여성' 사제

개불릭의 오랜 구습
'여성 차별'의 실상

2016년 4월 22일

🔵 **이종우** 얼마 전에 '여성의날'3월 8일이었죠. 지난 방송에서 우희종 교수님이 불교계 비리 말씀하실 때 비구니 스님들은 부정부패가 심하지 않다는 말씀을 하셨는데요, 오늘은 종교와 여성에 관한 이야기를 한번 해 보려고 합니다. 특히 이런 얘기를 중심으로 하면 좋을 것 같습니다. 왜 여성 성직자가 나오기 쉽지 않은가, 여성 성직자는 어떠한 대우를 받고 있는가, 각 종교는 여성을 어떻게 보고 있는가, 과연 우리가 믿는 종교들은 원래부터 그렇게 여성을 비하하고 차별했을까 등에 대해서 얘기 나누면 좋을 것 같아요. 먼저 김용민 박사님부터. 개신교 쪽에선 '기저귀' 얘기부터 해서 일이 많았잖아요?

✝ **김용민** 삼일교회, 사랑의교회 이런 교회가 속한 합동 교단에서 일이 많았죠. 이쪽 분들은 가톨릭을 이단도 아니고 이교도라고 하는 분들

인데, 여성을 바라보는 시각도 남다릅니다. '여자한테는 목사 안수를 해 줄 수 없다' 이렇게 얘기하고 있고요, 이 교단에 속한 신학교총신대, 칼빈대 등에서는 여성도 남성과 동등한 인격체로서 성직자가 될 자격을 갖고 있다는 말을 비슷하게라도 못해요.

🌒 **이종우** 그 정도예요?

✝ **김용민** 거의 견책을 받습니다. 제가 봤을 때는 거의 헬hell입니다 헬. 아니, 세상에 왜 남성하고 여성에 차별을 둬요? 다른 곳도 아니고 자유와 해방을 선포한 그리스도교에서? 어떻게 목사는 남성만 해야 된다, 그런 이야기를 스스럼없이 공공연히 할 수 있느냐 이겁니다. 여성들한테 목사 안수 해 주는 교단이 의외로 없어요. NCCK한국기독교교회협의회 가맹 교단 정도. 감리교, 통합, 기장 뭐 이 정도죠.

🌒 **이종우** 성공회도 NCCK에 들어가 있나요?

✝ **김용민** 들어가 있죠. 성공회는 어떻게 하는지 저는 모르겠습니다.

☪ **김근수** 성공회에는 여성 사제들 있습니다.

어디 감히 기저귀 찬 것들이 목사를…

✝ **김용민** 지금은 돌아가신 임태득 목사라고 있습니다. '기저귀' 발언의 주인공이신데, 대구 출신이고 대구에서 목회를 한 분입니다. 교단 총회장이었던 2003년에 교단 학교인 총신대 채플 시간에 "우리

교단에서 여자가 목사 안수를 받는다는 것은 택도 없다. 여자가 기저귀 차고 어디 강단에 올라와!"라고 한 거죠.

🔵 **이종우** 예. 아주 충격적인 발언이었죠.

✝️ **김용민** 근데 그 사람은 확신한 거야. 소신을 얘기했고. 나중에 사과하긴 했습니다만. 무식하면 용감하다고, 그건 아주 편견이라고도 말할 수 없는 망언이죠 망언. 인식 자체가 테러리즘에 준한다 이런 생각마저 드는데. 사실 통합 교단조차도 1990년대 들어서서야 여성에게 목사 안수, 또 장로 장립을 할 수 있도록 길을 열어 줬어요. 그 전에는 안 됐지. 전도사까지만 가능했으니까. 목사는 꿈도 못 꿨고 장로도 불가능했던 겁니다.

🔵 **이종우** 그래선지 보통 권사 이상의 자리에서 여자분들 보기가 쉽지 않더라고요.

프란치스코도 반대한 '여성 사제'

✝️ **김용민** 우리 김근수 편집장님이 더 말씀해 주시겠지만, 여성 차별의 근거를 어디에 두느냐? 바오로의 말이란 말이죠. 여자는 교회에 오면 머리에 뭐 뒤집어써라, 닥치고 있어라, 까불지 마라 이랬거든요. 더 거슬러 올라가면, 남성의 갈비뼈를 떼어다가 만든 존재니까 남성의 지도와 편달을 받아야 될 그런 하등한 존재다, 이런 인식에 근거

를 두고 있단 말이죠.

이종우 뱀의 유혹을 못 이기고 선악과를 따 먹는 바람에 원죄를 옴 팡 뒤집어썼고요.

김용민 편집장님, 근데 바오로는 왜 그런 얘기를 했을까요?

김근수 바오로는 예수를 잘 몰랐습니다. 그게 바오로의 원죄라고 표 현할 수 있습니다. 바오로는 예수의 역사적인 삶, 예수의 말씀과 행 동을 잘 몰랐기 때문에, 이런 자기 나름의 한계 때문에 그렇게 한 것 같습니다. 근데 옛날에 가톨릭에서도 여성들은 미사 지내는 제단 근 처에도 못 오게 했습니다. 아마 개신교와 비슷한 이유에서였을 겁니 다. 저희 가톨릭은 여성 성직자 문제에 대해서는 고개를 들 수가 없 습니다. 가톨릭의 가장 큰 잘못이 여성 차별이고, 그 대표적인 것이 '여성은 사제가 될 수 없다'는 전통을 2000년 동안 지금도 굳건히 지키고 있다는 것입니다. '여성도 사제가 되도록 하자'고 말하면 그 사람은 주교가 될 수 없습니다.

이종우 그 경우도 바오로 말에 근거해서 그러는 건가요?

김근수 아닙니다. 이유를 조금 달리 대는데, '예수의 열두 제자는 전 부 남자였다' 여기에서 비롯된 겁니다.

이종우 예에?

김근수 근데 예수가 열두 제자를 뽑았을 때 그 사람들을 성직자로 뽑은 게 아니고 흩어진 이스라엘 민족의 일치를 위해서 상징적으로 뽑았거든요. 당시 예수에게는 여자 제자도 많이 있었으니까. 그런데 열두 제자를 존재론적으로 해석하면서 '열두 제자는 남자였다. 그러니까 남자만 사제 할 수 있다.' 이런 논리가 가톨릭에서 2000년 동안 계속됐습니다. 그러나 많은 신학자가, 가톨릭교회가 여성 사제를 반대하는 신학적인 이유가 타당하지 않다고 주장했습니다. 사회학적인, 교회 전체 구조의 문제에서 기인한다고 얘기하고 있습니다. 좀 전에도 말씀드린 것처럼 만일 어떤 사제가 여성 사제를 찬성하면 그 사람은 일단 주교에서는 제외됩니다. 주교가 될 수 없습니다. 심지어 주교 된 사람이 여성 사제를 찬성하면 처벌받습니다.

🔵 **이종우** 처벌을 받아요?

🔴 **김근수** 예. 처벌을 받습니다. 예를 들면, 물러나게 하거나 자리를 안 주거나 그럽니다. 그래서 교회의 어떤 자리를 노리지 않거나 교회로부터 특별한 혜택을 누리지 않는 저 같은 사람이나 이런 얘기를 하고 있습니다.

🔵 **이종우** 예수가 활동할 당시에는 여성 차별이 어느 정도 있었잖아요. 그런 문화들이 그대로 기독교에 전해진 측면도 있지 않을까요?

🔴 **김근수** 만약 여성 사제를 허용하지 않는 것이 문화적, 사회학적 이유였다면, 여성 평등에 대한 생각이 진전되었을 때는 여성 사제도 나올 수 있다, 이런 말이 나와야 하는 거 아닙니까? 하지만 그런 시대에도 요한 바오로 2세는 1994년 교서 〈남성에게만 유보된 사제 서품에 관하여〉에서 "교회는 여성에게 사제 서품을 할 어떠한 권한도 없다"고 선언해 버렸습니다. 논의를 아예 막아 버린 겁니다.

저희 가톨릭은 여성 성직자 문제에 대해서는
고개를 들 수가 없습니다. 가톨릭의 가장 큰 잘못이 여성 차별이고,
그 대표적인 것이 '여성은 사제가 될 수 없다'는 전통을
2000년 동안 지금도 굳건히 지키고 있다는 것입니다.

김근수

🌀 **우희종** 논의가 불가능하다는 말이네요.

🌑 **이종우** 이쯤에서 근본적으로 한번 짚어 보면 좋을 것 같은데, 예수가 '여성은 절대 사제가 될 수 없다'고 말한 일이 있습니까?

🌘 **김근수** 없죠.

🌑 **이종우** '여성은 남성에 비해서 훨씬 미미하고 열등한 존재'라고 얘기한 적이 한번이라도 있습니까?

🌘 **김근수** 없습니다. 그런 적 전혀 없습니다.

🌑 **이종우** 요한 바오로 2세는 무슨 근거로 그딴 얘기를 했을까요?

🌘 **김근수** 근데 요한 바오로 2세가 한 그 말에는 교황의 무류권이 포함되어 있지 않습니다. 1870년 제1차 바티칸 공의회에서 교황의 무류성과 수위권 교리를 담은 헌장 〈영원한 목자〉가 최종 표결을 거쳐 통과됐습니다. 교황이 교황직 소유자로서, 전체 교회를 위해 신앙이나 도덕에 관해 최종 결정을 내린다면 그것은 그 자체로서 그르칠 수 없다는 교리입니다.

그런데 "교회는 여성에게 사제 서품을 할 어떠한 권한도 없다"는 요한 바오로 2세의 교서에는 교황의 무류권이 포함되어 있지 않습니다. 그러니까 요한 바오로 2세의 그 선언은 미래의 어느 날 고칠 수도 있다는 것입니다. 영원히 지켜야 할 교리가 아니라 후대의 교황이 뒤집을 수도 있습니다. 다시 말하면 여성에게 사제품을 줄 수 없다는 현재 가톨릭의 방침은 세상 끝날 날까지 지켜야 될 교리가 아닙니다. 언젠가 뒤집어질 수 있습니다. 어느 교황이 '이제 여성 사제를 허락하겠다' 하면 할 수 있는 것입니다. 근데 바꾸고 있지 않다는 거죠.

🌱 **우희종** 현재 프란치스코 교황의 의지는…?

🕊 **김근수** 지금 프란치스코 교황도 여성 사제는 반대하고 있습니다.

🌱 **우희종** 반대하고 있습니까?

🕊 **김근수** 제가 볼 때 그건 신학적 이유가 아니고, 교회 권력정치라는 사회학적인 면에서 그러는 거라고 생각합니다.

🌱 **우희종** 프란치스코 교황 정도면 그 부분까지 좀 허용하실 수 있을 것 같은데….

🕊 **김근수** 그 면에서는 아직은 좀 용기가 부족한 것 같습니다.

신부는 성직자, 수녀는 평신도

🔵 **이종우** 성당에 가면 신부님도 있고 수녀님도 있는데요, 두 분들의 역할은 어떻게 다른가요?

🕊 **김근수** 신부는 성직자 계급이고, 수녀는 평신도 계급입니다. 그러니까 신부와 수녀의 권력은 동등하지 않습니다. 신부는 성직자이고, 수녀는 여자 평신도와 똑같이 평신도에 속합니다. 수도원 생활을 하는 여자 평신도인 거죠. 수녀든 결혼을 했든 안 했든 여자 평신도는 동등합니다.

⚛ **우희종** 그냥 아랫것이네요.

(모두 웃음)

☗ **김근수** 근데 가톨릭 교리에 따르면, 직분이 신부든 수녀든 평신도든 어떤 거에 관계없이 모든 인간은 평등하거든요. 그런데 실제로는 이렇게 나뉘어 있는 게 참 안타깝습니다. 제도적으로 여성 사제를 막는 것도 문제지만, 훨씬 더 심각한 문제는 여성에 대한 문화적인, 관행적인 차별입니다.

◐ **이종우** 근데 수녀님들 내부에서 이런 거에 대한 불만은 없나요?

☗ **김근수** 있는데 이걸 토론하면 신분에 위기가 옵니다. 쫓겨나거나 생활이 어려워지거나. 토론에 권력이 개입하기 때문에 제대로 토론이 안 되는 겁니다. 수녀들이 희생을 많이 하는 분들인데 가장 인정받지 못하고, 존재 위기를 느끼면서 사는 걸 많이 관찰합니다. 참 마음이 아픕니다.

막달라 마리아가 창녀?

◐ **이종우** 김용민 박사님, 신학대에 여학생이 많이 있나요? 아예 입학을 막진 않잖아요?

✟ **김용민** 그렇죠. 합동 교단인 총신대도 여학생들이 있죠.

◐ **이종우** 다만, 목사 안수만 못 받는다는 거죠?

✚ **김용민** 네. 그 점에 대해 문제 제기를 하고 뒤집어엎지 왜 아직도 가만히 있나 모르겠어요.

🌀 **이종우** 신학교 다니는 여학생들도 불만이 많을 것 같은데요?

✚ **김용민** 있죠. 당연히 있죠. 목사 안수를 허락한 교단도 처음부터 그렇게 한 건 아니에요. 투쟁하고 이슈 파이팅하고 투쟁해서 관철한 거지 하늘에서 뚝 떨어진 게 아니죠. 사실 저는 이런 편견이 있어요. 아마 바오로 시대 때도 그랬을 것 같은데 교회에서 여성들 이빨이 얼마나 셉니까? 여자하고 말싸움해 본 적 있어요? 못 이겨요, 못 이겨. 이길 수가 없어요 여자들은.

🌿 **우희종** (웃음)

🔵 **김근수** 아니 예수님도 여자하고 논쟁하다 진 적이 있습니다.

🌿 **우희종** 부처님도 졌어요.

✚ **김용민** 우리 마누라한테도 나는 항상 져.

🌀 **이종우** 에잇, 그건 성별 차이는 아니죠.

✚ **김용민** 너무 말을 잘하니까 남자들이 이길 수가 없는 거예요. 또 여자들이 얼마나 요란하고 열심히 합니까? 헌신적이고. 이러다 보니까 교회에서 힘의 균형을 이룰 수가 없는 거야 남자들이. 그래서 여자들을 억압하려고 하는 거죠. 그중 하나가 이런 얘기죠. '막달라 마리아가 창녀였다.'

🌿 **우희종** 왜 그런 얘기를 하지?

✚ **김용민** 이런 인식들이 적지 않거든요.

🔵 **김근수** 잘못된 거죠.

➕ **김용민** 전혀 그렇지 않은데, 왜 그러느냐? 존경받을 만한 성서의 여성조차도 불결하다, 더럽다 이런 인식을 심어 주기 위해서 그렇게 일부러 지어낸 것이다. 이런 얘기가 있습니다.

🔵 **우희종** 폄하하기 위해서.

🔵 **김근수** 여성들이 다 여성 해방 운동을 지지하는 건 아니잖아요. 수녀들에게 여성의 사제품 문제를 물어보면 반대하는 수녀가 의외로 많습니다. 교육을 잘못받아서 그런 경우도 있고, 솔직하게 말할 경우 살기가 어려워지기 때문에 그렇게 말하는 분도 있습니다. 남자 성직자의 눈치를 봐야 되고 남자 성직자들의 눈에 들지 않으면 현실 생활이 괴롭기 때문에 작전상 그렇게 의견을 내는 분들도 있습니다. 여성 신도들도 마찬가지입니다. 첫째는 그렇게 교육을 받았으니까. 그리고 여자가 여자를 멸시하는 경우도 있고요. 반대하는 데는 이런 여러 이유가 있는 것 같습니다.

🔵 **이종우** 사회에서도 성차별이 있지만 종교 쪽은 오래된 구습이어서 더 깨기 힘든 부분이 있는 것 같다는 생각이 들어요.

🔵 **김근수** 교회법의 문제 정도가 아니고 관행, 인식의 문제도 있기 때문에 좀 복잡합니다. 그래서 이런 여성 차별 문제는 법적인 부분을 고치는 것뿐만 아니라 남녀평등을 인식하도록 꾸준히 교육하는 것이 필요합니다. 일상생활에서도 많이 노력을 해야 될 것 같고요.

팔순 비구니가 20대 비구에게 인사

🔵 **이종우** 자, 그럼 불교 쪽으로 넘어가 보죠.

🔵 **우희종** 불교 쪽도 당연히 성차별이 심합니다. 아예 사제나 목사가 못 되는 건 아니고, 최소한 대등한 입장의 승려는 될 수 있습니다. 그런데 실제 내부를 들여다보면 여자 스님은 팔순이 돼도 20대 남자 스님한테 절을 해야 되는 그런 게 있어요.

🔵 **이종우** 아 그래요?

🔵 **김근수** 그런 못된 관행이 어디 있습니까?

🔵 **우희종** 말도 안 되죠. 근데 사실 종교라는 껍데기는 철저한 권력 구조거든요. 그렇기 때문에 어느 종교건 교리상으로는 평등을 표방하지만, 내부적으로 안 그렇다고 봅니다. 다시 말해서 종교라는 틀을 유지하는 놈들이 과연 그 권력을 내려놓을까? 절대 안 그럴 것 같아요. 내부적으로 보면 남녀 스님 간은 철저한 상하 관계죠. 여자 스님들이 남자 스님들한테 철저하게 이용당합니다. 심지어 좋은 절을 여자 스님이 일궜다 그러면 뭐 남자 스님들이 와서 빼앗아 갈 정도예요. 평등을 표방하는 '종교적 가르침'과 철저히 권력화된 '종교'라는 이중 구조를 지적해야 합니다.

🔵 **김근수** 아유 도둑놈들.

🔵 **우희종** 상도둑놈들이죠. 뭐 도둑도 아니에요. 강도지. 말을 정확하게 써 주셔야 돼요.

🔵 **김근수** 아, 죄송합니다.

🌙 **이종우** 그렇죠. 도둑은 몰래 가져가지만 강도는 강제로 빼앗아 가니까.

☯ **우희종** 뭐 수법도 많습니다. 열거하자면 너무 많아요. 정말 치졸하고 흉악하고 흉측한 일이 많습니다. 비구가 권력을 잡고 있다 보니까 그러한 남자 승려들에 빌붙어 아부하는 여자 스님들이 비구니계를 꽉 잡고 있어요. 그러니까 개선이 안 돼요. 위쪽에 있는 지들끼리만 사이좋고 서로 돌봐 주고 그런 관계가 형성돼 있습니다. 근데 바로 작년부터 비구니들이 들고일어나기 시작했습니다. 이래서는 안된다. 하지만 조계종단 특유의 권력 구조 속에서 벌이는 일이다 보니까 조금 개선되기는 했어도 애초의 열기만큼 개선되지는 않는 상황이죠.

🌙 **이종우** 일부 평신도들이 전문 종교인들한테 붙어 가지고 교계를 좌지우지하는 일도 많지 않나요?

☯ **우희종** 아, 많죠.

🔵 **김근수** 어디 불교뿐입니까? 가톨릭에도 어떻게 하면 성직자들한테 예쁨받아서 교회 안에서 입지를 좀 다져 볼까 하는 평신도가 아주 많습니다. 이분들은 성직자들 눈에 들려고 그 주위를 맴돕니다. 이 중에 진보적이라고 자처하는 평신도도 몇 있습니다.

🔴 **김용민** 뭐 개신교는 더 말할 나위도 없죠. 가톨릭, 불교와 좀 다른 점이 있다면, 개신교에서는 개별 교회들이 교단, 노회를 능가한다는

겁니다. 한마디로 얘기해서 큰 교회들이면 노회, 교단도 꼼짝 못합니다. 그러면 그런 교회 목사한테 잘 보이려는 사람들이 주변에 몰려들어 기생할 수밖에 없는 거 아니겠어요?

예수, 석가는 여성을 차별하지 않았다

이종우 우희종 교수님, 조계종 총무원에 비구니들도 들어갈 수 있나요?

우희종 없어요. 종회에 몇 자리 허용하자 이 정도지, 없어요. 부장 자리에 한두 명 넣어 주긴 하지만, 그 이상은 없습니다.

이종우 근거가 있습니까?

우희종 근거는 없죠. 좀 전에 말씀드린 것처럼 종회에 비구니용으로 몇 자리 정도 만들자, 그래서 종회 인원 수를 확대하자 이런 논의는 지금 진행되고 있습니다. 그런데 어떤 위치에 여자 스님은 안 된다 이런 규정은 있습니다. 종헌종법상 종정·원로의원·총무원장·교육원장·호계원장·법규위원 자격을 비구로 제한하고 있고, 산중총회 구성원도 비구로 한정해 놓았다. 비구니는 교구본사 주지가 될 수 없고, 조계종 승가 구성원의 절반을 차지하는데도 중앙종회 전체 의원 81명 중 10명으로 한정되어 있다.

이종우 근데 왜 안 될까요?

우희종 주요 자리에 여성들이 들어가느냐 마냐 이전에, 기득권층 권

조계종 조직도

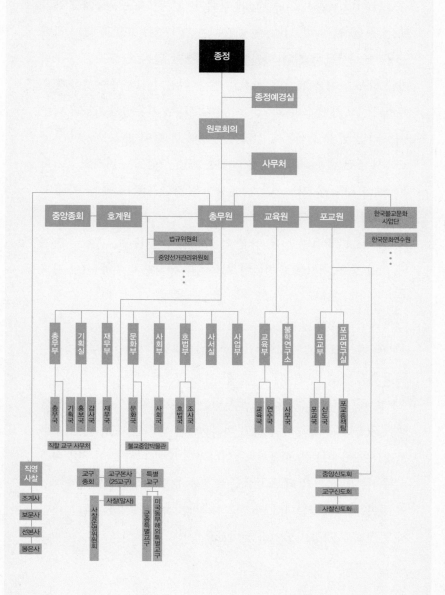

승들의 이너 서클inner circle 안에 들어가지 못한 자는 문중에든 계파에든 못 들어갑니다. 남성, 여성 문제는 그 다음이고요. 동국대 사태 났을 때 이사들이 전원 사퇴하겠다고 했단 말이죠. 그분들 총무원 갔다 다시 돌아올 겁니다. 회전문 인사. 이런 현실에서 여성이 주요 자리에 들어가느냐 마느냐는 다음 문제죠. 내부 기득권 승려들과 다른 뜻을 가진 남자 스님들도 철저히 배제돼 못 들어가니까요. 이런 구조에서 종단 내 여성의 평등한 지위는 고려 사항도 아니지요.

이종우 그래도 불교는 자기 안에 들어온 사람은 품어 줄 줄 아네요. 상지대는 자기 사람들도 내치던데.

우희종 아, 왜냐하면 서로 상처 입은 영혼들이거든요. 파계를 하거나 비리 등을 저지른 승려들이 기득권을 유지하기 위해 서로 감싸 주는 구조다 보니….

(모두 웃음)

이종우 여성 문제로 종교를 보니까 종교 내부가 얼마나 부조리한지 딱 드러나는 것 같습니다.

우희종 하나 더 말씀드리면, 부처님은 여성을 차별하는 발언을 한 적이 없습니다. 말씀이 후대로 내려오면서 왜곡된 거죠. 특히 부파 불교 시대에 여성은 성불할 수 없다는 주장이 나왔고 이것이 여성 비하 이론의 뿌리가 됩니다. 지금도 종종 보도되듯이 인도에서 여성 의 지위는 아주 낮습니다. 부처님 시대에도 마찬가지였습니다. 이런 사회, 문화적 영향도 있었을 것이고요.

부처님 시대에 어떤 왕이, 딸이 태어났다고 싫어했어요. 그러니까 부처님이 '아니다. 딸이 훨씬 더 좋은 자식이 될 수 있다'고 얘기한 기록까지 있어요. 그런데 그 후에 점점 사회, 문화적인 것이 개입되면서 여성관이 왜곡된 겁니다.

김근수 가톨릭도 비슷하네요. 예수님은 단 한번도 여성을 차별하는 발언이나 행동을 한 일이 없습니다. 그런데 후대 신학자들이 그런 남녀 차별의 이론을 두었습니다. 예를 들면, 유명한 신학자 토마스 아퀴나스는 "여성은 불완전하고 형편없는 존재. 여성은 잘못된 불완전남자"라는 말도 했습니다. 너무나 슬프죠. 앞으로 가톨릭에서 남녀 차별 문제를 고치려면 몇 가지 해야 될 일이 있습니다. 첫째, '신학적으로 여성 사제품을 허용하지 않는 근거는 없다' 이런 교육을 시켜야 되고, 또 하나는 남성 사제들이 남성우월주의에서 빨리 벗어나도록 반성하는 일입니다. 대부분의 남성 사제는 남성우월주의에 찌들어 삽니다. 문화적으로도. 남자 평신도도 크게 차이는 없을 것 같고요. 그래서 만일 여성 사제품을 오늘부터 허용한다 그랬을 경우에 유럽이나 미국, 캐나다는 '너무 늦은 결정이다. 환영하지만 너무 늦었다. 진작 왔어야 될 거였다.' 이렇게 하는데, 남미나 아프리카나 한국에서는 '이건 충격이다. 이건 한 100, 200년 뒤에 와야 할 것이었다.' 이런 반응이 올 수 있어요. 신도들이나 사제들, 수녀들이 남녀평등 의식을 갖고 생활하는 훈련을 많이 해 놔야 나중에 이런 충격이 덜하지 않을까 생각합니다.

◎ 이종우 저는 개인적으로 여성들이 남성에 비해서 훨씬 종교에 대한 믿음이 강하고 열정적일 수 있다는 말 자체가 성차별이라고 생각합니다. 그런데도 우리나라에서 개신교가 부흥하고 발전하는 데에 여성들의 신앙심이 굉장히 큰 역할을 했다고 보는데 어떻게 생각하세요?

✚ 김용민 그럼요. 초창기엔 일화들도 많았죠. 남편이, 부인이 예수한테 미쳤다고 판단하면 그냥 옷을 다 벗겨 놓는 거야. 못 나가게. 그럼 이불 뒤집어쓰고 교회당 가서 앉아 있어요. 뭐 이럴 정도로 진짜 한국 교회 부흥의 밑바탕이 됐던 분들이 여성들이죠. 어머니 기도에 감동받은 기억이 남아 있는 교인들도 얼마나 많은데요. 그 대표적인 분이 코미디언 구봉서 씨잖아요.

1900년대 초반에 이북 지역을 중심으로 해서 특히 여성들이 기독교를 폭발적으로 믿었죠. 여자로서 엄청난 차별을 받아 왔잖아요. 근데 개항 이후에 세상이 바뀌고 있는 게 아닙니까? 신여성도 등장하고. 여성이 남성에게 종속돼서 살아온 이 역사들이 잘못됐다는 것들을 인식하게 된 거예요. 그걸 대표적으로 일깨워 준 집단이 교회였고. 그러니까 교회를 통해서 여성들이 해방감을 느꼈고, 새로운 세상에 대한 갈망도 하게 됐던 거죠. 그러니까 여성 교인들, 어머니의 기도, 신앙 이런 것들이 투철했던 것이고. 그런 어머니 중 한 분이 이숙녀 전도사. 세 아들을 세계적인 목사로 키우셨죠. 김선도, 김홍도, 김국도.

우희종 (웃음) 중세건 지금이건 신학을 포함해 대부분의 지식을 거의 남성들이 독점하고 있거든요. 그런 권력 구조 속에서 사회, 문화적인 이유로 배울 기회를 못 얻은 여성들이 더 배제되었던 게 아닐까 싶습니다. 지식을 독점한 계층이 만든 일종의 독재 구조죠. 데카르트식의 이성이 강조된 근대 사회에서도 이런 모습은 유지됩니다. 그 점에서 저는 알파고의 등장이 반가운데요, 요즘 시대에는 이성이 발달한 인간이 동물보다, 남성이 여성보다 더 우월하다는 식의 잘못된 인식이 저변에 있습니다만, 이성의 대표적인 능력을 대체하는 기계인 알파고가 이성을 우월시하고 감성을 더 낮게 보던 구조를 흔들 거란 기대를 갖고 있습니다. 아직까지 기계는 신앙심이나 감성을 대체하지 못하죠.

이종우 교수님, 불교 쪽도 확산되는 데 여성들 역할이 좀 컸죠?

우희종 사실 지금 불교는 여성의 힘으로 돌아가죠. 법회나 신도들 모임에 한번 가 보세요. 대부분이 여성이에요. 참선을 포함해서 교리다 교학이다 이런 거를 독점한 승려 집단들이 이런 여성들을 이용하고 빨대를 꽂고 있는 거죠.

김근수 저는 우 교수님 말씀 들으면서 알파고 얘기도 반가웠지만 '신학자들의 죄'라는 주제가 생각납니다. 옛날 유신헌법을 만든 그 헌법 학자들처럼, 남녀 차별의 신학적 정당화를 위해서 사실 많은 신학자가 나쁜 짓을 했습니다. 그래서 저는 신학자들이 자기 자신의 주요 한계도 있지만 권력자 편에 서는 논리를 개발한, 이 씻을 수 없

여성들이 남성에 비해서 훨씬 종교에 대한
믿음이 강하고 열정적일 수 있다는 말 자체가
성차별이라고 생각합니다.

이종우

는 아주 큰 죄를 지었다고 생각합니다.

🌑 **이종우** 가톨릭 쪽에서도 기도로 아들을 신앙인이자 대철학자로 이끈 유명한 어머니가 계시잖아요? 아우구스티누스. 군대에 있을 때 누구 세례명이 이거였는데 사람들이 무슨 공룡 이름인 줄 알더라고요.

(모두 웃음)

갑질하는 남성 종교인들

🌑 **이종우** 가톨릭도 여성들의 힘으로 지금까지 유지가 된 부분이 있죠?

🌑 **김근수** 예. 정보와 지식의 독점 그리고 권력의 분배 면에서 여성 차별의 문제를 좀 더 보는 것도 좋다고 생각합니다.

모두 예.

🌑 **우희종** 사실 지식 자체가 남성적입니다. 과학 분야를 넘어 과학 지식 자체가 성차별적인 영역이에요. 과학적 지식이라는 것의 논리 구조나 지향점이 굉장히 남성적이죠. 그래서 이게 과연 누구의 지식이냐 페미니스트들이 질문하는 겁니다. 근대 사회가 데카르트적인 이성에 근거해 이루어져 있다는 것은 이 사회가 이성에 근거한 남성 위주의 사회라는 얘깁니다. 그렇기 때문에 신학, 학문이라는 것 자체가 실은 굉장히 위계질서적인, 남성 중심 체제의 산물인 거죠. 그

런 틀을 남자들이 더 고착화했고. 이제 우리 남성들이 문을 열 필요가 있다고 생각합니다.

🔵 **김근수** 학문의 남성성. 아주 좋은 주제입니다. 저는 여기에서 독일의 문호 괴테의 《파우스트》에 나오는 한 구절이 생각납니다. "영원히 여성적인 것. 우리 인류를 구원하도다." 지금까지는 남자 성직자가 지식을 주로 독점하는 경향이 강했는데 이제는 좀 새로운 시대가 와야 되지 않느냐. 종교에서 여성의 역할이 좀 더 커지고 여성이 학문적인 영역이나 교회 권력에도 좀 더 많이 참여해야 되지 않나 생각합니다.

🔵 **우희종** 종교가 살아남으려면 여성성에 의해서 유지돼야 된다고 봐요. 아픈 자들의 눈물을 닦아 주고 그들과 함께하는 게 종교라면, 그렇게 하는 데 더 적합한 것은 관계 지향적이고 감성에 바탕을 둔 여성성입니다. 《파우스트》의 그 구절도 있습니다만, 앞으로는 종교가 여성 성직자처럼 여성들이 나름의 권력을 가지고 유지할 수 있도록 기여해야 살아남을 거라고 저는 봅니다.

🔵 **이종우** 근데 '남성 위주의 이성적인 세계관' 이런 말을 들으면, 남성이 더 이성적이란 말로 들려서 이 말 자체도 좀 성차별적인 발언이라는 생각이 듭니다.

🔵 **우희종** 그건 아닌 것 같습니다. 차이와 차별은 다르니까요. 고통받는 사람을 여성들이 더 잘 위로한다면 그런 식으로 여성의 역할을 규정하는 게 아니냐 당연히 물을 수 있습니다. 하지만 과연 아이들

을 누가 더 잘 보살필 수 있을까요? 아이 돌보는 일을 남자들도 함께할 수는 있습니다. 그게 바람직하고요. 하지만 남자가 아이를 낳진 못하잖아요. 이런 현실에서 오는 한계가 있고, 이것을 남자들은 극복할 수가 없어요. 이런 게 전 차이라고 봐요. 어린아이들 노는 거 보세요. 성 역할을 강요하지 않아도 노는 모습이나 활동성부터가 다르거든요.

✚ **김용민** 다르더라고요.

❀ **우희종** 네. 차이가 있는 거예요. 그 차이를 양성평등이라는 말로 해결할 수는 없거든요. 비록 미묘한 부분이 있긴 하지만 그런 차이를 제대로 볼 때 오히려 진정한 양성평등이 될 수 있다고 봅니다. 물론 사회, 문화적으로 형성된 성차는 극복해야 하는 게 너무나 당연하고요.

❀ **김근수** 저는 일부 사람들한테서 이런 핀잔을 듣습니다. 당신은 너무 여자 편을 드는 게 아니냐. 그건 역차별 아니냐. 그런 남성들에게 저는 이런 말을 하고 싶습니다. 그동안 여성들이 많은 차별을 받아 왔으니까 이제 앞으로 2000년간은 남성이 차별받아도 괜찮다. 이런 얘기를 감히 좀. 지나치긴 합니다만.

❀ **우희종** 차별론자이기는 하지만 좋습니다.

(모두 웃음)

✚ **김용민** 저는 여성성, 남성성 이런 거 자체가 다 부정돼야 한다고 봐요. 고차원적인 논의는 나중 일이고, 남자만 목사 해야 된다, 여자는

안 된다 이런 야만적인 인식부터 바꾸는 게 급선무라고 생각을 합니다. 사실은 그 단계를 넘어서도요 갈 길이 멀어요. 여전히 한국 개신교에서는 여성이 장로나 목사 되는 일이 정말 드물고, 또 강단에 서서 여성 목사가 설교하면 인정을 해 주지 않는 문화가 너무나 강해요. 이런 인식부터 바뀌어야 한다고 봐요. 아직 멀었죠.

♻ **우희종** 멀었죠.

✝ **김용민** '여성은 안 된다', '못 한다' 이런 기본적인 장벽부터 해체돼야 한다. 그런 후에야 그 다음 것에 대해 논의할 수 있다고 보는 거죠.

♻ **우희종** 여성성, 남성성에 대한 논의와 여성, 남성은 조금 다른 층위의 논의라고 생각합니다만, 다 똑같은 인간이라는 생각에 바탕을 뒀을 때 비로소 여성성과 남성성이 존중될 차이로서 의미를 가지게 된다고 저는 봅니다. 우리 사회에선 인간 이전에 이미 남성, 여성이죠. 평등한 인간을 바탕으로 여성의 모습과 남성의 모습이 있는 거거든요. 이걸 부정하는 건 오히려 이상하다고 봅니다. 평등이란 획일성이 아니라 다양성의 존중이기 때문에 대등한 인간 안에서 여성과 남성이 각자 무엇을 더 잘할 수 있는지 얘기하고 맞춰 가면서 삶을 만들어 가는 게 필요하다고 생각합니다.

종교는 기본적으로 인간을 말하잖아요? 그런데 현재 모든 종교 집단은 인간을 부정하고 남자, 여자부터 따지고 차별합니다.

🌙 **이종우** 여성을 비롯한 약자들에 대한 차별의 근간에는 비겁함이 있

다고 생각합니다.

우희종 그렇죠. 야비하죠. 이전에도 얘기했습니다만, 이미 보도된 바와 같이 호계원의 법등스님이 과거 자매 스님을 건드렸고, 그 두 비구니의 삶이 망가졌으니 부모 마음이 어떻겠어요. 당시 이게 문제가 되니까 법등이 '나 조용히 살겠다' 그래 가지고 무마됐거든요. 근데 다시 종회에 나와서 공식 활동을 하니까 피해자분들이 정신적으로 괴로운 거죠. 그래서 어머님이 기자회견을 했는데, 그런데도 법등은 소위 모르쇠. 그러고는 뭐 다시 작업이 들어갔겠죠? 무마나 타협 쪽으로. 그래서 또다시 조용해지고. 이게 약자에게 강하고 강자에게 약한 전형적인 권력의 모습이죠.

이종우 네. 약자에게 강한 짓을 해서 그렇게 일베가 욕먹는 거 아닙니까.

김근수 남자 종교인들은 남을 억압하고 권력을 행사하는 갑질의 경험은 있어도 억압을 당하는 을의 처지는 잘 모릅니다.

우희종 가르침에 따르면, 항상 모든 종교의 성직자는 '을'로 가라고 돼 있는데 말이죠.

김근수 본인들은 을의 경험이 없어요.

(모두 웃음)

김용민 그래서 미국에 있는 어떤 교회는 부교역자에게 정기적으로 한 번씩 의무적으로 대형마트 계산원으로 일하게 한답니다. 봉사 정신 뭐 이런 거창한 걸 깨우쳐 주려는 게 아닙니다. '니들 월급이 바로 이분들이 여기서 고생하고 노동한 대가'라는 걸 알려 주려는 거랍니다.

🐢 **우희종** 좋네요.

🔵 **김근수** 저는 그래서 가톨릭 주교와 사제들이 한 달에 하루 이틀은 육체노동을 좀 해라 이렇게 권하고 있습니다.

🌙 **이종우** 자, 지금까지 여성의날을 맞이해서 종교 안의 여성에 대해서 이야기를 나눠 봤습니다. 종교 이야기에서 인간을 보고, 인간의 이야기에서 또 종교를 찾을 수 있는 그런 시간이 아니었나 싶습니다.

모두 감사합니다.

이종우
종교학자

우리나라에서 '종교'를 소재로 한 방송은 만들기 쉽지 않고, 성공하기도 힘든 것 같다. 특정 종교를 옹호하고 다른 종교를 비방하는 방식으로 진행하면, 당장 비방당하는 종교로부터 거센 항의를 받는다. 종교와 세속을 엄격하게 분리해야 된다는 고정관념 때문에 굳이 종교를 건드리려 하지 않는 것 같고, 무엇보다도 '종교'라는 소재가 대중의 시선을 끌 만큼 재미있지 않아 그러는 것 같기도 하다. 간단히 말하면 종교는 위험하고, 어렵고, 재미없는 소재일 수 있다.

　이러한 모습은 학계와 종교계에서도 잘 드러난다. 1980년대 초반까지만 해도 전국 10여 개 학교에 있던 종교학과가 이제는 5, 6개밖에 남아 있지 않다. 각 종교계에서도 전문 종교인(보통 성직자라고 일컫는 사람을 뜻한다. 나는 성직자라는 표현을 잘 쓰려고 하지 않는다.)이 되려는 사람들이 점점 줄어든다고 울상이다.

그런데 종교는 정말 우리 삶에서 멀리 있는 것일까? 정치와 종교가 엄격하게 분리된 우리나라 사람들은 예수와 싯다르타의 탄생 덕분에 하루의 꿀 같은 휴일을 즐긴다. 태극기의 문양이 유교의 정수(精髓)를 보여 주는 것인데도 우리는 국기에 맹세를 한다. 많은 연인이 종교가 달라 싸우고, 종교가 가정불화의 원인이 되는 모습도 심심치 않게 본다. 선거철과 입시철이 되면 동네 점집은 문전성시를 이루고, 심지어 주일이면 교회에 가는 사람들 중 일부도 불안한 일이 생기면 점집에 간다. 하루 일과를 끝내고 잠자리에 들었을 때 '죽으면 나는 어떻게 될까?'라는 질문을 일생에 한번쯤은 하고, IS의 테러를 보면서 '이슬람은 왜 저래!'라고 반감도 품는다. 세월호 참사 같은 일이 생기면 '도대체 신이 있긴 한 것인가!'라고 따져 묻기도 한다. 이래도 종교가 멀리 있는가.

팟캐스트 〈쇼!개불릭〉은 청취자들이 이렇게 멀리 있는 듯 멀리 있지 않은 종교에 대해 좀 더 알아 가길 바라는 마음에서 시작되었다. 신학을 전공한 문화학 박사인 김용민 시사평론가가 개신교를, 가톨릭 신학을 공부했고 인터넷 신문사 〈가톨릭프레스〉를 운영하는 김근수 편집장이 가톨릭을, '바른불교재가모임' 상임대표로 활동하는 우희종 서울대 수의학과 교수가 불교를 담당했다. 모두 전문 종교인이 아닌 평신도인 덕분에 평신도의 생각을 대변하는 내용이 많이 담길 수 있었다. 종교학을 전공한 나는 진행을 맡았다.

종교는 말 그대로 해석하면 '으뜸이 되는 가르침'이다. 그런데 실제 종교 모습은 알면 알수록 세속만도 못하다. 그런 모습을 비판할 때마다 자신들은 세속의 법과 원칙에서 열외라며 꼬리를 감추는 종교의 이면을 보여 주고 싶었다. 아울러 종교가 말하는 소위 '으뜸이 되는 가르침'이라고 할 수 있는, 예를 들면 삶과 죽음, 우주의 원리, 생명 등에 대한 토론도 시도했다. 그리고 우리가 잘 모르는 종교도 소개해 주려고 했다. 이런저런 시도를 하다 보니, 어느덧 8월 12일 현재 85회분(〈투돼지쇼〉 방송분까지 합하면)을 업로드했고, 이것을 바탕으로 책까지 내게 되었다.

나는 '앞으로 어떻게 될 것이다'는 식의 예상을 되도록 하지 않는 것을 신념 중 하나로 삼고 있다. 그러므로 이 팟캐스트가 언제까지 진행될지 나는 잘 모르겠다. 신(神)도 모를 수 있다. 단지 지금 이 팟캐스트를 하는 것이 매우 재미있고, 나름대로 의미가 있는 일이라고 자부심을 가지고 있을 뿐이다. 그렇기 때문에 다음 녹음 때도 마이크 앞에 앉을 것이다. 종교는 어쩌면 '처분하기는 아깝고, 입기는 촌스러운 옷장 깊숙이 박혀 있는 옷' 같은 존재일지도 모른다. 그런 옷을 리폼하고 드라이클리닝도 해 주는 것이 〈쇼!개불릭〉이라고 생각한다. '나의 아름다운 세탁소'는 당분간 계속 운영될 것이다.

마지막으로 감사할 분이 많다. 나의 어눌한 진행을 재미있는 얘기들로 덮어 주시는, 함께 방송을 진행하는 출연진 여러분께 항상 감사드린다. 방송 때마다 퇴근도 못하고 녹음해 주는 이이제이생활역사협동조합의 이종문 이사님, 임연신 이사님 그리고 퇴근 후 잠도 못 자고 아이와 놀아 주지도 못하면서 방송을 편집해 주는 닉네임 '핑크 플로이드' 님께도 감사의 말씀을 드린다. 출판을 제안해 준 바다출판사 분들께도 감사드린다. 팟캐스트 청취자분들과 이 책을 구매해 주신 독자 여러분께도 감사의 인사를 드린다.

김용민
문화학 박사이자 벙커1교회 증언(설교)자

팟캐스트 〈쇼!개불릭〉을 시작하기 전만 해도 절망적이었다. 그런데 우희종 교수님, 김근수 선생님을 통해 불교와 가톨릭 역시 개신교 못지않은 아수라임을 알게 됐다. 외롭지 않았다. 기실 개신교에만 악이 역동하는 게 아니었다.

현재도 온존하는 개신교 폐습을 내 기준에서 꼽자면 첫 번째, 여성에 대한 차별이다. 자지가 없다는 이유만으로 목사의 길을 막는 교단이 적지 않다. 대개 이런 교단에서 여성 교인에 대한 목사의 성폭력이 자행되고 은닉된다. 두 번째, 성직자에 대한 과도한 권위 집중이다. 성직자는 신의 일을 대리하는 '사역자'여야 한다. 사역자가 주인 노릇을 하면 안 되는 건 불문가지. 그런데 눈에 보이지 않는 '주님'에게 의지하기 힘드니 '아이돌(우상)'이라도 허상이라도 잡으려는 현상이 만연하다. 목사와 어울리지 않는 성직자의 돈과 섹스, 정치, 이런 힘의 원천은 어리석은 교인의 분별없는 추종에 있다. 마지막 세 번째, '이웃 종교'에 대한 적개심이다. 일찌감치 '타 종교와의 대화'를 운위했던 변선환 감리교신학대학교 학장 같은 경우 철퇴를 맞았다. 야훼 하나님이 돈도 사랑하신다고 믿는 이단자들에 의해서 말이다.

〈쇼!개불릭〉이 표면상 지향하는 건 '종교 간의 대화'다. 그런데 이 대화는 수상하고 불온하다. 서로 자기 종교가 진리를 배타적으로 독점하고 있다고 고집하거나 상대 종교의 철학을 학술의 토대에 맞춰 연구하려는 게 아니다. 자기 종교의 타락상을 가감 없이 실토하고 격렬히 비판하는 장이다. 이들 바로 우리는 해종 세력이라느니, 이단이라느니 하는 이야기를 귀에 못이 박히도록 들어온 구성원이다. 그래서 우리 대화의 결말은 저열한 욕망에 있어선 각 종교가 '차이가 없음'을 확인하는 것이 된다. 피차 성결함과 거룩함을 잃었기는 마찬가지다. 우리는 이 궁극에서 참종교가 필요한 나약한 객체임을 관조한다.

사실 불교, 가톨릭에 비해 개신교의 비위와 만행은 '세속 언론'에 가장 신속하고 민감하게 전파된다. 나는 그 이유로 가톨릭, 불교와 달리 개신교에는 '구심체'가 없음에 주목한다. 감리회, 성결교, 순복음 등 교단의 수를 헤아릴 여지없이 '대한예수교장로회' 간판을 단 교파만 100개가 넘는 데다 KNCC, 한기총 등 개신교 연합기관을 표방하는 곳도 서너 개가 된다. 긍정적인 관점에서 보면 이렇게 개신교는 상당히 다원적인 구조라, 견제와 비판의 묘가 살아 있는 편이라 할 수 있다.

그러나 이 비판이 개혁과 혁신을 추동하지 못한다는 점이 문제다. '무시하면 그만'이기도 하다. 그 이유는 교파나 연합기관보다는 대형교회에 한국 개신교의 상징성과 대표성이 쏠린 현실에 있다. 마치 재벌 집중도가 높은 한국 경제 현실에 비견된다. 재벌은 오너의 회사다. 오너가 구심이자 본질이다. 당연히 오너의 붕괴는 재벌의 붕괴다. 대형교회 역시 목사를 중심으로 돌아간다. 목사의 비행과 윤리 이탈이 웬만해선 교인 수나 헌금 수금액에 영향을 미치지 않는다. 그러니 부패와 비리에 둔감하다.

그런데 재벌과 교회의 다른 점은 사회가 기대하는 윤리적 수준이 다르다는 것이다. 재벌과 달리 교회의 타락이 더 치명적인 이유다. 갑자기 구조조정 하라고 강요할 수는 없다. 먼저 교회는 욕망에 있어 스스로 통제 가능한 규모까지만 허용해야 한다. 그 이전에 욕망을 제어하고 처리할 수 있는 인적 구조와 시스템적 장치를 갖춰야 한다. 그래야 무너진 권위가 회복되고, 희망이 생긴다.

더 확실한 교회 개혁은 복음과 상황을 멋대로 편 가른 근본주의의 야만, 이 틈을 타고 독버섯처럼 번지는 번영주의의 야욕을 철저히 분쇄하는 데서 출발해야 한다. 하늘에서 이룬 것같이 땅에서도 이루는 은총의 현시, 복음의 구현이 절실하기 때문이다.

〈쇼!개불릭〉에서 나는 주로 한국 개신교 지도자들을 비판의 표적으로 삼았다. 하지만 간과해서는 안 될 것이 있다. 그 지도자들을 만든 주체는 바로 교인이란 점이다. 교인이 똑똑해야 한다. 피차 하나님 앞에서 동등한 '연약한 죄인'이라는 사실을 알아야 한다. 그렇다고 해서 성직자와 신도 간에 애써 긴장 관계를 형성할 필요는 없다. 모두 다 하나님 나라를 실현할 동역자이기 때문이다. 교회 내 이 같은 심정의 벽을 해체한다면, 다음엔 종교와 사회의 벽도 허물 수 있을 것이다. 〈쇼!개불릭〉은 그날을 기다린다.

우희종

서울대 수의학과 교수이자 '바른불교재가모임' 상임대표

붓다는 세상 고통의 원인이 탐진치(貪瞋癡, 탐욕과 성냄과 어리석음)
에 있다고 보았다. 그리고 그것의 원인과 해결 방법을 설파했다. 이
런 붓다의 가르침을 통해 우리는 고통을 극복하는 것은 물론 타인
과 함께 살아가는 바람직한 삶의 자세도 깨닫게 된다.

　붓다는 세상 모든 것이 원인과 결과, 너와 나라는 관계성으로 이
루어져 있다고 말한다. 그러므로 오직 자신만을 위해 살려고 한다면
고통은 필연적이다. 불교에서 말하는 진정한 인간은 이런 관계성을
단지 운명으로 받아들이는 수동적 인간이 아니다. 주체적이고 능동
적인 선택을 통해 자신과 세상을 변화시킬 수 있는 존재다. 이렇듯
불교에선 개인의 고통만이 아니라 사회와 세상의 고통을 치유하고
변화시킬 수 있도록 실천할 것을 강조한다. 너와 내가 각자 자신만

의 원인으로 각기 다른 모양으로 존재하고 있지만, 서로 관계 맺으며 같이 변화하고 있는, 서로 다르지 않은 존재이기 때문이다.

세속화된 대부분 종교가 그렇듯이 조계종으로 대표되는 한국 불교가 현재 당면한 문제들은 철저히 세상과 타협한, 아니 오히려 세상보다 더 세속적으로 변질된 데에 원인이 있다. 신앙이란 대부분 세상 속 고통이나 개인의 실존적 문제를 해결하거나 그 상태에 있는 이들에게 위안을 주려는 마음에서 시작되지만, 현재 한국 불교는 나를 넘어 '이타'로 향하는 '신앙적 도약'을 잃어버린 지 오래다.

이것은 한국 불교의 상징적 수행승인 송담스님이 '수행 가풍이 다르다'는 말을 남기고 조계종에서 탈퇴한 사건으로 그 심각성이 잘 드러나고 있다. 오죽하면 신도들이 들고일어나 바른 불교를 되찾겠다는 선언과 함께 별도로 신도 모임을 만드는 상황에까지 이르렀을까. 최근에는 《만행》으로 널리 알려진 푸른 눈의 구법승인 현각스님이 한국 불교가 돈만 아는 기복 불교로 전락했다고 질타해 한국 사회가 다시 한번 소란스러웠다.

조계종이 부정부패, 비리로 얼룩지고 파계승들이 활보하고 다닐 정도로 타락하게 된 원인을 승려에게서만 찾을 수는 없다. 그런 승려들이 종단 권력을 쥐고 주류가 될 수 있도록 포장하고 변명해 준 어용 불교 관련 학자들과 이런 현실을 알면서도 침묵하는 지식인에게도 잘못은 있다. 이런 구조와 문화 밑바탕엔 파사현정의 비판 정신을 잃고 기름진 파계승을 큰스님이라고 떠받드는, 굴종이 몸에 밴

신도들이 있다는 사실도 잊지 말아야 한다.

고려 말 불교가 너무 타락해 조선 시대에 승려들은 도성 사대문 안으로 들어올 수도 없는 천민으로 전락했다. 일제 치하를 거쳐 해방 이후 사회적 지위를 되찾는 과정에서 권력에 빌붙으면서 불교가 타락하기 시작했다고 볼 수 있다. 그러나 원인이 무엇이건 간에 지금 한국 사회에서 불교가 더는 제 역할을 못하고 단지 일부 승려들의 재산 증식 사업 장소로 전락한 것만은 분명하다. 이들은 바른 불교를 요구하는 비판을 해종으로 받아들이는 폐쇄적 집단이 되었다.

팟캐스트 〈쇼!개불릭〉에서 불교를 다룬 것은 한국 불교에 아직 애정이 남아 있어서다. 불교가 생생하게 살아 있는 삶의 현장으로 돌아오기를 바라는 마음이 컸다. 인류 역사를 돌아보면 종교가 타락하지 않은 적이 없고 동시에 이런 종교를 바로잡고자 노력했던 개인이나 모임이 없었던 적도 없다. 〈쇼!개불릭〉에서 거론된 모든 이야기는 각 종교가 본래 자리로 돌아오길 바라는 마음에서 비롯되었다.

인간이 동물과 다른 점은 성찰하고 감사할 줄 안다는 것이다. 21세기 신자유주의 시대에 사람들은 성찰과 감사는 잊고 무한한 욕망만을 좇는다. 종교마저 욕망에 빠져 허우적댄다는 것은 이미 우리 사회 전체가 욕망 때문에 괴로워하는 아귀의 세계가 되었음을 의미한다. 불교가 이 세계에서 빠져나오길 빈다. 그래서 우리 사회가 개인을 넘어 나와 너, 우리 모두 함께 어우러져 사는 세계로 건너갈 수 있도록 등을 대 주는 낮은 종교로 자리매김하기를 염원한다.

김근수

〈가톨릭프레스〉 편집인

가톨릭에 대한 일반적 이미지는 대부분 부정적이었다. 십자군전쟁, 마녀 사냥, 면죄부 등 지난 시절 아픈 추억만 인용되는 것이 아니었다. 교황청 부패, 성직자 성추행, 민주주의와 거리가 멀고 시대 흐름에 뒤진 집단, 여성 차별 등 현대 가톨릭의 모습도 즐겨 연상되었다. 얼마 전만 해도 가톨릭은 거의 몰락한 집단 정도로 여겨졌다.

그렇게 답답하고 부패했던 가톨릭 이미지는 놀랍게도 크게 달라졌다. 가톨릭은 세계 어디서나 가장 진보적인 종교로 사람들을 매혹시키고 있다. 프란치스코 교황, 해방신학 그리고 불의에 저항하고 평화를 외치는 많은 평신도, 수녀, 사제의 끈질긴 희생 덕택이다. 이제 가톨릭은 자신의 역사를 정직하게 바라보고 있다. 자기 잘못을 뉘우치고, 사과하며, 고쳐 가고 있다. 교황청 은행 개혁 등 계속 개혁

되고 있고, 비리를 저지른 성직자들은 엄하게 처벌되고 있다. 가난한 사람들과 역사의 희생자를 편들며 정의를 위한 투쟁에 앞장서고 있다. 빈부 격차, 사회적 불평등, 인권, 환경, 난민 보호 문제 등에 적극 발언하며 행동하고 있다. 그런데도 중세 가톨릭에 대한 짧은 지식으로 21세기 가톨릭을 비판하는 일부 사람들의 행태는 참으로 어리석다.

지금 한국에서 가톨릭 이미지는 어떤가. 성서 공부, 순교, 불의에 저항하는 평신도 교회로 한국 가톨릭은 시작되었다. 그러나 어느덧 돈을 좋아하고 부자를 편들며 세속화가 빠르게 진행되는 성직자 중심주의의 교회가 되고 말았다. 민중의 고통에 함께한 일은 선교 초기를 제외하고는 거의 없다. 친일의 역사를 고백하고, 처리하지도 않는다.

2014년 8월 방한한 프란치스코 교황은 가난한 교회, 가난한 사람들을 위한 교회를 만들라고 한국 가톨릭에 요구했다. 그러나 한국 가톨릭은 전체적으로 보아 교황 말씀을 외면하고 있다. 한국 가톨릭은 가난한 교회, 가난한 사람들을 위한 교회를 만드는 것이 아니라 부자 교회, 부자들을 위한 교회를 만들어 가고 있다. 일부 개혁적인 사제, 수도자, 평신도의 노력이 한국 가톨릭의 이 슬픈 현실을 잠시 감추고 있을 뿐이다. 한국 사회에서 긍정적으로 부풀려진 가톨릭 이미지는 어서 고쳐져야 한다. 저항하는 소수의 모습은 언론에 보도되고 알려지지만, 불의에 침묵하는 다수의 부끄러운 모습은 잘 알려져 있지 않다. 한국 가톨릭 성직자와 신도 대부분은 보수 우파에 속한다.

한국 가톨릭을 있는 그대로 정직하게 보아야 한다. 교회 역사와 현실에서 부끄러운 역사도 자랑스러운 모습도 동시에 인정하고 알고 또 알려야 한다. 한국 가톨릭은 한반도의 평화통일을 위해 애쓰고, 민주주의를 실제로 정착시키며, 가난한 사람들 편에 서야 한다. 청년과 노동자를 억압하는 자본권력에 저항하고 싸워야 한다. 성서와 가난한 사람들을 가까이해야 한다. 한국 현대사의 아픔을 속속들이 알아야 한다. 지금 이대로는 안 된다. 평신도가 깨어나지 않으면 한국 가톨릭에 희망은 없다.

그러기 위해 적어도 두 가지를 동시에 해야 한다. 예수의 매력을 알고 교회 쇄신을 촉구하는 일이다. 교회의 어두움을 가리기 위해 사회 개혁을 외칠 수는 없다. 교회 쇄신에 몰두하다가 사회 개혁을 놓칠 수도 없다. 예수의 매력을 알리기만 하고 교회의 어두움을 모른 체할 수는 없다. 교회의 어두움을 비판하다가 예수의 매력을 외면할 수도 없다.

고통 앞에 중립은 없다. 민족의 고통 앞에 가톨릭은 중립을 지킬 수 없다. 중립을 지키는 교회가 가장 큰 죄인이다. 교회는 죽어도 민족은 살아야 하지 않겠는가. 민족은 죽든 살든 교회만 살려고 하면 되겠는가. 한국 가톨릭은 죽어도 민족과 함께 죽고, 살아도 민족과 함께 살아야 한다. 민족 없이 교회 없다.

쇼!개불릭

초판 1쇄 발행 | 2016년 9월 10일

지은이   김근수·김용민·우희종·이종우
책임편집   여미숙
디자인   주수현

펴낸곳   바다출판사
발행인   김인호
주소   서울시 마포구 어울마당로5길 17(서교동, 5층)
전화   322-3885(편집), 322-3575(마케팅)
팩스   322-3858
E-mail   badabooks@daum.net
홈페이지   www.badabooks.co.kr
출판등록일 1996년 5월 8일
등록번호   제10-1288호

ISBN 978-89-5561-866-2 03300